AF802573

Fritjof Haft

Elektronische Datenverarbeitung im Recht

EDV und Recht

Band 1

1970

J. Schweitzer Verlag Berlin

Elektronische Datenverarbeitung im Recht

Ein Überblick von

DR. JUR. FRITJOF HAFT
München

Verlagsarchiv

1970

J. Schweitzer Verlag Berlin

Archiv-Nr. 0072 701
Satz: Studio Feldafing – Druck: W. Hildebrand, Berlin

Alle Rechte, einschließlich des Rechtes der Herstellung
von Photokopien und Mikrofilmen, vorbehalten

INHALTSVERZEICHNIS

LITERATURVERZEICHNIS

Allen, Layman E.,	"Toward a procedure for detecting and controlling syntactic ambiguity in legal discourse", in: Western Reserve University Conference, Cleveland, Ohio (USA), 1959, S. 955 ff.
Allen, Layman E.,	"The A.A.L.S. Jurimetrics Committee, Scientific Investigation of Legal Problems" in: Archiv für Rechts- und Sozialphilosophie, 1962, S. 367 ff.
Allen, Layman E., Caldwell, Mary E.,	"Modern Logic and Judicial Decision Making: A Sketch of one View", in: H.W. Baade (Hrsg.), Law and Contemporary Problems – Jurimetrics, Durham, North Carolina (USA), 1963, S. 213 ff.
Allen, Layman E., Brooks, Robin, B.S., James, Patricia A.,	Automatic Retrieval of Legal Literature: Why and How. New Haven (USA), 1962.
v. Altrock,	„Die Versicherungsunterlagen der sozialen Rentenversicherung und die automatische Datenverarbeitung" in: Deutsche Versicherungszeitschrift, 1962, S. 170 ff.
Ambrosi, Helmut,	„Elektronische Datenverarbeitung bei den österreichischen Sicherheitsbehörden", in: IBM Nachrichten 195 (1969), S. 669 ff.
Andrejew, N.D., Kerimov, D.A.,	„Die Möglichkeiten der Kybernetik bei der Lösung juristischer Probleme" in: Sowjetwissenschaft – Gesellschaftswissenschaftliche Beiträge, 1961, S. 670 ff. (Auch unter: „Der Paragraphenautomat als Rechtsinstanz" in: Ostprobleme 1960, S. 593 ff.).
Axster, Herbert, Axster, Oliver	„Die Urheberrechtsschutzfähigkeit von Rechenprogrammen", in: Der Betriebs-Berater 1967, S. 606 ff.
Baade, Hans W.,	(Hrsg.), Law and Contemporary Problems – Jurimetrics, Vol. XXXIII, Durham, North Carolina (USA), Winter 1963 (a).
Baade, Hans W.,	„Foreword" in: Law and Contemporary Problems – Jurimetrics, S. 1 ff. (b).
Babbage, Charles	Passages from the Life of a Philosopher, London, 1864.
Babbage, H.P.,	Babbage's Calculating Engines, London, 1889.
Baker, Frank B.,	„Information Retrieval Based Upon Latent Class Analysis", in: Journal of the Association for Computing Machinery, 1962, S. 512 ff.
Ballweg, Ottmar,	„Rezension über S. Simitis, Rechtliche Anwendungsmöglichkeiten kybernetischer Systeme" in: Archiv für Rechts- und Sozialphilosophie, 1966, S. 158 ff.
Bar-Hillel, Yehoshua,	"Theoretical Aspects of the Mechanization of Literature Searching", in: W. Hoffmann, (Hrsg.), Digitale Informationswandler, Braunschweig, 1962, S. 406 ff.
Bauer, Friedrich L.,	Der *computer* in unserer Welt. Festrede gehalten in der öffentlichen Jahressitzung der Bayerischen Akademie der Wissenschaften in München am 6.12.1969, München 1970

Becker, Heinz, „Das Real-Time System" in: Der Mensch und die Technik, Beilage der Süddeutschen Zeitung vom 2. Mai 1967.

Beekes, Willi, „Die Automation und der umsatzsteuerliche Buchnachweis", in: Die steuerliche Betriebsprüfung, 1961, S. 223 ff.

Behrens, Curt, „Über den Aufbau integrierter Datenverarbeitungssysteme", in: Der Mensch und die Technik, Beilage der Süddeutschen Zeitung vom 2. Mai 1967.

Benjamin, Michael, „Kybernetik und staatliche Führung", in: Staat und Recht 1967, S. 1230 ff.

von Berg, Malte, Automationsgerechte Rechts- und Verwaltungsvorschriften, Köln und Berlin, 1968.

Berger, Manfred, „Programmierter Unterricht und Lehrautomaten", in: H. Frank, (Hrsg.), Kybernetische Maschinen, Frankfurt, 1964, S. 332 ff.

Berns, Walter, "Law and Behavioural Science", in: H.W. Baade, (Hrsg.), Jurimetrics – Law and Contemporary Problems, 1963, S. 185 ff.

Bigelow, Robert, P., (Hrsg.), Computers and the Law, New York, Chikago, Washington (USA), 1966 (a).

Bigelow, Robert, P., "Foreword", in: "Computers and the Law", 1966, S. I ff. (b).

Bischofberger, Pius, Durchsetzung und Fortbildung betriebswirtschaftlicher Erkenntnisse in der öffentlichen Verwaltung. Ein Beitrag zur Verwaltungslehre, Zürich, 1964.

Böckstiegel, Heinz, „Falsche Programmierung von Staat und Recht? Zu Steinbuchs Kritik an der ‚Hinterwelt' der Juristen", in: Neue Juristische Wochenschrift 1968, S. 1767 ff.

Boucher, Harold, "Drafting Wills with the Aid of Fill-In Forms and on Automatic Typewriter", in: Modern Uses of Logic in Law, Sept. 1964, S. 45 ff.

Brandtner, G., „Moderne Datenverarbeitung bei der Deutschen Bundespost", in: H. Steinmetz (Hrsg.), Jahrbuch des Postwesens 1964, 1965, S. 124 ff.

Breton, Jean-Marie, "Indexation par mot-clés ou texte intégral", in: Law and Computer Technology, June 1969 (Vol. 2, No. 6), S. 24 ff.

Brody, Stanley J., "Computers May Free Lawyers from Much Dull Routine Research", in: Wall Street Journal, 14.8.1962, S. 1 ff.

Brutschke, Paul-Gerhard, „Urheberrechtsverletzungen bei der Benutzung von elektronischen Datenverarbeitungsanlagen", in: Neue Juristische Wochenschrift 1970, S. 889 ff.

Buchner, Willi, „Die Verwaltung von morgen", in: Die Ortskrankenkasse 1969, S. 155 f.

Bühnemann, Bernt, „Fragen der Datenverarbeitung in der juristischen Praxis", in: Neue Juristische Wochenschrift 1969, S. 688

Bull, Hans Peter, Verwaltung durch Maschinen, 2. Aufl., Köln und Berlin, 1964.

Bull, Hans Peter, „Automation in der Verwaltung? " in: Juristische Rundschau 1965, S. 178 ff.

Burhenne, W.E., „Informationstechnik für den Juristen. Elektronische Datenverarbeitungsanlagen helfen internationaler Kommission", in: IBM Nachrichten 18 (1968), Heft 187 ff. (Februar), S. 2 ff.

Cades, J. Russell, "Jurimetrics and General Semantics", in: Modern Uses of Logic in Law, March 1964, S. 8 ff.

Campbell, Alan, Woods, Alan, "Computers and Freedom", in: Law and Computer Technology. June 1969 (Vol. 2, No. 6), S. 3 ff.

Catala, Pierre, Falgueirettes, Jean "Le traitement de l'information juridique sur ordinateurs", in: Juris-Classeur périodique – la semaine juridique, 1967, S. 165 ff.

Chapin, Ned, Einführung in die elektronische Datenverarbeitung, (dtsch. Übertragg. von: An Introduction to Automatic Computers durch R. Leitner), 2. Aufl., Wien und München, 1963.

Cobb, Charles K., "Indexing – Achilles Heel of Legal Research? ", in: Modern Uses of Logic in Law, Dec. 1963, S. 245 ff.

Correll, Werner, „Programmiertes Lernen und schöpferisches Denken", in: Studienhefte der pädagogischen Hochschule – Psychologie, 1965, S. 1 ff.

Couffignol, Louis Denkmaschinen (deutsche Übertragung von: Les machines ǎ penser), Stuttgart, 1956.

Crowder, N.A., "Automatic Tutoring by Means of Intrinsic Programming", in: E.H. Galanter (Hrsg.), Automatic Teaching, The State of the Art, New York (USA), 1959, S. 109 ff.

Davis, Richard P., "LITE: Legal Information through Electronics", in: Modern Uses of Logic in Law, Sept. 1965, S. 138 ff.

Degouy, R., "Le droit et l'information instantanée par la cybernétique", in: Cybernetica, 1961, S. 5 ff.

Delagrave, D.J., "Can the Formulas of Modern Logic Help Solve Legal Problems? ", in: Modern Uses of Logic in Law, Sept. 1964, S. 50 ff.

Delahodde, Jean, Mignot, H., Le traitement de l'Information juridique, Paris, 1968

Dennis, Sally F., "The Construction of a Thesaurus Automatically from a Sample of Text", Washington (USA), 1964.

Dennis, Sally F., "Status of American Bar Foundation Research on Automatic Indexing-Searching Computer System", in: Modern Uses of Logic in Law, Sept. 1965, S. 131 ff.

Dickerson, F. Reed, "Some Jurisprudential Implications of Electronic Data Processing", in: H.W. Baade (Hrsg.), Law and Contemporary Problems – Jurimetrics, 1963, S. 53 ff.

Dickerson, F. Reed, "A Legal Document Retrieval System for the Federal Aviation Agency", in: Modern Uses of Logic in Law, Dec. 1965, S. 191 ff.

Diebold, John, Automation, the advent of the automatic factory, New York (USA), 1952,

Dilcher, Hermann, „Bochumer Versuche mit programmunterstütztem Rechtsunterricht", in: Juristische Schulung 1968, S. 391 f.

Dilcher, Hermann, „Programmierter Rechtsunterricht", in: Juristenzeitung 1970, S. 214 ff.(a).

Dilcher, Hermann, „Neue didaktische Aspekte der Juristenausbildung", in: Wissenschaft und Lehre, hrsg. v. K. Schaller, Heidelberg 1970 S. 99 ff.(b)

Doyle, Lauren B., "Semantic Road Maps for Literature Searchers", in: Journal of the Association for Computing Machinery, 1961, S. 553 ff.

v. Dreising, Wolf, „Elektronische Datenverarbeitung in der öffentlichen Verwaltung in den USA und hier – vergleichende Betrachtungen", in: Deutsches Verwaltungsblatt 1963, S. 880 ff.

Duggan, Michael A., "Law, Logic and the Computer: Bibliography with Assorted Background Material", in: Computing Reviews, Vol. 7, Nr. 1, 1966.

Dworatschek, Sebastian, Einführung in die Datenverarbeitung, Berlin 1969

Eberstein, Hans Hermann, „Technische Regeln und ihre rechtliche Bedeutung" in: Der Betriebs-Berater 1969, S. 1291 ff.

Eden, Hero, Kohlscheen, Peter „Der Einsatz der „mittleren Datentechnik" bei Ortskrankenkassen, in: Die Ortskrankenkasse 1969, S. 111 ff.

Effmert, Willi, „Von der Lochkarte zur Elektronik", in: Die Bundesbahn, Heft 12, 1961.

Effmert, Willi, „Datenverarbeitung bei der Deutschen Bundesbahn", in: Eisenbahntechnische Rundschau 1963, S. 570 ff.

Eldridge, William B., "The American Bar Foundation Project", in: Modern Uses of Logic in Law, Sept. 1965, S. 129 ff.

Eldridge, William B., Dennis, Sally F., "Report of Status of the Joint American Bar Foundation – IBM Study of Electronic Methode Applied to Legal Information Retrieval", in: Modern Uses of Logic in Law, March 1963, S. 27 ff. (a).

Eldridge, William B., Dennis, Sally F., "The Computer as a Tool for Legal Research", in: H.W. Baade (Hrsg.), Law and Contemporary Problems – Jurimetrics, 1963, S. 78 ff. (b).

Ellenbogen, Henry, "Automation in the Courts", in: American Bar Association Journal, 1964, S. 655 ff.

Erben, Josef, „Patentdokumentation – Möglichkeiten und Mittel", in: VDI-Nachrichten 1966, Nr. 20, S. 9 ff.

Fairthorne, R.A., "Automatic Retrieval of Recorded Information", in: The Computer Journal, Vol. 1, 1958, S. 36 ff.

Fechner, Erich, „Lehrfilm und juristische Ausbildung", in: Juristenzeitung 1969, S. 185 ff.

Fels, E.M., "Some Statistical Methodology for Lawyers", in: Modern Uses of Logic in Law, March 1963, S. 9 ff.

Fels, E.M., Jacobs, A., "Linguistic Statistics of Indexing", in: Computing Reviews, April 1965, S. 74 ff.

Fiedler, Herbert, „Rechenautomaten als Hilfsmittel der Gesetzesanwendung", in: Deutsche Rentenversicherung 1962, S. 149 ff.

Fiedler, Herbert, „Probleme der elektronischen Datenverarbeitung in der öffentlichen Verwaltung“, in: Deutsche Rentenversicherung 1964, S. 40 ff.

Fiedler, Herbert, „Der zunehmende Einfluß der elektronischen Datenverarbeitungsverfahren (EDV) in der öffentlichen Verwaltung“, in: Bericht über den Deutschen Krankenkassentag 1964 des BdO, Bad Godesberg, 1965.

Fiedler, Herbert, „Rechenautomaten in Recht und Verwaltung“, in: Juristenzeitung 1966, S. 689 ff. (a).

Fiedler, Herbert, „Juristische Logik in mathematischer Sicht“, in: Archiv für Rechts- und Sozialphilosophie 1966, S. 93 ff. (b).

Fiedler, Herbert, Rezension über N. Luhmann, ‚Recht und Automation in der öffentlichen Verwaltung‘, in: Juristenzeitung 1967, S. 686

Fiedler, Herbert, „Computer für die Justiz“, in: Juristenzeitung 1968, S. 556 f. (a)

Fiedler, Herbert, „Perspektiven juristischer Dokumentation, Forschung und Textverarbeitung mit Elektronenrechnern“, in: Neue Juristische Wochenschrift 1968, S. 273 ff. (b)

Figge, Gustav, „Sind die Versicherungskarten in der Rentenversicherung noch zeitgemäß? “, in: Der Betriebs-Berater 1962, S. 600 ff.

Firgau, Walter, „Der Computer als Super-Verkehrsschutzmann“, in: Süddeutsche Zeitung v. 14.4.1967.

Fischerhof, Hans, „Technologie und Jurisprudenz”, in: Neue Juristische Wochenschrift 1969, S. 1193 ff.

Förschler, Hermann, „Kann das gerichtliche Mahnverfahren seine Aufgaben heute noch erfüllen? “ in: Juristenzeitung 1969, S. 103 ff.

Fraenkel, Aviezri S., ‘Legal Information Retrieval’ in Advances in Computers, Vol. 9, 1968, S. 113 ff. (a)

Fraenkel, Aviezri S., A Retrieval System for the Responsa, Rehovot (Israel), 1968 (b)

Frank, Gundolf, „Buchführung mit elektronischen Simultanabrechnungsanlagen und Möglichkeiten der Prüfung“, in: Die Wirtschaftsprüfung 1958, S. 595 ff., 630ff.

Frank, Helmar, (Hrsg.), Kybernetische Maschinen. Prinzipien und Anwendung der automatischen Nachrichtenverarbeitung, Frankfurt/Main, 1964 (a).

Frank, Helmar, Vorwort in: Kybernetische Maschinen, 1964, S. VII ff. (b).

Frank, Helmar, „Automatische Informationserschließung“, in: Kybernetische Maschinen, S. 299 ff. (d).

Frank, Helmar, „Kybernetik und kybernetische Technik“, in: Kybernetische Maschinen, 1964, S. 3 ff. (c).

Freed, Roy N., “Substantive Law Aspects of Computers”, in: R.P. Bigelow (Hrsg.), Computers and the Law, 1966, S. 85 ff.

Furth, Stephen, “Automated Information Retrieval – A State of the Art report”, in: Modern Uses of Logic in Law, Dec. 1965, S. 189 f.

Furth, Stephen, Hoffmann, Paul, “Introduction to Machine Methods”, in: R.P. Bigelow (Hrsg.), Computers and the Law, 1966, S. 1 ff.

Gaudion, E.J., „Rentenberechnung für 26 000 000 Versicherte mit einer EMIDEC 2400", in: elektronische Datenverarbeitung 1963, S. 218 ff.

Gehring, Gerhard, „Dokumentationsarbeiten im Deutschen Patentamt" in: Klaus Schneider (Hrsg.), Die Zentralstelle für maschinelle Dokumentation (ZMD), 1969, S. 109 f.

Gerstenkorn, Kirchner (Hrsg.), „Die Dokumentation der Bundesgerichte der Bundesrepublik Deutschland, Österreichs und der Schweiz", in: Arbeitshefte der Arbeitsgemeinschaft der Parlaments- und Behördenbibliotheken Nr. 18, Bonn 1964.

Gerwin, Robert, „So rechnen Elektronen", 2. Aufl., München 1962.

Gerwin, Robert, „Computer als Sprachübersetzer – besser als ihr Ruf", in: Süddeutsche Zeitung v. 3.1.1967.

Giese, Friedrich, „Sinnvolle Begrenzung der Fahrgeschwindigkeit bei Wege und Bahnkreuzungen", in: Festschrift für Friedrich List, Baden-Baden, 1957, S. 49 ff.

Giese, H.G., „Zur Programmierung von Datenverarbeitungsanlagen in der gesetzlichen Rentenversicherung", in: Deutsche Rentenversicherung 1962, S. 277 ff.

Gilli, Jean-Paul, "Le juriste et l'ordinateur", in: Recueil Dalloz Sirey, 1967, IXème Cahier, S. 47 ff.

Gradwohl, John M., "Educational Uses", in: R.P. Bigelow (Hrsg.), Computers and the Law, 1966, S. 78.

Grühn „Automatische Datenverarbeitung – heute oder morgen?", in: Die Sozialversicherung 1963, S. 273 ff.

Grieger, H.; Nehmer, H.H.; Winkelbauer H.; Müller, R., „Information und Dokumentation im Bereich der sozialistischen Rechtspflege", in: Neue Justiz 1967, S. 365 ff.

Grundmann, Günter; Hutschenreuter, Henry; Woehe, Gerhard, „Gedanken zur künftigen Entwicklung des sozialistischen Rechts unter den Bedingungen der wissenschaftlich-technischen Revolution", in: Staat und Recht 1967, S. 1425 ff.

Gudohr, Herbert, „Der gegenwärtige Stand und die künftigen Möglichkeiten der automatischen Datenverarbeitung bei der BfA", in: Die Angestelltenversicherung 1968, S. 6 ff.

Güntsch, Fritz Rudolf, „Einführung in die Programmierung digitaler Rechenautomaten", 2. Aufl. Berlin 1963

Haddenbrock, K.-H., „Datenverarbeitung auf der Hannover-Messe 1969 unter besonderer Berücksichtigung der ‚Mittleren Datentechnik'", in: Die Wirtschaftsprüfung, 1969, S. 365 ff.

Haley, Sam R., "Legislative Information System", in: Modern Uses of Logic in Law, Sept. 1965, S. 93 ff.

Halloran, Norbert A., "Court Congestion", in: R.P. Bigelow (Hrsg.), Computers and the Law, 1966, S. 67 ff.

Hammerbacher, Gerhard, "Computer in der Rechtsanwendung", in: IBM Nachrichten 195 (1969), S. 663 ff.

Haupt, Werner, „Die mechanisierte Einkommensteuer-Veranlagung 1958", in: Bundesnachrichten des Bundes Deutscher Steuerbeamter im Deutschen Beamtenbund (Beilage zur Steuer-Warte), 1960, S. 59 ff.

Haupt, Werner, „Der mechanisierte Lohnsteuer-Jahresausgleich 1959", in: Der Steuerbeamte, (Beilage zur Steuer-Warte), 1961, S. 12 ff.

Heckmann, „Aktuelle Fragen des kommunalen Finanzausgleichs", in: Die Verwaltungspraxis, Heft 2, 1962.

Heinemann, Gustav, „Gesetzgebung und technischer Fortschritt", in: IBM Nachrichten 1968, S. 82 f.

Hensen, „Verfahrens- und verwaltungstechnische Folgerungen aus der Rentenreform", in: Bundesarbeitsblatt 1958, S. 602 ff.

Hensen, „Versichertennummern in der gesetzlichen Rentenversicherung", in: Bundesarbeitsblatt 1959, Nr. 14.

Herrmann-Heuer, Kommentar zur Einkommensteuer einschließlich Lohnsteuer und Körperschaftsteuer, 13. Aufl., Köln-Marienburg 1969

Hiller, Egmont, „Automaten und Menschen", in: Theodor Eschenburg (Hrsg. der Schriftenreihe) Fragen an die Zeit, Stuttgart, 1958.

Hiller, Jack, A., "Automation in the Libraries", in: Modern Uses of Logic in Law, March 1965, S. 7 ff.

Hoffmann, Paul S., "Lawtomation in Legal Research", in: Modern Uses of Logic in Law, March 1963, S. 16 ff.

Hoffmann, Walter, (Hrsg.), Digitale Informationswandler. Probleme der Informationsverarbeitung in ausgewählten Beiträgen, Braunschweig, 1962.

Hoffmann, Walter, „Vorwort", in: Digitale Informationswandler, 1962 (a).

Hoffmann, Walter, „Entwicklungsbericht und Literaturzusammenstellung über Ziffern-Rechenautomaten", in: Digitale Informationswandler, 1962, S. 650 ff. (b).

Hofmann, „Elektronische Datenverarbeitung und Revisionstätigkeit", in: Der Betrieb, 1958, S. 449 ff.

Hoppenfeld, Elias C., "Law Research Service, Inc.," in: Modern Uses of Logic in Law, March 1966, S. 46 ff.

Horty, John F., "Experience with the Application of Electronic Data Processing Systems in General Law", in: Modern Uses of Logic in Law, Dec. 1960, S. 158 ff.

Horty, John F., "Searching Statutory Law by Computer. Interim Report Nr. 1, 2 and Final Report", Pittsburgh, Pa., (USA), 1962.

Horty, John F., "The 'Key Words in Combination' Approach", in: Modern Uses of Logic in Law, March 1962, S. 54 ff.

Horty, John F., "Use of Computers in Statutory Research and the Legislative Process", in: R.P. Bigelow (Hrsg.), Computers and the Law, 1966, S. 48 ff.

Houtart, Edouard, "Le droit et l'électronique", in: Law and Computer Technology, June 1969 (Vol. 2 No. 6), S. 15 ff.

Huber, Hans, „Das Recht im technischen Zeitalter", Bern, 1960.

Huyer, Hans-Heinrich, „Zur Ordnungsmäßigkeit der Buchführung im Rahmen der automatischen Datenverarbeitung", in: Die steuerliche Betriebsprüfung 1961, S. 76 ff.

Jackson, John H., "Using the computer for simple manipulation of data and information: a suggested program", in: Modern Uses of Logic in Law, Sept. 1964, S. 61 ff.

Jähnig, Walter, „Verwaltungsvereinfachung durch Mechanisierung", in: Die öffentliche Verwaltung 1958, S. 607 ff.

Jähnig, Walter, „Mechanisierung und Automation in der Verwaltung", in: MittKGSt Sept. 1961.

Jecht, Hans, Rezension über K. Zeidler, ‚Über die Technisierung in der Verwaltung', in: Archiv für Rechts- und Sozialphilosophie 1962, S. 245 ff.

Kalteis, „Elektronische Datenverarbeitungsanlagen im Beitragswesen", in: Bericht über den Deutschen Krankenkassentag 1964 des BdO, Bad Godesberg, 1965, S. 49 ff.

Kamlah, Ruprecht, Right of Privacy. Das allgemeine Persönlichkeitsrecht in amerikanischer Sicht unter Berücksichtigung neuer technologischer Entwicklungen. Köln, Berlin, Bonn, München 1969.

Kargl, Herbert, „Aspekte eines geplanten Rechtsschutzes für Computerprogramme", in: Der Betrieb 1969, S. 159 ff.

Kaufmann, Hans, „Zukunftsentwicklung der Informationstechnik", in: Systems 69, Internationales Symposium über Zukunftsfragen, Stuttgart, 1970, S. 143 ff.

Kayton, Irving, "Retrieving Case Law by Computer: Fact, Fiction and Future", in: George Washington Law Review, Vol35, Nr. 1, 1966.

Kehl, Horty, Bacon, Mitchell, "An Information Retrieval Language for Legal Studies", in: 4 Communications of the Association for Computing Machinery, 1961, S. 380 ff.

Kemper, Manfred, „Überlegungen zur Effektivitätserhöhung des juristischen Unterrichts", in: Staat und Recht 1967, S. 1444 ff.

Kent, A., "A Machine that does Research", in: Harper's Magazine, April 1959, S. 67 ff.

Kerimov, Djangir A., "Cybernetics and Soviet Jurisprudence", in: H.W. Baade (Hrsg.), Law and Contemporary Problems – Jurimetrics, 1963, S. 71 ff. (a).

Kerimov, Djangir A., "Future Applicability of Cybernetics to Jurisprudence in the U.S.S.R.", in: Modern Uses of Logic in Law, Dec. 1963, S. 153 ff. (b).

Kerimov, D.A., Pokrowsky, J.F., „Über den Einsatz kybernetischer Mittel bei der Automatisierung des juristischen Informationswesens", in: Sowjetwissenschaft – Gesellschaftswissenschaftliche Beiträge, 1964, S. 1227 ff.

Klug, Ulrich, „Elektronische Datenverarbeitung im Recht", in: Festschrift für Hermann Jahrreiss, Köln-Berlin-Bonn-München, 1964, S. 189 ff.

Klug, Ulrich, Juristische Logik, 3. Aufl., Berlin-Heidelberg-New York, 1966.

Klug, Ulrich, Fiedler, Herbert, „Die Berücksichtigung der automatisierten Gesetzesausführung in der Gesetzgebung", in: Deutsche Rentenversicherung 1964, S. 269 ff.

Knapp, Viktor, „Aspekte automatischer Rechtsfindung", in: Ostprobleme, 1963, S. 394 ff. (b).

Knapp, Viktor, „Über die Möglichkeit der Anwendung kybernetischer Methoden in Gesetzgebung und Rechtsanwendung", in: Archiv für Rechts- und Sozialphilosophie, 1963, S. 45 ff. (a).

Köhler, Reimar, „Zum Urheberrechtsschutz für Programme elektronischer Datenverarbeitungsanlagen", in: Der Betriebs-Berater 1969, S. 1114

Köhler, Reimar, Der urheberrechtliche Schutz der Rechenprogramme, München und Berlin, 1968

Kohlscheen, Peter, „Die Entwicklung der elektronischen Datenverarbeitung in der gesetzlichen Krankenversicherung", in: Die Sozialversicherung 1969, S. 296 ff.

Kolb, „Auswahlgrundsätze für Datenverarbeitungsanlagen", in: Deutsche Rentenversicherung 1962, S. 129 ff.

Kort, Fred, "Simultaneous Equations and Boolean Algebra in the Analysis of Judicial Decisions", in: H.W. Baade (Hrsg.), Law and Contemporary Problems – Jurimetrics, 1963, S. 143 ff.

Kreuzer, Karl, „Zur Verwendung von datenverarbeitenden Maschinen im Dienste der Rechtswissenschaft", in: Juristenzeitung 1968, S. 138 ff.

Kröninger, Alois, „Automation – Schlüssel zur Leistungsverwaltung", in: Amtsblatt des Bayerischen Staatsministeriums für Arbeit und soziale Fürsorge 1970, S. 77 ff.

Kübler, Ulrich, „Beginn der Datenverarbeitung für Versicherte der gesetzlichen Rentenversicherung", in: Die Sozialversicherung 1964, S. 42 ff.

Kübler, Ulrich, „Vergabe von Versicherungsnummern an Versicherte des Bestandes der gesetzlichen Rentenversicherung", in: Deutsche Rentenversicherung 1965, S. 125 ff.

Kübler, Walter, „Die Neuordnung des kommunalen Finanzausgleichs in Baden-Württemberg", in: Die Verwaltungspraxis 1962, Heft 2.

Ladner, Otto, „Elektronische Datenverarbeitung und Mikrofilm", in: Versicherungswirtschaft 1969, S. 1462 ff.

Lang, Eberhard, Staat und Kybernetik. Prolegomena zu einer Lehre vom Staat als Regelkreis. Salzburg-München. 1966

Langevin, R.A. Owens, M.F. "An Application of Computers to Document Analysis", in: Modern Uses of Logic in Law, Sept. 1965, S. 132 ff.

Lawlor, Reed C., "Foundation of Logical Decision Making", in: Modern Uses of Logic in Law, June 1963, S. 98 ff.

Lawlor, Reed C., "Analysis and Prediction of Judicial Decisions – Informal Progress Report", in: Modern Uses of Logic in Law, Sept. 1965, S. 132 ff.

Lawlor, Reed C., "Analysis and Prediction of Judicial Decisions", in R.P. Bigelow (Hrsg.), Computers and the Law, 1966, S. 59 f.

Liebing, H.E., „Automatische Datenverarbeitung in der gesetzlichen Rentenversicherung – Grundlagen und Methoden", in: Deutsche Rentenversicherung 1964, S. 77 ff.

List, Friedrich, Verwaltungsrecht technischer Betriebe, 2. Aufl., Baden-Baden, 1955.

List, Friedrich, „Einfluß der Automatisierung auf das Recht", in: Jahrbuch des Postwesens, Bd. 9, 1959, S. 32 ff.

Löhr, Friedrich Ludwig, „Automatisierte Dokumentation höchstrichterlicher Rechtsprechung durch den Computer", in: Neue Juristische Wochenschrift 1969, S. 1840

Loevinger, Lee, "Jurimetrics – the Next Step Forward", in: 33 Minnesota Law Review, 1949, S. 455 ff.

Loevinger, Lee, "Jurimetrics: Science and Prediction in the Field of Law", in: 46 Minnesota Law Review, 1961, S. 255 ff.

Loevinger, Lee, "The industrial revolution in Law", in: Modern Uses of Logic in Law, 1960, S. 56 ff.

Loevinger, Lee, "Jurimetrics: Science and Prediction in the Field of Law", in: Modern Uses of Logic in Law, Sept. 1962, S. 186 ff. (aus 46. Minn. L.R. 1961, S. 255 ff.).

Loevinger, Lee, "Jurimetrics: The Methodology of Legal Inquiry", in: H.W. Baade (Hrsg.), Law and Contemporary Problems – Jurimetrics, 1963, S. 98 f.

Lohmann, G.S., „Ordnungsmäßigkeit einer mit elektronischen Datenverarbeitungsanlagen erstellten Buchführung", in: Die steuerliche Betriebsführung 1962, S. 141 ff.

Long, Raymond J., "Law Office Management", in: R.P. Bigelow (Hrsg.), Computers and the Law, 1966, S. 63 ff.

Luhmann, Niklas, „Lob der Routine", in: Verwaltungsarchiv 1964, S. 1 ff.

Luhmann, Niklas, „Die Grenzen einer betriebswirtschaftlichen Verwaltungslehre", in: Verwaltungsarchiv 1965, S. 303 ff.

Luhmann, Niklas, Recht und Automation in der öffentlichen Verwaltung, Berlin 1966.

Luhmann, Niklas, „Funktionale Methode und juristische Entscheidung", in: Archiv des öffentlichen Rechts 1969, S. 1 ff.

Luhn, Hans-Peter, "The Automatic Creation of Literature Abstracts", in IBM Journal of Research and Development, 1958, S. 159 ff.

Luhn, Hans-Peter, „Ein universeller Informationsdienst", in: IBM Nachrichten 1961, S. 1379 ff.

Lyons, John, "New Frontiers of the Legal Technique", in: Modern Uses of Logic in Law, Dec. 1962, S. 256 ff.

Lyons, John, "Automation and the Administrative Process", in: Modern Uses of Logic in Law, March 1964, S. 37 ff.

Maass, Werner, „Geschichtliche Entwicklung, Programmierung, Arbeitsweise und Leistung elektronischer Großrechenanlagen", in: Bundesnachrichten des Bundes Deutscher Steuerbeamter im Deutschen Beamtenbund (Beilage zur Steuer-Warte), 1960, S. 39 ff.

Maass, Werner, „Zur Frage der Haftung und Verantwortlichkeit im Bereich der automatischen Datenverarbeitung", in: Deutsches Verwaltungsblatt 1961, S. 7 ff. (a).

Maass, Werner, „Die Mechanisierung von Aufgaben der Steuerverwaltung in den Vereinigten Staaten und in Deutschland", in: Verwaltungsarchiv 1961, S. 113 ff. (b).

Maron, M.E., "Automatic Indexing: An Experimental Inquiry", in: Journal of the Association for Computing Machinery, 1961, S. 404 ff.

Maron, M.E., Kuhns, J.L., "On Relevance, Probabilistic Indexing and Information Retrieval", in: Journal of the Association for Computing Machinery 1960, S. 216 ff.

Maunz, Theodor, Deutsches Staatsrecht, 12. Aufl., München und Berlin, 1963.

McCoy, Richard W., Chatterton, William A., "Computer-Assisted Legal Services", in: Law and Computer Technology, November 1968

Mehl, Lucien, "Les sciences juridiques devant l'automation", in: Cybernetica 1960, S. 22 ff., 142 ff.

Melton, Jessica S., "The 'Semantic coded Abstract' Approach", in: Modern Uses of Logic in Law, March 1962, S. 48 ff.

Melton, Jessica S., Bensing, Robert C., "Searching Legal Literature Electronically: Results of a Test Program", in: 45 Minnesota Law Review 1960, S. 229 ff.

Mixon, John, "Tutortext Practical Law", in: Modern Uses of Logic in Law, Dec. 1962, S. 226 ff.

Möhring, Philipp, „Die Schutzfähigkeit von Programmen für Datenverarbeitungsmaschinen", in: Gewerblicher Rechtsschutz und Urheberrecht, 1967, S. 269 ff.

Morgan, Robert T., "The 'Point of Law' Approach", in: Modern uses of Logic in Law, March 1962, S. 44 ff.

Mueller, Max W., „Zeit-, Kosten- und Wertfaktoren der Informationserschließung", in: IBM-Nachrichten 1961, S. 1348 ff.

Müller, Gert H., „Utopie in der Mathematik", in: Säkularisation und Utopie, Ebracher Studien. Festschrift für Ernst Forsthoff zum 65. Geburtstag. Stuttgart, Berlin, Köln, Mainz 1967, S. 299 ff.

Müller-Heidelberg, Klaus, „Verwaltungsrechtliche Probleme des ‚maschinell hergestellten' Verwaltungsaktes? ", in: Deutsches Verwaltungsblatt 1961, S. 11 ff.

Müller-Heidelberg, Klaus, „Wirtschaftlichkeit und Leistungsfähigkeit der öffentlichen Verwaltung (Untersuchung und Gutachten)", in: Die öffentliche Verwaltung 1964, S. 161 ff.

Müller-Heidelberg, Till, „Rechtsfragen der elektronischen Datenverarbeitung in der öffentlichen Verwaltung", in: Recht im Amt 1970, S. 101.

Müller-Lutz, H.L., „Tendenzen der betriebstechnischen Entwicklung und der Automation in der Verwaltung". Sonderdruck aus: Die Wirtschaftsprüfung Nr. 1, 1970, in: Schriftenreihe des Seminars für Versicherungsbetriebslehre an der Universität München, Nr. 51, München 1970.

Neesse, Gottfried, „Die Automation behördlicher Tätigkeit – Gedanken zu einem Buche", in: Neue Deutsche Beamtenzeitung 1961, S. 117 ff.

Nickel, Wolfgang, „Zur Frage der Mechanisierung der Steuerverwaltung", in: Deutsche Steuer-Zeitung (Ausgabe A), 1953, S. 314 ff.

Nickel, Wolfgang, „Das mechanisierte Steueramt", in: Deutsche Steuer-Zeitung (Ausgabe A), 1954, S. 49 ff.

Noetzel, Michael, „Zentralisation der Lohn- und Gehaltsabrechnung bei Ortskrankenkassen", in: Bericht über den Deutschen Krankenkassentag 1964 des BdO, 1965, S. 62 ff.

O'Connor, John, Rezension von Melton-Bensing, "Searching Legal Literature Electronically", in: Modern Uses of Logic in Law, March 1962, S. 18 ff.

v. Oertzen, Hans Joachim, „Automationsgerechte Gesetze als Voraussetzung der Automation", in: Deutsches Verwaltungsblatt 1969, S. 61 ff.

Oftinger, Karl, „Punktuationen für eine Konfrontation der Technik mit dem Recht", in: Die Rechtsordnung im technischen Zeitalter, Festschrift der Rechts- und Staatswissenschaftlichen Fakultät der Universität Zürich zum Zentenarium des Schweizerischen Juristenvereins, Zürich, 1961, S. 1 ff.

Osswald, Albert, Verwaltungsreform und elektronische Datenverarbeitung, Stuttgart 1969.

Palstra, J.Th.M., "Het Computerproject 'Goede trouw': Ervaringen en conclusies", in: Nederlands Juristenblad 1969, S. 997 ff.

Paffendorf, Carl G., "Electronic Aids to Estate Planning", in: Modern Uses of Logic in Law, March 1963, S. 54 ff.

Paffendorf, Carl G., "Estate Planning Aids", in R.P. Bigelow (Hrsg.), Computers and the Law, 1966, S. 60 ff.

Pappai, Friedrich, „Einführung einer Versicherungsnummer in den gesetzlichen Rentenversicherungen", in: Zentralblatt für Sozialversicherung, Sozialhilfe und Versorgung 1964, S. 48 ff.

Pappai, Friedrich; Winkler, Paul, „Versichertenbestandsführung und Beschäftigtenstatistik" in: Bundesarbeitsblatt 1969, S. 132 ff.

Pask, Gordon, „Anpassungsfähige Lehrmaschinen zur Gruppenschulung", in H. Frank (Hrsg.), Kybernetische Maschinen, 1964, S. 340 ff.

Pfeffer, Harold, "ICIREPAT and its Activities", in: Modern Uses of Logic in Law, June 1964, S. 23 ff.

Pietsch, E., „Der heutige Stand der automatischen Dokumentation", in: IBM-Nachrichten 1961, S. 1338 ff.

Podlech, Adalbert, „Logische Anforderungen kybernetischer Systeme an ihre Anwendung auf Rechtssätze", in: Der Betriebs-Berater 1968, S. 106 ff.

Podlech, Adalbert, „Rechtskybernetik – eine juristische Disziplin der Zukunft", in: Juristen-Jahrbuch, 10. Band 1969/70, Köln-Marienburg, S. 157 ff.

Pollock, Friedrich, Automation. Materialien zur Beurteilung ihrer ökonomischen und sozialen Folgen, 2. Aufl., Frankfurt/Main, 1964.

Popp, Rudolf, „Automation im Rechtswesen", in: Almanach 1966 des Carl Heymann Verlags, Köln-Berlin-Bonn-München 1966, S. 27 ff.

Posch, Martin, „Funktion und Struktur des Rechtssystems im gesellschaftlichen Regelprozeß", in: Staat und Recht 1967, S. 1700 ff.

Post, Alfred, „Zur integrierten automatischen Datenverarbeitung bei Verwaltungen sozialer Sicherheit", in: Die Sozialversicherung 1967, S. 5 ff.

Raddatz, Johannes, „Der Einsatz elektronischer Datenverarbeitungsanlagen bei den Krankenkassen", in: Die Ortskrankenkasse 1964, S. 335 ff., 364 ff., 392 ff.

Raddatz, Johannes, „Elektronische Datenverarbeitung im Leistungswesen", in: Bericht über den Deutschen Krankenkassentag 1964 des BdO, 1965, S. 56 ff.

Raddatz, Johannes, „Das Vertragswesen der Krankenkassen und die elektronische Datenverarbeitung", in: Die Sozialversicherung 1969, S. 43 ff.

Raisch, Peter, Überlegungen zur Verwendung von Datenverarbeitungsanlagen in der Gesetzgebung und im Rechtsfindungsprozeß. Insbesondere auch zu der Frage, ob die Einschaltung von Computern als Hilfsmittel eine neue Art und Weise der Gesetzgebung und der Rechtsfindung erfordert", in: Juristenzeitung 1970, S. 433 ff.

Rhyne, William S., Law Research by Computer, hrsg. v. World Peace Through Law Center, Genf, Washington, 1966 (Pamphlet Series Number 4)

Riddles, A.J., "Computer Based Concept searching of United States Patent Claims", in: Modern Uses of Logic in Law, Dec. 1965, S. 175 ff.

Röhrer, Klaus, „Dateneingabe über Lesegeräte" in: Versicherungswirtschaft 1970, S. 317 ff.

Roemheld, „Das Rechenzentrum im Niedersächsischen Landesverwaltungsamt", in: Deutsches Verwaltungsblatt 1964, S. 561 ff.; 610 ff.

Ruegenberg, Horst, „Zentrale elektronische Datenverarbeitung der Ortskrankenkassen – eine Herausforderung unserer Tage", in: Die Ortskrankenkasse 1969, S. 565 ff.

Ruckriegel, Werner, „Moderne Verwaltung – Wunschtraum oder Wirklichkeit? " in: Die Öffentliche Verwaltung 1968, S. 112 ff.

Schelsky, Helmut, „Die sozialen Folgen der Automatisierung", Düsseldorf-Köln 1957.

Schewe, Dieter, „Zur künftigen Entwicklung der Verwaltungsarbeit und der Verwaltungskosten der sozialen Rentenversicherung", in: Deutsche Rentenversicherung 1963, S. 204 ff.

Scheubel, Josef, „Bayerns Grundsätze für eine automationsgerechte Vorschriftengebung", in: adl-nachrichten 1969, S. 788 f.

Schneider, Klaus (Hrsg.), Die Zentralstelle für maschinelle Dokumentation (ZMD), Berlin, Köln, Frankfurt a.M., 1969

Schmidt, Reimer, „Rationalisierung und Privatrecht", in: Archiv für die civilistische Praxis, 1966, S. 1 ff.

Schmidt, Reimer, Bühnemann, Bernt, „Datenverarbeitung und Schadenbearbeitung", in: Versicherungswirtschaft 1970, S. 640 ff.

Schmidt-Giese, „Zur Einführung von Verfahren der ‚integrierten Datenverarbeitung' bei der Bundesanstalt für Angestelltenversicherung", in: Die Angestellten-Versicherung 1962, S. 146 ff.

Schmitt, Horst, „Automationsgerechte Gesetzgebung", in: Der Betrieb 1967, S. 2081 ff.

Schmidt-Schmiedebach, „Datenbanken im Dienste der Gesetzgebung, der Rechtsprechung und der Verwaltung", in: Almanach 1970 des Carl Heymann Verlages, Köln-Berlin-Bonn-München 1969, S. 66 ff.

Scholler, Rezension von K. Zeidler, Über die Technisierung in der Verwaltung, in: Bayerische Verwaltungsblätter 1961, S. 259 ff.

Schröder, Johannes, „Die Auswirkungen des Einsatzes von datenverarbeitenden Maschinen in den Unternehmungen auf die steuerliche Betriebsprüfung", in: Die steuerliche Betriebsprüfung 1961, S. 3 ff.

Schubert, Glendon, "Judicial Attitudes and Voting Behaviour", in H.W. Baade (Hrsg.), Law and Contemporary Problems – Jurimetrics, 1963, S. 100 ff.

Schuff, Hans Konrad, „Probleme der kommerziellen Datenverarbeitung", in: W. Hoffmann (Hrsg.), Digitale Informationswandler, 1962, S. 350 ff.

Seidel, Ulrich, „Elektronische Datenverarbeitung als maschinelles Hilfsmittel einer juristischen Dokumentation", in: Deutsche Richterzeitung 1970, S. 116 ff.

Seifart, Wolfgang, „Zur Rolle der Information und Dokumentation bei der prognostischen Tätigkeit der Rechtspflegeorgane", in: Neue Justiz 1968, S. 13 f.

Simitis, Spiros, „Zum Problem einer juristischen Logik", in: Ratio 1960, S. 52 ff.

Simitis, Spiros, „Rechtliche Anwendungsmöglichkeiten kybernetischer Systeme", in: Recht und Staat, Heft 322, Tübingen, 1966 (auch in: H. Frank (Hrsg.), Kybernetische Maschinen, 1964, S. 351 ff.).

Simitis, Spiros, Automation in der Rechtsordnung – Möglichkeiten und Grenzen. In: Juristische Studiengesellschaft Karlsruhe, Schriftenreihe Heft 78, Karlsruhe 1967.

Simitis, Spiros, „Die Informationskrise des internationalen Rechts und die Datenverarbeitung", in: Zeitschrift für Rechtsvergleichung 1969, S. 276 ff.

Skaupy, Walther, „Zur Schutzfähigkeit von elektronischen Rechenprogrammen", in: Der Betriebs-Berater 1967, S. 945 f.

Skinner, B.F., "Science of Learning and the Art of Teaching", in: Harvard Educational Review, 24, 1954, S. 86 ff.

Spangenberg, Robert, Neumann, Clarice, "Data Processing: A Modern Tool to Help Improve Judicial Administration", in: Massachusetts Law Quarterly, March 1965, S. 31 ff.

Spengler, Joseph J., "Machine-Made Justice: Some Implications", in: H.W. Baade (Hrsg.), Law and Contemporary Problems – Jurimetrics 1963, S. 36 ff.

Spindler, Hartmut, „Die Urheberrechtsreform in den Vereinigten Staaten", in: Gewerblicher Rechtschutz und Urheberrecht 1970, S. 171 ff.

Springer, Eric W., Horty, John F., "Searching and Collating the Welfare Laws of Pennsylvania by Computer", Pittsburgh (USA), 1962.

Steinbuch, Karl, (Hrsg.), Taschenbuch der Nachrichtenverarbeitung, Berlin-Göttingen-Heidelberg, 1962.

Steinbuch, Karl, Automat und Mensch. Über menschliche und maschinelle Intelligenz, Berlin-Göttingen-Heidelberg, 2. Aufl., 1963.

Steinbuch, Karl, Falsch programmiert. Über das Versagen unserer Gesellschaft in der Gegenwart und vor der Zukunft und was eigentlich geschehen müßte. Stuttgart 1968.

Steinmetz, Hans, „Die Rationalisierung bei der Deutschen Bundespost", in: Archiv für das Post- und Fernmeldewesen 1959, S. 1 ff.

Stiles, Edmund H., "The Association Factor in Information Retrieval", in: Journal of the Association for Computing Machinery 1961, S. 271 ff.

Stover, Carl F., "Technology and Law – A Look Ahead", in: Modern Uses of Logic in Law, March 1963, S. 1 ff.

Stratenwerth, Günter, „Das rechtstheoretische Problem der ‚Natur der Sache', in: Recht und Staat, Heft 204, Tübingen, 1957.

Suhr, Dieter, „Ansätze zur kybernetischen Betrachtung von Recht und Staat", in: Der Staat 1967, S. 197 ff.

Suhr, Dieter, „Zur Einführung: Recht und Kybernetik", in: Juristische Schulung 1968, S. 351 ff.

Susat, W., Stolzenburg, G., „Gedanken zur Automation", in: Monatsschrift für Deutsches Recht, 1957, S. 146 ff.

Swanson, Don R., "Searching Natural Language Text by Computer", in: Science 1960, Vol. 132, S. 1099 ff.

Schönke-Schröder, Strafgesetzbuch-Kommentar, 11. Aufl., München und Berlin, 1963.

Tapper, Colin, "British Experience in Legal Information Retrieval", in: Modern Uses of Logic in Law, Dec. 1964, S. 127 ff.

Tapper, Colin, "Retrieving legal information", in: Data Processing, 1966, S. 314 ff.

Tauro, Joseph, "Report to the Members of the Bar", in: 49 Massachusetts Law Quarterly 1964, S. 331 ff.

Ulbricht, H.W. „Kleines Glossarium zur automatischen Datenverarbeitung", in: Deutsche Rentenversicherung 1962, S. 51 ff.

Ulmer, S. Sidney, "Quantitative Analysis of Judicial Processes: Some Practical and Theoretical Applications", in: H.W. Baade (Hrsg.), Law and Contemporary Problems-Jurimetrics, 1963, S. 164 ff.

Voss, Gerhard, „Die mechanisierte Steuerveranlagung", in: Der Betriebs--Berater 1960, S. 699 ff. (a).

Voss, Gerhard, „Die Berichtigung fabrizierter Steuerbescheide", in: Der Betriebs-Berater 1960, S. 1091 ff. (b).

Voss, Gerhard, „Die Mechanisierung der Steuerverwaltung – ihre Auswirkungen für die Betriebsprüfung, für Steuerpflichtige und Berater", in: Die steuerliche Betriebsprüfung 1961, S. 125 ff.

Walther, Hans, „Die technische Vervollkommnung der Steuerverwaltung", in: Der Steuerbeamte, Beilage zur Steuerwarte,1961, S. 74 ff.

Walther, Hans, „Wege zu einer Reform des Erhebungsverfahrens in unseren Finanzämtern", in: Der Steuerbeamte, Beilage zur Steuerwarte, 1962, S. 57 ff.

Walther, Hans, „Die Automation des Lohnsteuer-Jahresausgleichs und der V-Steuern", in: Der Steuerbeamte, Beilage zur Steuerwarte, 1966, S. 9 ff.

Wanders, Wilhelm, „Automation und Versicherungskarte", in: Deutsche Rentenversicherung 1963, S. 125 ff.

Wanders, Wilhelm, „Maschinelle Beleglesung in der Deutschen Rentenversicherung", in: IBM-Nachrichten 1964, S. 2236 ff.

Wettstein, H., „Programmieren von Rechenanlagen", in: H. Frank (Hrsg.), Kybernetische Maschinen, 1964, S. 85 ff.

Wieacker, Franz, „Recht und Automation", in: Festschrift für Eduard Bötticher zum 70. Geburtstag, Berlin, 1969, S. 383 ff.

Wiener, Frederick B., "Prediction by Computers: Nonsense Cubed – and Worse", in: American Bar Association Journal 1962, S. 1023 ff.

Wiener, Norbert, Mensch und Menschmaschine, Frankfurt-Berlin 1952.

Wiener, Norbert, "My connection with cybernetics. Its origine and its future", in: Cybernetica 1958, S. 1 ff.

Wiener, Norbert, Kybernetik – Regelung und Nachrichtenübertragung im Lebewesen und in der Maschine (dtsch. Übertragung von: Cybernetics – or Control and Communication in the Animal and the Machine, New York (USA), 1948, durch E.H. Serr), 2. Aufl., Düsseldorf-Wien, 1963.

Winkler, Paul, „Die Bedeutung der elektronischen Datenverarbeitung für die öffentliche Verwaltung" in: Die Ortskrankenkasse 1969, S. 7 ff.

Wille, Horst, „Die Netzplantechnik als Führungsinstrument", in: Der Mensch und die Technik, Beilage der Süddeutschen Zeitung vom 2. Mai 1967.

Wilson, Robert, "Computer Retrieval of Case Law", in 16 South Western Law Journal, 1962, S. 409 ff. (a).

Wilson, Robert, "Southwestern Legal Foundation Studies Case Law Retrieval", in: Modern Uses of Logic in Law, March 1962, S. 40 ff. (b).

Wilson, Robert, "Case Law Searching by Machine", in: R.P. Bigelow (Hrsg.), Computers and the Law, 1966, S. 55 ff.

Woitschach, M., Körner, H.G., „Automatische Bibliothek", in: K. Steinbuch (Hrsg.), Taschenbuch der Nachrichtenverarbeitung, 1962, S. 1273 ff.

Wulff, „Die Versicherungsnummer in Theorie und Praxis", in: Die Sozialversicherung 1963, S. 102 ff.

Wulff, „Aufklärung in der Rentenversicherung durch Kontoauszüge", in: Die Sozialversicherung 1966, S. 204 ff., 234 ff., 267 ff.

Zeidler, Karl, Über die Technisierung der Verwaltung, Karlsruhe, 1959 (a).

Zeidler, Karl, „Verwaltungsfabrikat und Gefährdungshaftung", in: Deutsches Verwaltungsblatt 1959, S. 681 ff. (b).

Zeidler, Karl, „Zur ‚Technisierung der Verwaltung' – eine Entgegnung", in: Deutsches Verwaltungsblatt 1961, S. 493 ff.

Zemanek, Heinz, „Automaten und Denkprozesse", in W. Hoffmann (Hrsg.), Digitale Informationswandler, 1962, S. 1 ff.

Zuse, Konrad, „Entwicklungslinien einer Rechengeräte-Entwicklung von der Mechanik zur Elektronik", in: W. Hoffmann (Hrsg.), Digitale Informationswandler, 1962, S. 508 ff.

Ohne Verfasserangabe:
Ars Aequi, Juridisch Studentenblad XVIII, II, "Jurimetrie", Dezember 1969, Amsterdam.

Demonstration of Electronic Legal Research; 1961 Annual Meeting of the American Bar Association, St. Louis, Missouri (USA), 1961.

Einführung der elektronischen Datenverarbeitung für das Grundbuchwesen. Siemens AG Zweigniederlassung München, 1970.

Juristisches Informationssystem mit Hilfe der elektronischen Datenverarbeitung. Bericht der Arbeitsgruppe für Datenverarbeitung im Bundesministerium der Justiz vom 1.2.1970. Beilage zum Bundesanzeiger Nr. 41 vom 28. Februar 1970

Etude et réalisation d'un système de traitement par ordinateur d'un fichier de documentation juridique – SYDONI (hrsg. vom Cridon de Lyon), Lyon, 1969

Le CREDOC, Description du système et réalisations actuelles, Brüssel, 1969

Legal Informations Thru Electronics, Air Force Accounting and Finance Center, Denver, Col., (USA); undatiert.

"Nul n'est censé ignorer la loi" in: Bull Système d'informatique Magazine Nr. 4, 1969

„Mit Automaten leben", in: Die Ortskrankenkasse 1964, S. 178 f.

Panel Discussion: The Computer in Law, Yes or Nor? in: Modern Uses of Logic in Law, Sept. 1964, S. 93 ff.

Pour une organisation nationale de l'information juridique. Rapport du groupe de travail pour l'informatique juridique constitutué à l'initiative de l'unpl (centre national de productivité et d'expansion des professions libérales (section juridique) et du cnipe (centre national d'information pour la productivité des entreprises). Paris und Courbevoie 1970.

Schriftenreihe „Einführung der Automatischen Datenverarbeittung in der gesetzlichen Rentenversicherung", hrsg. v. Verband Deutscher Rentenversicherungsträger, Frankfurt/Main. Teil I Versicherungsnummer, Teil II Datenzusammenstellung, Teil III Datenübersicht.

Searches of Law by Computer, University of Pittsburgh, Health Law Center, Pittsburgh, Pa., (USA), undatiert.

A Search Strategy for Retrieving Legal Information, Datatrol Corporation, Silver Spring, Maryland (USA), 1962.

Word Frequency List of the Statues of Pennsylvania, University of Pittsburgh, Health Law Center, Pittsburgh, Pa., (USA), 1962.

ABKÜRZUNGSVERZEICHNIS

aaO	am angegebenen Ort
ABF	American Bar Foundation
ACM	Association for Computing Machinery
ADV	Automatische Datenverarbeitung
AHD	Arbeitskreis für Hoschuldidaktik
a.M.	anderer Meinung
AO	Reichsabgabenordnung
AWV	Ausschuß für wirtschaftliche Verwaltung
BArbG	Bundesarbeitsgericht
BB	Der Betriebsberater
BFH	Bundesfinanzhof
BGB	Bürgerliches Gesetzbuch
BGH	Bundesgerichtshof
BSozG	Bundessozialgericht
BStBl	Bundessteuerblatt
BGBl	Bundesgesetzblatt
BPatG	Bundespatentgericht
BR	Bundesregierung
DDR	Deutsche Demokratische Republik
DVBl	Deutsches Verwaltungsblatt
DOK	Die Ortskrankenkasse
DÖV	Die öffentliche Verwaltung
EWG	Europäische Wirtschaftsgemeinschaft
EStG	Einkommensteuergesetz
EDV	Elektronische Datenverarbeitung
GG	Grundgesetz
GVG	Gerichtsverfassungsgesetz
h.M.	herrschende Meinung
IBM	Internationale Büromaschinengesellschaft
ICIREPAT	International Cooperation in Information Retrieval Among Examining Patent Offices
ILO	International Labour Organisation
JA	Juristische Arbeitsblätter
JAV	Verordnung über den Lohnsteuer-Jahresausgleich
JuS	Juristische Schulung
JZ	Juristenzeitung
KGSt	Kommunale Gemeinschaftsstelle für Verwaltungsvereinfachung
LStDV	Lohnsteuer-Durchführungsverordnung
LVA	Landesversicherungsanstalt
M.U.L.L.	Modern Uses of Logic in Law (jetzt fortgeführt als "Jurimetrics Journal")
MittKGSt	Mitteilungen der Kommunalen Gemeinschaftsstelle für Verwaltungsvereinfachung
MDR	Monatsschrift für deutsches Recht
NJW	Neue Juristische Wochenschrift

o.	oben
o.a.	oben angegeben
OGH	Oberster Gerichtshof
PatG	Patentgesetz
RG	Reichsgericht
RKO	Reichskassenordnung
RVO	Reichsversicherungsordnung
s.	siehe
StAnpG	Steuer-Anpassungsgesetz
SBG	Schweizerisches Bundesgericht
s.o.	siehe oben
StSäumG	Steuersäumnisgesetz
s.u.	siehe unten
StGB	Strafgesetzbuch
VO	Verordnung
VDE	Verband deutscher Elektrotechniker
ZPO	Zivilprozeßordnung

A. EINLEITUNG

I. Neue Bedingungen, neue Methoden

Zu den lesenswertesten Kapiteln in der Geschichte des menschlichen Erfindergeistes gehört jenes, welches den Computern gewidmet ist. Es beschreibt, wie es erstmals gelang, geistige Arbeit in nennenswertem Maße an eine Maschine zu delegieren und wie dieser Erfolg genau in dem Augenblick erzielt wurde, in dem zahlreiche Bereiche des sozialen Lebens ohne ihn in eine Krise geraten wären. Dieser letztere Gesichtspunkt ist bislang nur wenig beachtet worden; man hielt den Blick vorwiegend auf die allerdings staunenswerten Fähigkeiten der Computer gerichtet, und indem man beispielsweise die Frage diskutierte, ob die Computer denken können[1], hat man kaum die Frage gestellt, wie denn wohl unser soziales Leben in vielen Bereichen ohne ihre Hilfe heute schon aussähe.

Ein spektakuläres Beispiel – zugleich der bisher größte Triumph der Computertechnik – zeigt dies deutlich: die Landung des Menschen auf dem Mond, die ohne Computer nicht möglich gewesen wäre. Als in der ersten Hälfte dieses Jahrhunderts Männer wie Wernher von Braun, Goddard, Oberth und Ziolkowski ihre Raketen konzipierten, dachten sie noch längst nicht daran, daß eines Tages „Denkmaschinen" erforderlich sein würden, um ihre Projektile ins Ziel zu befördern. Und als Männer wie Hollerith, Zuse, Aiken und von Neumann ihre Denkmaschinen entwarfen, waren sie weit davon entfernt, Anwendungsmöglichkeiten in der Raumfahrt ins Auge zu fassen. Als aber dann die erste Apollo-Kapsel zum Mond startete, war die Verbindung hergestellt, und nur der Computereinsatz, nur die Bereitschaft, unzählige in kürzester Frist vorzunehmende Denkoperationen an Maschinen zu delegieren, ermöglichte die historische Mondlandung am 21. Juli 1969[2].

Nicht viel anders, wenn auch weniger spektakulär, ist es in vielen Bereichen des sozialen Lebens. Überall in der Wissenschaft, Forschung, Wirtschaft,

---

1 Vgl. die Nachweise bei H. Frank 1964, S.7; ferner Osswald 1969, S. 21 f. Eine solche Diskussion wird erschwert durch Definitionsschwierigkeiten und führt letztlich in weltanschauliche Gebiete. Sie dürfte im gegenwärtigen frühen Entwicklungsstadium noch nicht zu weitreichenden Erkenntnissen führen.

2 Müller 1967, S. 323 weist darauf hin, daß die Computer unsere Kenntnisse im Bereich des Deduktiv-Erschließbaren um Größenordnungen – darunter versteht er Zehnerpotenzen – erweitert haben und führt aus: „Ich möchte mich der in verschiedenen Varianten vertretenen Meinung anschließen, daß die Konstruktion der modernen Automaten eine Wende von historischer Bedeutung darstellt wie in der Vergangenheit alle Entdeckungen und Erfindungen, die es dem Menschen gestatteten, das ihm normalerweise Erreichbare um Größenordnungen zu überschreiten".

Politik und wo immer sonst noch sind die Dinge ungeheuer kompliziert geworden[3]. Die Fülle der Fakten, Daten, Informationen und Entscheidungen und das rasche Tempo der Entwicklung machen es dem Einzelnen unmöglich, den Überblick zu gewinnen oder zu behalten und im konkreten Fall immer das Richtige zu tun[4]. Arbeitsteilung, Spezialisierung und Team-Work sind notwendige Behelfe, aber auch sie bedeuten keinen Ausweg in einer Welt, die von Tag zu Tag komplizierter, schnellebiger und unübersichtlicher wird. Und wiederum stehen die Computer bereit, bieten ihre Schnelligkeit, ihr Gedächtnis und ihr logisches „Denkvermögen" an, und überall macht man davon Gebrauch – manchmal, weil man will, oftmals, weil man muß[5].

Dies trifft auch für das Recht zu. Das Recht als Antwort des Menschen auf soziale Spannungen und Konflikte hat ja teilgenommen an den ungeheueren Veränderungen ringsum. Es hat sich den geänderten Tatbeständen angepaßt; es folgt der Entwicklung so rasch, daß es in weiten Bereichen in die Nähe der Journalistik gerückt ist[6], und es wurde ergriffen von jenem Reformdrang, der im Zuge des wirtschaftlichen Gesetzes, wonach Stillstand gleich Rückschritt ist, unser gesamtes soziales Leben erfaßt hat.

Dieses ins Ungeheuere aufgeblähte und kompliziert gewordene Recht ist für den einzelnen Staatsbürger wie für den Juristen gleichermaßen unübersehbar geworden[7]. Auch hier hat man zunächst versucht, durch Arbeitsteilung und Spezialisierung des Problems Herr zu werden. Auch hier zeichnet sich mehr und mehr ab, daß dies auf Dauer nicht zu befriedigenden Lösungen führt. Und auch hier stehen die Computer bereit und werden benutzt, wenngleich zögernder als anderswo.

Dieses Zögern ist in Deutschland besonders stark. Das hat seinen Grund. Wir Deutsche haben ein besonderes Verhältnis zum „Geist" und zum „Denken". Der Einsatz von Maschinen erscheint uns hier als eine Mischung aus Utopie

---

3 Bezeichnend ist die Feststellung von Grundmann, Hutschenreuter, Woehe 1967, S. 1427 (Fußn. 11), daß 90% aller bisher in der Welt tätigen Wissenschaftler gegenwärtig noch leben. Man rechnet mit einer Verdopplung des derzeitigen Standes an gesicherter wissenschaftlicher Erkenntnis innerhalb von 8 bis 10 Jahren.

4 Es ist ein Symptom hierfür, daß die Presse mehr und mehr ihre Aufgabe darin erblickt, dem Menschen, der sich in einer ihm unverständlich gewordenen Welt nicht mehr zurechtfindet, „Lebenshilfe" zu gewähren.

5 Besonders in den Vereinigten Staaten ist ein zunehmender Computereinsatz auf „unpräzisen" Gebieten wie Politik, Militärwesen und Unternehmensführung zu beobachten.

6 Dabei kann noch längst keine Rede davon sein, daß sich das Recht dem raschen Wandel der wissenschaftlich-technischen Revolution unverzüglich anpaßt, vgl. etwa Grundmann, Hutschenreuter, Woehe 1967, S. 1425 ff.

7 Wichtige Rechtsgebiete, die praktisch jeden Bürger angehen, wie das Steuerrecht und das Sozialversicherungsrecht, sind total unüberschaubar geworden.

und Barbarei. Als Juristen bilden wir überdies einen konservativen Stand und fühlen uns verpflichtet, das Erbe der Väter zu bewahren. Hinzu kommt, daß der Einsatz von Computern im Recht einen Angriff auf unser ureigenstes Gebiet – nämlich auf unsere juristisch geschliffene Denkweise – zu beinhalten scheint[8]. All dies erklärt eine skeptische, abwehrende Haltung, die sicher respektabel, aber ebenso sicher nicht adäquat ist[9]. Denn wenn es zutrifft, daß wir Juristen mit unseren traditionellen Mitteln – Verstand, Sinnen, Wissen, Können und Erfahrung; Büchern, Schreibgeräten und Papier – das Recht nicht mehr in jedem Falle zufriedenstellend bewältigen können,

---

8 Es ist allerdings bemerkenswert, wie wenig Beachtung einer sozialpsychologischen Erforschung der juristischen Arbeitsmethode geschenkt wird. Man glaubt weithin, Rechtstheorie und -praxis würden schon von selbst, gewissermaßen unbewußt, zu einer brauchbaren Arbeitsweise führen. Ganz krass kommt dies bei manchen Repetitoren zum Ausdruck, die öffentlich (und erfolgreich) das Rezept verkünden, das Schreiben möglichst vieler Klausuren gewährleiste die erfolgreiche Examensklausur. Daß das Erlernen einer vernünftigen Arbeitstechnik viel sicherer und mit einem Bruchteil des Aufwandes zum Ziel führt, verkennen sie ebenso wie ihre Schüler. Freilich ist auf diesem Gebiet in Deutschland nicht allzuviel an Vorarbeiten festzustellen. Wahrscheinlich liegt das daran, daß entsprechende Versuche sofort ein starkes Unbehagen erzeugen. In den USA hat es schon früh Versuche gegeben, mit Hilfe sozialpsychologischen Analysen die Faktoren zu bestimmen, welche das richterliche Verhalten bestimmen, vgl. Simitis 1967, S. 21. Als man dabei Computer einsetzte (vgl. Lawlor 1966, S. 59 f; 1965, S. 132 ff.; 1963, S. 98 ff.; Kort 1963, S. 143 ff. mit weiteren Nachweisen), löste das eine Diskussion aus, in der die Fragwürdigkeit solcher Methoden scharf herausgestellt wurde, vgl. F. Wiener 1962, S. 1023 ff.; Stover 1963, S. 1 ff.; Ulmer 1963, S. 164 ff.; Dickerson 1963, S. 53 ff. sowie die Diskussion zwischen F. Wiener und Loevinger (Panel Discussion: The Computer in Law, Yes or No?) in M.U.L.L. 1964, S. 93 ff.

9 Der Einsatz von Computern im Recht macht überdies eine eigenartige Kontrastellung von „Technikern“ und „Juristen“ deutlich. Vgl. auf der einen Seite die Angriffe, die Steinbach 1968 passim gegen die dominierende Rolle der Juristen in Parlament, Regierung und Verwaltung erhoben hat und auf der anderen Seite etwa Popp 1966, S. 29 ff., der von der „Erniedrigung“ gesprochen hat, welche die Anwendung der Automationstechnik auf den Vorgang der davon durch „Welten“ getrennten Rechtsfindung bedeute. Nach Fischerhof 1969, S. 1197 hat die Technik und besonders die Automation immer nur „Hilfsfunktionen“ zu erfüllen. „Das Urteil aus dem Computer wäre nicht der Triumph der Gerechtigkeit, sondern der Inhumanität und Unzulänglichkeit“. Zur Sorge der Juristen vor dem Einbruch der als wesensfremd empfundenen Technik in das Recht vgl. auch Böckstiegel 1968, S. 1767 ff.; List 1959; Giese 1967, S. 49; H. Huber 1960, S. 9; Oftinger 1961, S. 13 ff.; Stratenwerth 1957 sowie die von Zeidler 1959 ausgelöste Diskussion (dazu vgl. u. Abschn. B III). Aus der Diskussion der in Fußnote 8 genannten seien die folgenden Argumente genannt: Mit der Technik breche eine neue Philosophie in das Recht ein. Sie verlange ein geschlossenes System, welches von der Logik bestimmt sei. Sie verdränge den Juristen, sie verlange zuviel Präzision, und sie verkompliziere das Recht. Vgl. auch Eberstein 1969, S. 1291 ff., ferner Müller 1967, S. 317, der auf die „fast unüberbrückbare“ Kluft zwischen geisteswissenschaftlich orientierten Laien und Fachleuten auf dem Gebiet der Rechenautomaten hinweist und betont: „Es ist eine grundsätzliche Aufgabe, immer wieder zu versuchen, diese Kluft zu überwinden“. Wieacker 1969, S. 385 weist darauf hin, daß hier noch viele Unklarheiten zu überwinden sind.

dann können wir auch nicht mehr dafür einstehen, daß unser Tun das höchstmögliche Maß an Gerechtigkeit sichert. Dieses Manko wird uns zum Vorwurf gereichen, wenn und soweit es Techniken gibt, die es erlauben, diesem Ziel näherzukommen. Um dieses Zieles willen sollten wir den neuen Möglichkeiten daher aufgeschlossen gegenübertreten[10]. Es mag sein – ja, es ist sogar wahrscheinlich – daß uns eine schmerzhafte Begegnung bevorsteht, daß wir erkennen, wie groß der Anteil bloßer Routine im Bereich unserer Tätigkeit ist, wie oft wir eine Sache einfach so und so machen, weil sie schon immer so gemacht worden ist, wieviel von dem, was wir Erfahrung nennen, nur eine Anhäufung von Vorurteilen ist, wie groß unser Kenntnismangel – tatsächlich wie rechtlich – oftmals ist und wie willkürlich wir daher mitunter urteilen (und urteilen müssen)[11]. Aber nach dieser Begegnung werden wir vermutlich entdecken, daß die Computer Routinearbeit sehr viel zuverlässiger und schneller erledigen können als wir, daß sie Kenntnismängel beheben können, daß sie uns zwingen, unser Denken mehr als bisher zu logifizieren und deutlich zu machen, wo die ratio aufhört und Wert- und Vorurteile beginnen, und daß all dies letztlich unser Bestreben fördern wird, Gerechtigkeit zu schaffen[12].

Es wird also eine positive Begegnung sein, und deshalb müssen wir sie suchen. Aber natürlich wird der Einsatz von Computern im Recht nicht alle Probleme lösen. Ganz sicher ergeben sich hier Grenzen[13]. Die elektronische Datenverar-

10 Mit welcher Unbefangenheit man anderswo von den neuen Möglichkeiten Gebrauch macht, zeigt das Beispiel der USA. Dort hat Loevinger schon im Jahre 1948 – also etwa zur selben Zeit, als Norbert Wiener den Begriff Kybernetik prägte und Shannon im Ausschluß an Probleme der Fernmeldetechnik die Informationstheorie begründete – das Wort „Jurimetrics" geschaffen, vgl. Loevinger 1949; 1961, 1962 und 1963; Baade 1963b, S. 1: "It signifies the scientific investigation of legal problems". Während man über die Ergebnisse von „Jurisprudence" diskutiert, kann man die Ergebnisse von „Jurimetrics" messen. Den Weg in eine solche Zukunft hat der amerikanische Jurist Justice Holmes schon im Jahre 1892 gewiesen: "For the rational study of law the black letter man may be the man of the present, but the man of the future is the man of statistics and the master of economics" (zit. nach Cades 1964, S. 12).

11 Nach Tucholsky ist es kein Argument, wenn man eine Sache so macht, weil sie schon zwanzig Jahre so gemacht worden sei; man kann eine Sache auch zwanzig Jahre lang falsch machen. Fachleute, die diesen Standpunkt vertreten, „vertreten den Standpunkt der Erfahrung, der Autarkie und der Tradition und verteidigen mit ihrem scheinbaren Fachverstand, der, zumindest auf dem Gebiet der Arbeitsorganisation, in Wirklichkeit erstarrte Routine ist, den bereits überholten Istzustand", Müller-Lutz 1970, S. 7.

12 Voraussetzung ist freilich der Verzicht auf ideologische Barrieren von jener Art, die aus der kunstvollen Trennung in niedere, mechanische Tätigkeiten etwa auf der Ebene der Gerichtskasse und einen hoch darüber schwebenden unnahbaren Bereich juristischen Wägens und Wertens resultieren. Die Bedenken, die etwa Popp 1966, S. 29 ff. und Fischerhof 1969, S. 1196 f. zu dieser Trennung veranlassen, sind zwar anzuerkennen, aber sie rechtfertigen nicht die Errichtung einer solchen Schranke, die sich dann doch vor die Erforschung des Möglichen legt.

beitung im Recht wird darüberhinaus zahlreiche neue Probleme schaffen[14]. Sie ist auch nicht ohne Gefahren. Sie bringt sogar erhebliche und schwerwiegende Gefahren mit sich[15]. Aber gerade auch um dieser Gefahren willen ist es erforderlich, sich den neuen Gegebenheiten aufzuschließen, damit nicht andere einen skrupellosen Gebrauch davon machen, der uns Juristen dann sehr erschrecken wird. Die Automation im Recht hat ihre positiven und

13 Es sind praktische wie auch theoretische Grenzen. Auf die praktischen Grenzen wird noch eingegangen werden. „Über die theoretischen Grenzen läßt sich vorläufig wenig mehr sagen, als daß es gewisse solcher Grenzen aus logischen Gründen gibt", Podlech 1968, S. 107. Darauf, daß ihre Erforschung nicht vordringlich ist, hat Klug 1966, S. 172 ff. hingewiesen. An die Grenzen der Computertechnik stößt man von selbst, nicht aber erschließen sich einem von selbst ihre Möglichkeiten; vgl. auch Bauer 1970, S. 20 ff.

14 Dazu zählen auch jene Rechtsprobleme, wie sie immer bei neuen Tatbeständen auftreten. Beispiele bieten die Frage nach der verwaltungsrechtlichen Einordnung und der verfassungsrechtlichen Zulässigkeit des „Verwaltungsfabrikats", wie sie Zeidler (1959a und b) aufgeworfen hat oder die Frage, inwieweit elektronische Rechenprogramme (dazu s.u. Abschn. B II 1c) urheberrechtsschutzfähig sind. Zu nennen sind hier ferner die privatrechtlichen Folgen der Rationalisierung, wie sie Reimer Schmidt 1969, S. 1 ff. (S. 20 ff.) untersucht hat. Auch die Dokumentation wirft zahlreiche Rechtsfragen auf, vgl. u. Abschn. F V. „Solche Probleme haben mit der Sozialkybernetik nichts zu tun und sind mit den üblichen juristischen Mitteln anzupacken", Suhr 1968, S. 355. Ihre Behandlung könnte das Thema einer Arbeit mit dem Titel „Recht der Computer" sein. Die vorliegende Arbeit befaßt sich dagegen mit Computern im Recht. Vgl. auch Wieacker 1969, S. 389 ff.

15 Hier sind vor allem die Gefahren der totalen Kontrolle, Beherrschung und Manipulation zu nennen, wie sie dem Einzelnen durch Private, vor allem aber durch den Staat drohen; „. . . dangers from the misuse of computers depend significantly upon the kind of society and state making use of computers in the definition and administration of justice . . . the modern state is particular prone to such misuse", Spengler, J.J., 1963, S. 36 ff. Vgl. auch Schmidt-Schmiedebach 1969, Campbell, Woods 1969, S. 3 ff., und die besorgten Äußerungen von Norbert Wiener 1963, S. 61 f. über die Zukunft der Kybernetik. Wohl erstmals in der Welt hat die hessische Landesregierung Anfang 1970 den Entwurf eines Datenschutzgesetzes vorgelegt, mit dem vor allem die Privatsphäre des Bürgers gesichert werden soll. Der Entwurf sieht Schutzvorkehrungen bei der Datenverarbeitung, eine besondere Geheimhaltungspflicht für alle mit der Datenverarbeitung befaßten Personen, bei Unrichtigkeit einen Berichtigungsanspruch des Betroffenen und eine Begrenzung des Zuganges zu den gespeicherten Informationen auf „befugte Stellen" vor. Außerdem sieht er die Einsetzung eines unabhängigen Datenschutzbeauftragten vor, der die Einhaltung des Gesetzes überwacht, den Bürgern unmittelbar zur Verfügung steht, die Auswirkungen der Datenverarbeitung insbesondere im Hinblick auf Veränderungen der politischen Strukturen des Landes beobachtet und – gestützt auf ein Auskunftsrecht gegenüber den Datenverarbeitern – geeignete Maßnahmen anregt. Besonders bemerkenswert ist, daß ihm auch die Aufgabe zugewiesen wurde, die Volksvertretungen bei Auskunftsersuchen zu unterstützen – Symptom der Sorge vor einem Informationsmonopol und darauf gestützten politischen Übergewicht der Exekutive. Vgl. den Bericht von Ziegler in „Die Zeit", Nr. 19 v. 8. Mai 1970, S. 9. Zur Gefahr eines Informationsmonopols der Exekutive für die Demokratie vgl. auch Simitis 1969, S. 291. Vgl. ferner zu diesem Thema Kamlah 1969, der besonders auf die amerikanischen Erfahrungen mit einem Datenmißbrauch infolge des Computereinsatzes hinweist.

negativen Seiten, und wir können die negativen Seiten nur ausschließen, wenn wir uns den positiven zuwenden. In diesem Sinne wird schon heute eine Verpflichtung der Juristen deutlich, sich der neuen, durch die Computertechnik initiierten Denk-, Informations- und Entscheidungstechniken zu bedienen[16].

Die vorliegende Arbeit will hierzu mit anregen, indem sie – ohne Vorkenntnisse zu verlangen und ohne spezielle theoretische und rechtliche Fragen zu erörtern – einen Überblick über das Ausmaß der bereits im Recht praktizierten Nutzanwendungen von Computern gibt[17]. Sie entstand aus einer Doktorarbeit, die in einem relativ frühen Entwicklungsstadium verfaßt wurde und die sich aus Mangel an eigenen Forschungsmöglichkeiten auf das Sammeln, Beschreiben, Ordnen, Systematisieren und Bewerten der in zahlreichen Ländern der Welt stattfindenden Experimente konzentrieren mußte[18]. Hieraus resultiert für diese Veröffentlichung freilich ein Vorteil, denn die Ergänzung des seinerzeit Begonnenen erlaubt es nunmehr, einen weitgespannten Überblick über ein neues Gebiet zu geben, das sonst nur schwer zu erfassen ist. Wenn die Erkenntnis des Möglichen zu einer Auseinandersetzung mit den neuen und wichtigen Gebieten der Rechtskybernetik und Rechtsinformatik anregt, hat diese Arbeit ihr Ziel erreicht.

II. Die „Computer“[19]

Die Entwicklung und Verbreitung der elektronischen Datenverarbeitung erfolgte mit ungeheuerer Schnelligkeit. Im Jahre 1950 gab es in Deutschland noch keinen einzigen Elektronenrechner, im Jahre 1960 existierten rund hundert Computer, im Jahre 1970 betrug ihre Zahl zwischen 5000 und 6000, und im Jahre 1980 werden es nach Schätzungen rund 30.000 sein.

---

16 Zur Frage, ob schon dem geltenden Recht Ansatzpunkte für eine Verpflichtung des Juristen zur Automation zu entnehmen sind, vgl. Simitis 1967, S. 7 f.

17 Die Rechtswissenschaft kennt ja „im Gegensatz zu vielen anderen Wissenschaftszweigen noch keine gefestigte, allgemein anerkannte Anwendung kybernetischer Systeme, sondern nur eine sich ständig vergrößernde Anzahl von Nutzungsversuchen“, Simitis, 1966, S. 8.

18 Meinem Doktorvater, Herrn Professor Dr. Spiros Simitis, bin ich darum zu Dank verpflichtet.

19 Eine befriedigende Verdeutschung gibt es nicht. Computor hat sich nicht durchgesetzt. Elektronenrechner betont zu sehr die numerischen Anwendungsmöglichkeiten. Elektronische Datenverarbeitungsanlagen ist zu schwerfällig. Am gebräuchlichsten ist noch die Abkürzung EDV, wie überhaupt neue Wortbildungen durch Abkürzungen in der Computertechnik beliebt sind. Vgl. u. etwa LEX, LITE, CREDOC, CRIDON, GOLEM, PASSAT, SYNDIG, FORTRAN, COBOL, ALGOL, KWIC-KWOC usw. Ein deutsch-englisches Fachwörterverzeichnis findet sich bei Dworatschek 1969, S. 343 ff.

Was ist das Besondere an diesen Anlagen?

Um diese Frage zu beantworten, soll zunächst auf ein Wort eingegangen werden, das „nicht selten zur Tarnung phantastischer Spekulationen über eine angebliche Allwissenheit künftiger Roboter wie auch zur pseudowissenschaftlichen Verfremdung banaler Alltagssachverhalte“[20] verwendet wird: Kybernetik.

Das Kunstwort „cybernetics“ wurde im Jahre 1948 von Norbert Wiener geprägt und bezeichnet im angelsächsischen Schrifttum die Einheit der Probleme der Nachrichtenübertragung und der Regelungsvorgänge im Lebewesen und in der Maschine[21]. Eine wichtige Rolle spielt hierbei die sogenannte Rückkopplung (feed-back): Bei einer Bewegung, die von einem Muster gesteuert wird, werden Abweichungen der Bewegung von dem Muster als neue Eingabe benutzt, um den geregelten Teil dem Muster näherzubringen. Die Arbeitsergebnisse des Systems werden also in das System wiedereingeschaltet, um es selbsttätig zu steuern. Ein besonders gutes Beispiel hierfür ist der Fliehkraftregler und ihn behandelt dann auch eine der ersten Schriften über Rückkopplungsmechanismen[22]. Die englische Bezeichnung für Fliehkraftregler ist „governor“, welches Wort wiederum aus einer lateinischen Verfälschung des griechischen „kybernétes“ (Steuermann) abgeleitet ist. Dies hat Norbert Wiener bei der Schaffung seines neogriechischen Ausdrucks inspiriert, wobei er zugleich zum Ausdruck bringen wollte, daß die Steuermaschine eines Schiffes eine der ersten und am besten entwickelten Formen eines Rückkopplungsmechanismus ist[23].

Im deutschen Schrifttum wird der Begriff, an Hermann Schmidt anknüpfend, auch von der Geschichte der Technik her erschlossen, die sich als fortschreitende Objektivierung darstelle und in ihrer höchsten Form eine Objektivierung der dem Menschen gegebenen Mittel zum Nachrichtenumsatz (Nerven) vornehme[24]. Die zusammenfassende Definition von H. Frank[25] lautet: „Kybernetik ist die Theorie oder Technik der Nachrichten, des Nachrichtenumsatzes oder der diesen leistenden Systeme“. Danach gliedert sich die Kybernetik in einen Kern (formale Kybernetik, welche von der physikali-

---

20 Frank, H., 1964 b, S. VII

21 Vgl. Wiener, N., 1963; die erste Auflage dieses berühmt gewordenen Buches erschien 1948; vgl. auch Wiener, N., 1958; Lang 1966, S. 22 ff. Ausgangspunkt der Untersuchungen von Norbert Wiener war die Berechnung von Flugbahnen zur Justierung von Flugabwehrgeschützen im 2. Weltkrieg.

22 Ein Aufsatz von Clerk Maxwell aus dem Jahre 1868, zit. nach Wiener, N., 1963, S. 32. Zu den Begriffen „Steuerung“ und „Regelung“ vgl. Lang 1966, S. 15 ff.; Suhr 1967, S. 197 ff., 215 f.; ferner Benjamin 1967, S. 1230 ff.

23 Vgl. aber Lang 1966, S. 22 f., der auf frühere Verwendungen des Wortes Kybernetik hinweist.

24 Vgl. Frank, H., 1964 c, S. 9 ff; Suhr 1968, S. 351 ff.; 1967, S. 216 f.

schen, physiologischen und psychologischen Beschaffenheit ihrer Gegenstände abstrahiert, z.B. mathematische Informationstheorie, Codierungstheorie, Boolesche Algebra und abstrakte Automatentheorie), um den sich drei Teilbereiche gruppieren (Biokybernetik, Ingenieurkybernetik und Informationswissenschaft), denen jeweils wieder drei Bereiche technischer Kybernetik zugeordnet sind (kybernetische Biotechnik, kybernetische Maschinentechnik und kybernetische Soziotechnik). Die Gesamtheit dieser sieben Teilbereiche bildet „die Kybernetik“.

Zemanek[26] stellt allerdings fest, daß es eine Kybernetik als Fachgebiet oder eigene Wissenschaft im Grunde genommen nicht gibt. „Sie besteht sozusagen nur temporär, eine ihrer typischen Tagungen lang, die durch das Zusammentreffen von Fachleuten gekennzeichnet sind, die alle einem bestimmten Fachgebiet angehören – nicht aber Kybernetiker sind . . . Sobald die Teilnehmer abgereist sind, hört die Kybernetik wieder auf, im sonst üblichen Sinn einer Wissenschaft zu existieren, und die als Kybernetiker apostrophierten Fachleute sind wieder Ingenieure, Ärzte, Biologen oder Wirtschaftler“.

Damit ist eine wichtige Sonderheit der Kybernetik angesprochen: Sie läßt sich bislang weder einordnen noch zuordnen. Sie steht immer im Zusammenhang mit einem bestimmten Gegenstand und selbst da, wo sie von diesem Gegenstand zu abstrahieren scheint, in der formalen Kybernetik, besteht eine solche Verbindung in Wahrheit, indem der Gegenstand selbst abstrakt ist, wie dies bei der Mathematik und der Logik der Fall ist. Hierin liegt viel von den Schwierigkeiten begründet, die ihrem Verständnis entgegenstehen[27].

Kybernetische Maschinen nun sind Maschinen, welche das Prinzip der Selbststeuerung durch Rückkoppelung ausnutzen[28]. Auf einer niederen

---

25 aaO., S. 9. Andere definieren die Kybernetik noch allgemeiner als „Theorie der Regelung und Steuerung“ oder als „die Wissenschaft, die sich mit dem Studium von Regelungsmechanismen befaßt“, vgl. die Nachweise bei Lang 1966, S. 23 ff. Mit Recht weist Suhr 1967, S. 198 darauf hin, daß man sich nicht zu lange bei Definitionsversuchen aufhalten solle und daß die praktische Beschäftigung mit ihr einem das Wesen der Kybernetik eher erschließe. „Es erscheint . . . als legitim, schon die Umschreibung der Kybernetik so zu wählen, daß sie für den angesprochenen Fachvertreter am vorstellungsreichsten ausfällt“.

26 1962, S. 21 f.

27 Norbert Wiener (1963, S. 26 ff.) ging von der Überzeugung aus, daß die für das Gedeihen der Wissenschaft fruchtbarsten Gebiete jene sind, die als Niemandsland zwischen den verschiedenen bestehenden Disziplinen vernachlässigt wurden – freilich auch am widerspenstigsten gegen die eingefahrenen Techniken der Breitenarbeit und der Arbeitsteilung.

28 Die folgende Darstellung technischer Gegebenheiten beschränkt sich auf das Prinzip. Vgl. näher Frank, H., 1964 a; Chapin 1963; Gerwin 1962; Lang 1966, S. 25 ff.; Furth, Hoffmann 1966; von Berg 1968, S. 40 ff.; Dworatschek 1969. Mit Recht weist Osswald 1969, S. 21 darauf hin, daß für das Verständnis der EDV weder technische noch mathematische Kenntnisse erforderlich sind. Vgl. auch Wieacker 1969, S. 384 ff.

technischen Ebene ist dieses Prinzip schon seit geraumer Zeit bekannt; es sei nur auf den schon erwähnten Fliehkraftregler oder auf den Thermostaten hingewiesen. Besondere Bedeutung erlangte diese Technik dann mit dem Bau von programmgesteuerten, nachrichtenverarbeitenden Maschinen – eben den Computern.

Es ist nicht ohne Reiz, kurz die historische Entwicklung zu skizzieren, die zu ihrer Entwicklung geführt hat. Am Anfang stand eine englische Erfindung, nämlich die von dem Philosophen und Mathematiker Charles Babbage (1792 bis 1871) erdachte „analytical engine"[29]. Das war eine Rechenmaschine, welche im Gegensatz zu den schon bekannten Rechenmaschinen[30] ein „Programm" hatte und welche nach diesem Programm ablaufend selbsttätig komplizierte Berechnungen ausführen sollte; sie besaß ein Rechenwerk (mill), einen Steuermechanismus, ein Werk zur Zahlenspeicherung (store) sowie Ein- und Ausgabevorrichtungen – und damit im Grunde alle Bestandteile, die auch ein moderner Computer hat. Zur Programmsteuerung wurden die beim Jacquard-Webstuhl erstmals zur Steuerung des Webvorganges eingesetzten Lochkarten verwendet. Die Maschine funktionierte nie richtig, aber das lag allein daran, daß sie rein mechanisch konstruiert werden mußte – die Elektrizität steckte ja noch in den Kinderschuhen – und daß die Mechanik nicht imstande war, solche komplizierten Vorgänge zufriedenstellend zu bewältigen[31].

Das Bild änderte sich mit der Entwicklung der Elektromechanik, die den Bau funktionstüchtiger Lochkartenanlagen erlaubte. Ihre Einführung ist mit dem Namen Hermann Hollerith verknüpft, und es ist bemerkenswert, daß an ihrem Anfang eine große Aufgabe der Staatsverwaltung stand – die in den Vereinigten Staaten alle zehn Jahre erfolgende Volkszählung. Hollerith war als Angestellter des statistischen Bundesamtes der USA an der Auswertung der Volkszählung des Jahres 1880 beteiligt.

Um diese Arbeit zu erleichtern und zu beschleunigen, konstruierte er eine Lochkarten-Auswertemaschine. Dabei stand für ein bestimmtes Gruppen-

29 Babbage legte seine Gedanken in dem Werk: "Passages from the Life of a Philosopher", London, 1864 nieder. Sein Sohn, der vergeblich die Maschine vollenden wollte, sammelte seine Schriften über die Maschine und veröffentlichte sie in: H.P. Babbage, Babbage's Calculating Engines, London, 1889.

30 Die Maschine von Pascal (1642) konnte durch ein Radgetriebe addieren und subtrahieren. Die Rechenmaschine von Leibniz (1674) konnte vermittels Staffelwalzen alle vier Grundrechenarten ausführen. S. näher Hoffmann, W., 1962 b, S. 653 f mit weiteren Nachweisen.

31 Die ganze Entwicklung der Computertechnik stellt sich als eine Abkehr von allen mechanischen Vorgängen dar. Die Stichworte Elektromechanik, Relaistechnik, Röhren und Halbleiter kennzeichnen diesen Weg. Gegenwärtig bemüht man sich, auch bei der Ein- und Ausgabe der Daten von der Mechanik wegzukommen. Optische Zeichenerkennung und elektronische Schreibgeräte sind Ausdruck dieser Bemühungen. Vgl. i. einzelnen die folgende Darstellung.

merkmal (z.B. Alter, Geschlecht usw.) je eine Lochstelle, die elektrisch abgetastet wurde. War ein Loch vorhanden, schloß sich der Kontakt, und das betreffende Zählwerk rückte einen Punkt vor. Heute erlauben es entsprechende Schaltungen (z.B. durch Schalttafeln), Rechenprogramme in solchen Anlagen zu steuern. Freilich sind diese Programme relativ kurz und starr, aber das ändert nichts am Prinzip. Auch die „konventionellen“ Lochkartenanlagen sind kybernetische Maschinen, welche selbstgesteuert nach einem Programm arbeiten können[32].

Den nächsten Schritt stellte der Bau elektrischer Maschinen dar, welche mit Relais arbeiteten. Als Beispiele seien die von K. Zuse in Deutschland und H. Aiken in den USA zur Zeit des zweiten Weltkrieges konstruierten Maschinen genannt[33]. Nach dem Kriege schließlich wurde an der Pennsylvania Universität in Philadelphia die erste elektronische Rechenmaschine ENIAC[34] und damit der erste „Computer“ im heutigen Sinne gebaut. Die Besonderheit gegenüber allen früheren Maschinen lag in der Verwendung von elektronischen Schaltelementen, welche die bekannten staunenswerten Arbeitsgeschwindigkeiten ermöglichen[35]. Diese hochentwickelte Technologie ermöglichte es, die Einführung des als Automation[36] bezeichneten Zustandes ins Auge zu fassen. Sie leitete das ein, was heute mit einem Schlagwort gern als „zweite industrielle Revolution“ bezeichnet wird[37].

Wie arbeiten nun die Computer? [38]

Vereinfacht dargestellt, werden ihnen Angaben (Daten) zugeführt, welche nach den Regeln eines formalen Verfahrens verarbeitet werden, wobei Zwischenergebnisse gemäß den Instruktionen eines Programms als Ausgangs-

32 Vgl. Hoffmann, W., 1962 b, S. 656.

33 Z 3 bzw. Harvard Mark I Computer. Vgl. Zuse 1962.

34 Electronic Numerical Integrator And Computer. Die Maschine arbeitete mit Elektronenröhren. Heute werden andere elektronische Schaltelemente wie Dioden und Transistoren benützt.

35 Die hier auftretenden Größenordnungen mag folgendes Beispiel verdeutlichen: Ein Computer, der sämtliche deutschen Telefonbücher im Kernspeicher erfaßt hätte, könnte sie in weniger als 10 Sekunden durchlesen und einen bestimmten Namen herausfinden.

36 Dieser Begriff wurde von John Diebold im Jahre 1952 geprägt, vgl. Diebold 1952. Lochkartenanlagen erlauben im Gegensatz dazu nur eine „Mechanisierung“. Vgl. zur Terminologie auch Zeidler 1959 a, S. 2; Popp 1966, S. 28; Fiedler 1966 a, S. 689; Jähnig 1958, S. 608; Bull 1964, S. 50; Zemanek 1962, S. 3 jeweils mit weiteren Nachweisen.

37 Vgl. Norbert Wiener 1963, S. 60

38 Die Beschreibung ist hier auf die sog. Digitalrechner beschränkt. Analogrechner beruhen auf dem Prinzip des Messens physikalischer Größen, wie es beim Thermometer, Geschwindigkeitszähler oder Rechenschieber angewendet wird. Dagegen beruhen Digitalrechner auf dem Prinzip des Verarbeitens von Ziffern (digits); in ihnen wird nicht gemessen, sondern „gezählt“. Vgl. näher Dworatschek 1969, S. 11 ff.

punkt neuer formaler Operationen in das System wiedereingegeben werden, bis schließlich das gewünschte Ergebnis erzielt ist.

Das soll etwas näher ausgeführt werden.

Die Eingabewerte können sowohl numerischer als auch nichtnumerischer Art sein. Entscheidend ist nur, daß sie in eine maschinell lesbare Form gebracht werden. Da die Zentraleinheit der Maschine aus einer Verknüpfung elektronischer Schalter besteht, und jeder Schalter nur die Stellung EIN oder AUS (JA oder NEIN; 1 oder 0) kennt, müssen die Angaben in einer Form ausgedrückt werden, welche dies berücksichtigt. Dies geschieht durch die Anwendung des binären Zahlensystems, bei welchem die Zahlendarstellung nicht mit der Basiszahl 10, sondern der Basis 2 erfolgt[39]. In der technischen Durchführung werden die verschiedenartigsten Methoden zur Aufbereitung und Eingabe der Werte verwendet.

Die eingegebenen Werte gelangen in Speicher, in denen sie in Form von JA–NEIN Informationen festgehalten werden. Praktisch geschieht das regelmäßig in der Weise, daß bestimmte kleinste Einheiten (z.B. Magnetkerne) vorgesehen sind, die zwei stabile Zustände (z.B. zwei Magnetisierungsrichtungen) annehmen können. Der eine Zustand repräsentiert dann die Information JA und der andere Zustand die Information NEIN. Man unterscheidet zwei Arten von Speichern: interne Speicher („Kernspeicher"), die sehr schnell zugänglich sind, aber nur eine begrenzte Kapazität haben, und externe Speicher (z.B. Magnetbänder), bei denen es sich gerade umgekehrt verhält.

Die eingegebenen Daten werden über das Steuerwerk der Maschine im Rechenwerk verarbeitet. Diese Verarbeitung folgt den Regeln der zweiwertigen Aussagelogik (JA–NEIN, UND–ODER, STETS WENN–SO)[40] und bedient sich der logischen Verknüpfungen der Booleschen Algebra. Diese sind Konjunktion (UND), Disjunktion (ODER) und Negation (NICHT)[41]. Ihre Instruktionen erhält die Maschine über das Leitwerk von einem Programm, welches für jeden möglichen Fall eine Anweisung enthält und welches ebenfalls in maschinenverständlicher Form gespeichert ist[42]. Sobald alle vom

---

39 Das binäre Zahlensystem war schon Leibniz bekannt. Die ersten Vorschläge, es für Rechenmaschinen zu verwenden, gehen auf Valtat und Couffignal zurück. Vgl. Hoffmann, W., 1962 b, S. 656. Zur historischen Entwicklung s. auch Degouy, 1961, S. 16 ff.; vgl. ferner Dworatschek 1969, S. 28 ff.

40 Vgl. die Beispiele, mit denen Klug, 1966, S. 158 ff. die Übersetzbarkeit der Aussagenlogik in das Schaltsystem der Maschinen erläutert.

41 Bei der Booleschen Algebra handelt es sich um eine mathematische Disziplin, die als mathematische oder symbolische Logik bezeichnet wird. Sie geht auf Leibniz und nach ihm auf den englischen Mathematiker Georges Boole (1815–1864) zurück. Vgl. Dworatschek 1969, S. 174 ff.

42 Auf die Programmierung wird noch ausführlich in Abschnitt B eingegangen. Die Programme werden vielfach auch als „software" bezeichnet im Gegensatz zu den Maschinen, die „hardware" sind.

Programm vorgeschriebenen Schaltfunktionen erfüllt sind, gelangt das Ergebnis in einen Speicher und wird von dort aus über geeignete technische Vorrichtungen im Klartext ausgegeben.

Die Maschine kann demnach fünf Funktionen erfüllen, die in beliebiger Weise kombiniert werden können:

1) Sie kann Informationen (Daten) einschließlich ihres eigenen Programmes aufbewahren (speichern).

2) Sie kann zwei Symbole (z.B. Zahlen oder Buchstaben) vergleichen und auf Identität überprüfen.

3) Sie kann die Rangordnung zweier Symbole in einem vorgegebenen Muster (z.B. numerischer oder alphanumerischer Reihenfolge) bestimmen.

4) Sie kann sogenannte „logische Entscheidungen“ treffen, d.h. vom Ergebnis eines Schrittes den nächsten abhängig machen.

5) Schließlich kann sie „rechnen“, d.h., die vier Grundrechenarten und darauf aufbauend höhere mathematische Operationen wie etwa die Integration durchführen[43].

Die Maschinen sind also durchaus nicht auf das „Rechnen“ beschränkt und ihre Bezeichnung als „Rechner“ oder „Rechenautomat“ ist, wie Fiedler[44] es ausgedrückt hat, gerechtfertigt, wenn man Rechnen in dem weiteren Sinne „formales Operieren mit Symbolen gemäß den Regeln eines Kalküls oder Algorithmus“ versteht. Die Informationen müssen in kleinste, letztlich immer gleiche Einheiten zerlegt werden, damit mit ihnen nach logischen Gesetzen und abstrahiert von ihrem Sinn operiert werden kann. Diese Eigenart hat zunächst zu einer Betonung der numerischen Anwendungsmöglichkeiten geführt, obwohl die Maschinen auf diese keineswegs beschränkt sind.

Nach dieser kurzen Darstellung der wichtigsten Grundlagen der Computertechnik soll der historische Überblick noch vervollständigt und die gegenwärtige und künftige Situation kurz beleuchtet werden.

Die bisherige elektronische Anfangsepoche hat nicht weniger als drei Computergenerationen erlebt, die sich vor allem durch die Art der verwendeten Speicher unterscheiden. Die 1. Generation verwendete Röhren als interne und Magnettrommeln als externe Speicher; sie wird kaum mehr verwendet. Die 2. Generation verwendete statt der Röhren Transistoren und

---

43 Die „Computer“ können also keine schöpferischen, willkürlichen oder zufälligen Maßnahmen treffen. In diesem Zusammenhang bleiben freilich solche Maschinen, die lernen können oder Zufallselemente einbeziehen, außer Betracht. Sie haben, jedenfalls im gegenwärtigen Stadium, für den hier relevanten Zusammenhang keine Bedeutung. Es mag sein, daß solche Geräte eines Tages auch für die rechtlichen Anwendungsmöglichkeiten grundsätzlich Neues bringen; diese Möglichkeit ist jedoch noch zu fern, als daß sie hier berücksichtigt zu werden braucht.

44 1966 a, S. 692. Vgl. ferner Müller 1967, S. 316 ff.

statt der Trommeln Magnetbänder; sie wurde etwa seit 1962 eingeführt und dürfte in einigen Jahren außer Dienst gesetzt werden. Die 3. Generation existiert seit dem Jahre 1966; sie verwendet Mikroelemente als interne und Magnetplatten als externe Speicher. Eine 4. Generation wird für die Zeit nach 1975 erwartet, und sie wird vielleicht Mini-Mikro-Elemente und Laserstrahlen einsetzen[45].

Die gegenwärtigen Bemühungen konzentrieren sich vorwiegend auf die Beseitigung der Engpässe, die bei der Eingabe und Ausgabe der Daten bestehen. Die bisher gebräuchlichen Verfahren, die etwa bei der Eingabe die manuelle Herstellung von Lochkarten und bei der Ausgabe mechanische Schnelldrucker vorsehen, entsprechen nämlich in keiner Weise mehr den hohen Rechengeschwindigkeiten der modernen Computer.

Auf dem Eingabesektor werden beispielsweise Verfahren entwickelt, um die Daten schon im Augenblick ihrer Entstehung in eine maschinenlesbare Form zu bringen. Dies kann durch Strichmarkierungen oder Schreib- bzw. Druckmaschinen geschehen, die automatisch Lochbänder oder Lochkarten herstellen. Auch ist hier das sogenannte „Teleprocessing“ zu nennen. Doch wird dies immer nur auf Teilgebieten möglich sein. Die Bemühungen konzentrieren sich daher auf die Entwicklung maschineller Lesegeräte. Auf diesem Gebiet konnten in jüngster Zeit bedeutsame Erfolge erzielt werden[46]. So existiert eine magnetische Erkennungsweise[47], bei der eine eisenoxydhaltige Druckfarbe verwendet wird, die im Lesegerät magnetisiert und dann gelesen werden kann. Noch bedeutsamer ist die optische Erkennungsweise[48], die keine Bearbeitung des Materials voraussetzt und ähnlich wie das menschliche Auge durch Identifizierung des Hell-Dunkel-Unterschiedes die Buchstaben und Ziffern erkennt. Hier werden drei Verfahren angewendet: Die sogenannten Konturenleser tasten die Schriftzeichen mit einem Kathodenstrahl ab und identifizieren sie so. Die sogenannten Matrizenleser verwenden dagegen eine Vielzahl von in Matrizenform angeordneten Fotozellen und erkennen die Zeichen, indem sie die Fläche gewissermaßen rastern und in viele quadratische Felder einteilen, wobei die dunklen Felder zusammengesetzt das Zeichen ergeben. Das dritte Verfahren analysiert die Schriftzeichen mit Hilfe von in eine Reihe angeordneten parallel arbeitenden Fotozellen. Es gibt Lesegeräte,

---

45 Vgl. Müller-Lutz 1970, S. 11. In jüngster Zeit ist auch der Durchbruch des Kleincomputers zu verzeichnen, vgl. Haddenbrock 1969, S. 365. In den USA, die den deutschen Markt mit rund 85 Prozent beherrschen, lag die Computerindustrie 1969 hinsichtlich des Umsatzzuwachses an der Spitze, vgl. die Analyse in Fortune Nr. 6, 1969. Zur Situation in den Ostblockländern vgl. Neue Zürcher Zeitung 1969 Nr. 165, S. 19.

46 Vgl. im einzelnen Röhrer 1970, S. 317 ff.

47 MICR = Magnetic Ink Character Recognition

48 OCR = Optical Character Recognition

die nur stilisierte Maschinenschriften lesen können[49]; es gibt aber auch schon Handschriftenleser[50]. Im Normalfall sind die Lesegeräte an eine große Datenverarbeitungsanlage angeschlossen; es gibt aber auch schon vollkommen selbständige Lesecomputer, die freilich noch sehr kostspielig sind. Zu erwähnen sind in diesem Zusammenhang auch die akustischen Ein- und Ausgabegeräte, die auf dem Zahlensektor bereits über das Experimentierstadium hinaus sind[51].

Auf dem Ausgabesektor zeichnen sich neuartige Möglichkeiten durch den Einsatz von Mikrofilmverfahren ab, die zugleich zu einer Entlastung der – teueren – Maschinenspeicher führen können. Der ursprünglich als selbständiges Archivierungsmittel geschaffene Mikrofilm wird dabei mit dem Computer kombiniert[52]. Neben den Vorzügen der Platzersparnis[53] und Sicherheit[54] bietet er in seinen vielfältigen Ausgestaltungen[55] eine Fülle von Möglichkeiten, an deren Ausnützung zunehmend gearbeitet wird. Der Mikrofilm ist gegenwärtig mit weitem Abstand das rationellste Speichermittel. Eine besonders interessante Entwicklung zeichnet sich dabei in den USA ab. Dort ist das COM-System (Computer-output-Microfilm) entwickelt worden[56], bei dem es möglich ist, Daten unmittelbar von (externen) magnetischen Speichern auf Mikrofilm zu übertragen. Dies kann mit einer Geschwindigkeit geschehen, die diejenige des leistungsfähigsten Schnelldruckers um ein Vielfaches übertrifft. Verwendet wird dabei eine Elektronenstrahlröhre. Die Filme werden nach einer neuartigen „Dry-Silver-Methode“ nicht mit chemischen Bädern, sondern mit Wärme entwickelt. Dieses System, von dem in den USA bereits über 300 Exemplare im Einsatz sind, eröffnet ganz neue Perspektiven, die in ihren Ausmaßen noch nicht überschaubar sind. Es ist

---

49 Vgl. die Abbildung bei Röhrer aaO. S. 319

50 Freilich ist eine zufriedenstellende Lesung handgeschriebener Texte wegen der großen Variationsbreite noch nicht möglich. Gegenwärtig können nur Ziffern und Sonderzeichen gelesen werden. Schreibmaschinenschrift ist dagegen schon lesbar.

51 Wie wichtig das Thema „Zeichenerkennung“ geworden ist, beweist die Tatsache, daß der Kybernetiker-Kongreß im April 1970 in Berlin ganz unter dieses Thema gestellt war. Dabei wurden erste Ansätze zu einer mathematischen Theorie der Zeichenerkennung sichtbar, die sowohl im biologischen als auch technischen Bereich Gültigkeit hat. Interessant ist dabei, daß die Biologen von den Technikern lernen – nicht umgekehrt. Vgl. den Tagungsbericht in „Süddeutsche Zeitung“ Nr. 102 vom 29.4.1970.

52 Vgl. Ladner 1969, S. 1462 ff.

53 bis zu 98%

54 Mikrofilme sind im Gegensatz zu magnetischen Speichern in Deutschland als Aufbewahrungsmittel handelsrechtlich anerkannt.

55 Filmrolle, Kassette, Planfilm (Mikrofiche), Filmtasche (Jacket) und Filmlochkarte.

56 Dazu vgl. Ladner aaO. S. 1465; Müller-Lutz 1970, S. 17 ff.

gerade auf diesem Gebiet eine stürmische Entwicklung im Gang, die zweifellos viele der heute noch bestehenden Hemmnisse hinwegräumen wird. Erwähnt sei noch die Trägerfrequenzfotografie, bei der eine Vielzahl von Bildern auf der Fläche eines Einzelbildes überlagert werden; ferner die sogenannte Holografie, ein zur Laserstrahl-Technik gehöriges Verfahren.

Diese Entwicklungen werden ihrerseits wieder den Bau noch leistungsfähigerer Computer forcieren, so daß noch vor der 4. Generation eine Pseudo-4. Generation schon in nächster Zukunft zu erwarten ist; dabei wird man auch von den Erfahrungen profitieren, die anläßlich der amerikanischen Mondflüge gewonnen wurden[57].

Anläßlich des Internationalen Symposiums über Zukunftsfragen (Systems 69) im November 1969 in München wurde eine Reihe von Feststellungen getroffen, die erkennen lassen, welche technischen Verbesserungen die Zukunft bringen wird: maschinelle Schriftlesung, elektronische Ausgabe, größere Speicher, höhere Geschwindigkeiten, Sichtanzeigen auf unbegrenzte Entfernung, bessere Programme ...[58] Und die Geschwindigkeit, mit der dieser technische Fortschritt auf uns zukommt, wird nicht geringer, sondern eher größer werden.

Hand in Hand mit diesen technischen Fortschritten geht die Entwicklung neuartiger Anwendungsmöglichkeiten für die Computer. In der Privatwirtschaft ist hier gegenwärtig ein interessanter Prozeß zu beobachten: die Computer schicken sich an, das Top-Management zu erobern. In der Anfangsphase war der Einsatz der Elektronenrechner durch ihre Einstufung als „Super-Sachbearbeiter" gekennzeichnet. Technische Spezialisten und Buchhalter hatten Planung und Einsatz bestimmt. Das führte zu einer einseitigen Ausrichtung auf die zahlenmäßig erfaßbaren, vorwiegend buchhalterischen Anwendungsmöglichkeiten und gab den Unternehmensführungen weder Anlaß, in die Entwicklung sonderlich einzugreifen noch die Möglichkeit, sich die Computer für ihre spezifische Tätigkeit nutzbar zu machen. Die rasante technische Entwicklung hat jetzt gezeigt, daß dieser Weg nicht weiterführt. Die reinen Datenverarbeitungsspezialisten sind nicht in der Lage,

---

57 Vgl. Müller-Lutz 1970, S. 14. Inzwischen hat beispielsweise IBM mit dem System 370 diese Annahme bestätigt, vgl. d. Bericht in Frankfurter Allgemeine Zeitung vom 22.7.1970, S. 24.
So mit Recht Osswald 1969, S. 2.

58 Vgl. Müller-Lutz 1970, S. 20. Zur technologischen Entwicklung vgl. auch Kaufmann 1970, S. 143 ff., der die moderne Speichertechnik in ihrer Bedeutung mit dem Buch in der Geschichte des Geistes vergleicht, eine Parallele zur Erfindung der Buchdruckerkunst zieht und abschließend feststellt: „... nirgends sonst in der Technik sind wir so nahe an der überlegenen Natur, an ihren eigenartigen Herstellungsmethoden und ihrer Konzentration vieler Fähigkeiten auf kleinstem Raum. Und nur so werden wir überhaupt in der Lage sein, sehr komplexe Aufgaben technisch zu lösen." (S. 161).

die Einsatzmöglichkeiten der Computer für gehobene Führungsaufgaben zu erkennen oder zu verwirklichen. Zwischen Potential und Leistung, zwischen technischen Möglichkeiten und praktischen Ergebnissen klafft oftmals eine Lücke, die nur geschlossen werden kann, wenn die Unternehmensführungen selbst die Anwendung der Computertechnik ins Auge fassen und dieses Problem nicht länger delegieren[59]. Die zunehmende Erkenntnis dieser Tatsache führt aber zwangsläufig zu neuen Informations- und Führungsmethoden, die auch auf die Rechtswissenschaft so wenig ohne Einfluß bleiben wird wie es die Automatisierung von Massenvorgängen im Bereich der Privatwirtschaft blieb. Gefördert werden wird diese Entwicklung durch die Einsicht, daß es ohne Spezialstudium der Mathematik, Logik oder Computertechnik möglich ist, sich der neuen technischen Möglichkeiten auch für gehobene Aufgaben komplexer Art zu bedienen, wenn man sich nur die wenigen elementaren Grundlagen der elektronischen Datenverarbeitung zu eigen macht[60]. Diese lassen sich in nochmals komprimierter Form in wenigen Sätzen zusammenfassen:

1) Computer können Informationen aufbewahren und zum Abruf bereitstellen;

2) sie können sehr große Datenmengen auf sehr kleinem Raum unterbringen;

3) sie können logische Operationen und mathematische Rechnungen selbst umfangreicher Art durchführen;

4) sie sind sehr zuverlässig und

5) sie sind ungeheuer schnell.

---

59 Eine neuere amerikanische Studie kommt zu dem Ergebnis, das eigentliche Gewinnpotential der Computer sei überhaupt noch nicht genutzt. Es sei höchste Zeit, die Akzente zu verlagern. Der nächste Schritt müsse vom Top-Management ausgehen. Vgl. Kröninger 1970, S. 78 und dazu, daß dieser Schritt zusehends getan wird, Müller-Lutz 1970, S. 1 ff.

60 So mit Recht Osswald 1969, S. 21
Ergänzend ist noch auf das folgende hinzuweisen: Je mehr sich die Datenverarbeitung zum „Management Information System“ entwickelt, das der Unternehmensführung die Unterlagen für ihre strategischen und operativen Entscheidungen liefert, desto schwerer wird es sein, die entsprechenden Systemanalysen und Programme auf dem Markt zu erhalten und desto notwendiger wird es sein, selbständig auf diesem Gebiet tätig zu werden. Hinzu kommt, daß die meisten Computerhersteller seit Anfang 1970 in Anbetracht der divergierenden Preisentwicklung „hardware“ und „software“ nicht mehr zusammen, sondern getrennt verkaufen. (Als Beispiel sei erwähnt, daß 1 Einheit IBM-hardware im Jahre 1970 nurmehr etwa ein Dreißigstel des Preises von 1954 kostete, während ein Systemanalytiker heute schätzungsweise viermal so teuer ist wie 1954.). Die teueren Dienstleistungen werden gesondert berechnet, was viele Unternehmen dazu veranlassen wird, hier eigene Anstrengungen anzustellen. Verstärkt wird dieser Trend dadurch werden, daß mit höherem Aufgabenniveau auch ein höherer Geheimhaltungsgrad erforderlich ist.

III. Automation im Recht

Der stürmische Siegeszug elektronischer Datenverarbeitungsanlagen blieb nicht lange auf die Wissenschaft und die Privatwirtschaft beschränkt. Schon früh erreichte er auch die Rechtsordnung. Bereits in den späten fünfziger Jahren finden sich die ersten Nutzanwendungen von Computern im Bereich der öffentlichen Verwaltung[61]. Sie fanden zum Teil dadurch günstige Startbedingungen vor, daß bereits jahrzehntelange Erfahrungen mit Lochkartenanlagen bestanden. Um das Jahr 1960 herum setzten die ersten Versuche ein, Elektronenrechner für die juristische Informationserschließung nutzbar zu machen[62]. Damit wurde eine fruchtbare Zusammenarbeit mit anderen Disziplinen wie der Dokumentationstechnik und der Linguistik eingeleitet. Die automatisierte Rechtsdokumentation ist inzwischen zu einem Schwerpunktgebiet der Forschung geworden, auf dem bis jetzt schon mehr als fünfzig verschiedene Versuche zu verzeichnen sind, welche teilweise bereits zu beachtlichen Erfolgen geführt haben. Es dürfte sicher sein, daß ein erheblicher Teil der Bemühungen in der nächsten Zukunft auf diesem Gebiet liegen wird.

Experimente auf anderen Rechtsgebieten folgten[63], und bald begann sich auch eine breitere juristische Öffentlichkeit für die rechtlichen Anwendungsmöglichkeiten der Datenverarbeitung zu interessieren; hierbei haben vor allem die Arbeiten von Fiedler, Klug und Simitis aufklärend gewirkt[64]. Auch der

---

61 Vgl. den Überblick bei Fiedler 1966 a, S. 689 ff.

62 Vgl. den Überblick bei Simitis 1966

63 Sie fanden in zahlreichen Ländern statt, so in England, Frankreich, Rußland, der Tschechoslowakei, Belgien, Holland, Italien, Polen und vor allem den USA, vgl. den Überblick bei Baade 1963 b, S. 1 ff. In der Bundesrepublik war dagegen – sieht man einmal von den praktisch ausgerichteten Bemühungen im Bereich der öffentlichen Verwaltung ab – so gut wie nichts zu verzeichnen.

64 So hat Simitis 1966, S. 28 die Tragweite der bereits praktizierten Nutzanwendungen als hinreichend groß bezeichnet, um alle Zweifel, ob kybernetische Systeme für das Recht überhaupt von Bedeutung seien, zu zerstreuen. „Es handelt sich bei diesem Problem längst nicht mehr um eine theoretische Streitfrage, sondern bereits um ein praktisches Erfordernis". Klug 1966, S. 172 hat es als „ein höchst aktuelles rechtstheoretisches und rechtspraktisches Anliegen" bezeichnet, „die Grenzen und die Chancen der hier gegebenen Möglichkeiten in den Blick zu bekommen." Ebenso hat Knapp 1963 b, S. 394 f. die Bedeutung dieser Aufgabe betont, und Fiedler 1966 a, S. 689 hat von dem „elementaren Mißverständnis" gesprochen, das in der Verwendung solcher Anlagen nur „eine Frage des Bürodienstes" sieht. Sie automatisierten logische Arbeitsprozesse und verkörperten ein eigenes Organisationsprinzip, welches das Verfahren der durchzuführenden Arbeiten ebenso beeinflusse wie die Struktur der beteiligten Dienststellen. Podlech 1968, S. 109 f. schließlich hat von der Wahrscheinlichkeit gesprochen, „daß die von der Rechtswissenschaft als Ganzes bisher kaum beachteten Ansätze einer rechtlichen Anwendung kybernetischer Systeme in den nächsten Jahren und Jahrzehnten erheblich an Umfang zunehmen werden" und auf die erheblichen Folgen hingewiesen, die sich ergeben würden, wenn die Kybernetiker unter den Juristen keine oder zu wenig Gesprächspartner fänden. Zu nennen sind hier ferner die Arbeiten von Bull (1964) und Luhmann (1966).

Staat bekundete zunehmendes Interesse an diesem Thema, zumal die Entwicklung der Datenverarbeitung in der Bundesrepublik staatlich gefördert wird[65]. Neben der Rationalisierung zahlreicher Tätigkeitsgebiete im Bereich der Verwaltungs- und Justizadministration gilt hier das besondere Interesse dem Informationssektor, wobei insgesamt an die Errichtung einer Datenbank auf Bundesebene für politische, juristische und statistische Informationen und für das Haushalts-, Kassen- und Rechnungswesen gedacht ist[66]. Im Bundesjustizministerium wurde im Jahre 1967 mit den Vorplanungen für die Entwicklung eines juristischen Informationssystems begonnen; es wurden verschiedene Arbeitskreise gebildet und im Jahre 1969 eine „Arbeitsgruppe für Datenverarbeitung"[67] und eine „Kommission für Datenverarbeitung" gegründet und verschiedene Gutachten in Auftrag gegeben[68].

Auf dem 47. Deutschen Juristentag 1968 schließlich wurde eine Kommission für Fragen der Datenverarbeitung gegründet, die ihre Aufgabe darin sieht, „unabhängig von möglicherweise divergierenden Interessengruppen die Anwendungsmöglichkeiten der elektronischen Datenverarbeitung und kybernetischen Systeme in Rechtswissenschaft und -praxis zu erforschen und zu fördern"[69].

---

65 Vgl. den Pressedienst des Bundesministeriums für wissenschaftliche Forschung Nr. 8, 1967; Heinemann 1968, S. 83

66 S. den Bericht „Datenbank auf dem Gebiet der Rechtswissenschaft" in JA 1969, S. 255 f. – Zum Aufbau von Datenbanken vgl. auch von Berg 1968, S. 92 ff., Osswald 1969, S. 32 f. und Schmidt-Schmiedebach 1969. Damit ist eine Entwicklung eingeleitet worden, deren Ausmaß noch nicht zu übersehen ist. Schon frühzeitig hat Schelsky 1957 darauf hingewiesen, daß mit zunehmendem Einsatz und zunehmender Vervollkommnung solcher Einrichtungen die Zeit im selben Maße „gerafft" wird wie dies durch die Entwicklung moderner Verkehrsmittel mit der Entfernung geschah. Wenn die Beschaffung und Auswertung unzähliger für die politische und militärische Führung wichtiger Daten in kürzester Zeit möglich sei, gebe es nur noch eine richtige, nämlich die wissenschaftlich fundierte Entscheidung. „Gegen die technisch garantierte Wahrheit ist jede Opposition unvernünftig", (S. 19). Eine solche „machine à gouverner" (Dubarle, zit. nach Zeidler, 1959 a, S. 30) erscheint heute nicht mehr utopisch. Vgl. die Beispiele, die schon Zeidler aaO. anführt, insbes. S. 31. In den USA findet z.Zt. eine heftige Diskussion über die Errichtung einer nationalen Datenbank statt, von der viele Amerikaner fürchten, daß sie zu einem Super-FBI oder CIA führen wird. Vgl. Kamlah 1969, S. 42.

67 Die Gruppe hat inzwischen den Bericht „Juristisches Informationssystem mit Hilfe der elektronischen Datenverarbeitung" vorgelegt, in welchem sie das Konzept einer juristischen Datenbank im Rahmen der geplanten Bundesdatenbank umreißt. Vgl. Beilage Nr. 8 zum Bundesanzeiger Nr. 41 vom 28.2.1970.

68 Die Professoren Dr. Dr. Fiedler, Dr. Klug und Dr. Simitis haben eine Studie über die für ein juristisches Dokumentationssystem erforderlichen Forschungsarbeiten verfaßt. Der Direktor des Institutes für Kommunikationsforschung und Phonetik der Universität Bonn wird bis Ende 1970 ein Gutachten über die sich dabei ergebenden linguistischen Probleme erstellen.

69 Bühnemann 1969, S. 688. Die Kommission wird dem Deutschen Juristentag 1970 voraussichtlich Empfehlungen zu folgenden Problemkreisen vorlegen: 1) Notwen-

Diese Aktivitäten haben auch dazu geführt, daß die juristische Ausbildung zunehmend den neuen Gegebenheiten Rechnung trägt.

An der Universität Regensburg (Lehrstuhl Prof. Dr. Steinmüller) wird ab dem Sommersemester 1970 erstmals das Studium der „Rechtsinformatik" als juristisches Teilstudium eingerichtet[70]. Der Lehrplan sieht eine theoretische und praktische Ausbildung in allen Gebieten der juristischen Datenverarbeitung vor, wobei nicht nur dem Studenten, sondern auch dem juristischen Praktiker diejenigen technischen, juristischen und sozialwissenschaftlichen Kenntnisse vermittelt werden sollen, die er für den Umgang mit der EDV in den verschiedenen juristischen Berufen benötigt. Der Weg hierzu führt über ein sechssemestriges interdisziplinäres Studium, in welchem die Teilnehmer von den Grundlagen der EDV und des Verhältnisses EDV und Recht bis hin zu den aktuellen Problemen der Forschung gelangen sollen. Dabei sind auch Möglichkeiten zum Kontaktstudium vorgesehen[71].

Das Deutsche Rechenzentrum in Darmstadt hat im Jahre 1970 erstmals Programmierkurse speziell für Juristen durchgeführt[72]. Die besonders für die juristische Ausbildung gedachte Zeitschrift „Juristische Arbeitsblätter" schließlich widmet dem Thema „EDV und Recht" regelmäßig Raum und hat damit ein interessiertes Echo beim juristischen Nachwuchs gefunden.

Wird so zusehends deutlicher, welche wichtige Rolle die elektronische Datenverarbeitung im Recht spielen wird, so wird doch mehr und mehr die abwehrende Haltung vieler Juristen erkennbar, die dem Computer zwar gewisse Hilfsfunktionen zuerkennen, den eigentlichen Bereich juristischer Tätigkeit jedoch als striktes Reservat des menschlichen Intellekts davor bewahren wollen[73]. Auf diese Haltung wurde schon eingangs hingewiesen. Sie findet in der oft erhobenen Behauptung Ausdruck, die Maschine könne nicht denken, keinesfalls wägen und schon gar nicht werten. Diese Behauptung ist

digkeit des Einsatzes der EDV in der juristischen Praxis; 2) Ausbildung von Juristen auf dem Gebiet der Rechtskybernetik; 3) Verbesserte Information; 4) Hinweis auf mögliche Konsequenzen der EDV im Recht (Intimsphäre, Gewaltenteilung, Urheberrechtsschutz usw.); 5) Festlegung von Prioritäten; 6) Internationale Zusammenarbeit.

70 Eine eigene Abschlußprüfung ist nicht vorgesehen, jedoch kann der Dr. jur. erworben werden.

71 Vgl. den Bericht in JuS 1970, Heft 4 und JA 1970, Heft 5. Ähnliche Überlegungen finden auch an anderen Hochschulen statt. So sollen an der Universität Hamburg ab dem Wintersemester 1970/71 entsprechende Vorlesungen von Dr. Bühnemann stattfinden.

72 Vgl. JA 1969, Letzte Seiten 16 und 24 und JA 1970, Letzte Seiten 21.

73 So beispielsweise auf dem 23. Kongreß der Internationalen Anwaltsunion im Juli 1969 in London, auf dem eine heftige Diskussion über dieses Thema die Sorge vieler Rechtsanwälte zum Ausdruck brachte, die Maschine könne ihnen „ins Handwerk pfuschen"; vgl. den Bericht in JA 1969, Letzte Seiten 23.

zugleich richtig und falsch. Sie ist richtig, soweit sie auf die reine Maschinentechnik abstellt. Sie ist falsch, weil sie übersieht, daß die Technik nicht das Entscheidende ist. Entscheidend ist vielmehr die veränderte Organisationsform mit ihren verbesserten Informationsformen und ihrem Zwang zur logischen Durchdringung von Sachverhalten, die früher weitgehend aufgrund persönlicher Erfahrung und Intuition behandelt wurden[74]. Dieser Prozeß wird sicherlich auch die weiten, durch die Verwendung unbestimmter Rechtsbegriffe und Ermessensbegriffe markierten Berichte des Unpräzisen in der juristischen Arbeitsweise erfassen, und er wird – ähnlich wie in der Mathematik eine Kurve durch gedankliche Zerlegung in winzige Stufen berechnet werden kann – durch Verzicht auf absolute Genauigkeit in vielen Fällen zu akzeptablen Ergebnissen führen. Gefördert werden wird dieser Prozeß durch die Einsicht, daß auch bei der menschlichen Bewältigung unpräziser Rechtsbegriffe die Erlangung des absolut richtigen „Rechts" nur ein theoretisches Wunschbild ist. Die Hinnahme minderer Genauigkeitsgrade ist ein der Rechtswissenschaft durchaus vertrautes Phänomen; geht man von dieser Tatsache aus, sieht man keine Grenze mehr, hinter der der Einsatz von Computern im Recht „grundsätzlich" unmöglich erscheint[75].

---

74 Podlech 1969, S. 157 f. weist darauf hin, daß von den Rechtswissenschaftlern ein schwieriger Prozeß des Umdenkens verlangt wird, den man als *die Emanzipation der Rechtswissenschaft von ihrer Geburt aus dem Geist des römischen Rechts* bezeichnen könne. Die Rechtskybernetik erzwinge die Preisgabe der „Verstehen" genannten Denkoperation als hauptsächlicher juristischer Methode und die Übernahme korrekter, logisch und mathematisch beeinflußter Methoden – also die Aufgabe der unreflektierten Trennung von Natur- und Geisteswissenschaften. Sie werde weiterhin die Fixierung der Rechtswissenschaft auf die Interpretation vorgegebener Texte aufheben, womit die Rechtspolitik nicht mehr prinzipiell von der Rechtsdogmatik getrennt in den Kreis der wissenschaftlich zu bearbeitenden Probleme einbezogen werde. Und Müller 1967, S. 323 betont im Hinblick auf die Möglichkeiten der Computertechnik im Recht, die Automaten würden es gestatten, „die Grenzen dessen, wo der Mensch ‚viel' gleich ‚unübersehbar' gleich ‚unendlich' setzt, weiter hinauszuschieben."

75 Vgl. Müller 1967, S. 299 ff., der dem Argument, Näherungs- und Schätzmethoden brächten Verluste mit sich, entgegenhält, daß ein risikoloses Wissen nicht bekannt sei, „ob es nun als intuitives Ganzheitswissen oder als diskursiv erschlossenes Wissen auftritt". (S. 321 f.). Wichtig sei nur, daß die modellierten Strukturen offen und änderbar blieben. Vgl. auch Podlech 1969, S. 158 ff.

B. COMPUTER IN DER ÖFFENTLICHEN VERWALTUNG

I. Vorbemerkungen

Es wurde bereits darauf hingewiesen, daß die ersten rechtlichen Nutzanwendungen von Computern im Bereich der öffentlichen Verwaltung stattfanden. Der Schwerpunkt lag und liegt dabei wohl in der Steuer- und Rentenverwaltung, wo in sehr großem Umfang gleichförmige Aufgaben zu erledigen sind und zudem die bestimmenden Faktoren weitgehend quantitativ sind. Aber daneben werden Computer in zunehmendem Maße in anderen Verwaltungsbereichen zur Lösung der verschiedenartigsten Aufgaben eingesetzt.

Das Bild, das sich dabei insgesamt ergibt, ist bunt und vielfältig. Der Grund hierfür liegt nicht nur in den verschiedenartigen Aufgabenstellungen, sondern auch in der uneinheitlichen Entwicklung, die vielfach ohne koordinierte Planung vonstatten ging[76]. Dennoch haben sich dabei eine Reihe von gemeinsamen Problemen ergeben; ein vorweggenommener Blick auf das Allgemeine ist daher möglich und mag bei einer förderalistisch aufgebauten Verwaltung zugleich die Beurteilung der Möglichkeiten der Zusammenarbeit, des Erfahrungsaustausches und der Koordination fördern[77].

---

76 Der wesentliche Grund hierfür dürfte in der föderalistischen Struktur der Bundesrepublik liegen, in der auch die Bundesgesetze regelmäßig durch die Länder vollzogen werden, Art. 83 ff. GG. Eine einheitliche Behandlung der mit dem Einsatz datenverarbeitender Anlagen verbundenen Probleme erscheint nur schwer und auf freiwilliger Ebene möglich. Anders liegt es in den Vereinigten Staaten, wo die Bundesgesetze durch die Bundesverwaltung durchgeführt werden, die von der Verwaltung der Einzelstaaten und Kommunen streng getrennt ist. Diese Zentralisation hat den enormen Einsatz von Elektronenrechnern in der amerikanischen Bundesverwaltung stark begünstigt; als zentrale Stelle befaßt sich dort mit der Aufgabe, elektronische Datenverarbeitungsanlagen im Bereich der Bundesexekutive zu überwachen, zu koordinieren und bei ihrem Einsatz anzuregen und zu beraten seit 1957 eine nur aus vier (!) Personen bestehende Gruppe im Bureau of the Budget (Executive Office of the President). Demgegenüber ist der Einsatz elektronischer Datenverarbeitungsanlagen bei den Einzelstaaten und Kommunen der USA sehr viel geringer; die Bestrebungen gehen hier in Richtung auf eine Zusammenarbeit. Vgl. von Dreising, 1963, S. 882 und die eindrucksvollen Zahlen dort (für das Jahr 1963). Zu den Verhältnissen in den USA siehe auch Lyons 1964.

77 Im Bereich der Steuerverwaltung hat die unkoordinierte Einführung unterschiedlicher Buchführungssysteme und Änderung des Erhebungsverfahrens, bedingt durch die Verschiedenartigkeit der technischen Mittel, zu der Gefahr einer Zersplitterung geführt, auf die der Präsident des Bundesrechnungshofes in einer Denkschrift vom 5.4.1961 (S. 93) wie auch der Geschäftsbericht des Bundes deutscher Steuerbeamter e.V. 1959/60 (zit. nach Walther, 1961, S. 74) warnend hingewiesen haben. Vgl. auch Walther 1962, S. 57 ff. Auch anderswo empfindet man bereits die Aufgabe, einem „drohenden Wildwuchs auf dem Gebiet der

Dabei soll zunächst nach den Gründen für den Einsatz elektronischer Datenverarbeitungsanlagen in der öffentlichen Verwaltung gefragt werden.

An erster Stelle findet man hier häufig die Feststellung, daß der Arbeitsanfall quantitativ größer und qualitativ schwieriger wird[78]. Sodann werden Personalschwierigkeiten genannt[79]. An dritter Stelle ist der Wunsch nach Verwaltungsvereinfachung und nach Verbilligung zu nennen. Man denkt an die Möglichkeit, einmal erarbeitete Daten zwischen verschiedenen Verwaltungsstellen unter Einbeziehung auch der Privatwirtschaft unmittelbar – etwa durch Doppelung von Magnetbändern – auszutauschen. Damit geht eine engere Zusammenarbeit vor allem auch mit den privaten Verwaltungen einher[80]. An vierter Stelle ist die Möglichkeit zu nennen, neue, bislang nicht durchgeführte Aufgaben zu übernehmen[81]. Damit ist der letzte und wichtigste Grund angesprochen, nämlich die Möglichkeit einer Qualitätsverbesserung der von der Verwaltung geleisteten Arbeit, indem die Ziele größerer Schnelligkeit, Sicherheit und Genauigkeit der Verwaltungstätigkeit angestrebt werden[82]. Der Einsatz von Computern in der öffentlichen Verwaltung stellt sich somit als die methodisch wichtigste Bemühung in dem großen Vorhaben einer allgemeinen Verwaltungsreform überhaupt dar[83].

elektronischen Datenverarbeitung" entgegenwirken zu müssen. So wurde 1969 in Baden-Württemberg die Einrichtung einer Datenzentrale als Anstalt des öffentlichen Rechts vorgesehen, die u.a. für eine Vereinheitlichung der angewandten, bereits jetzt als zu zahlreich empfundenen Programme sorgen soll, vgl. Süddeutsche Zeitung vom 12./13. Juli 1969. Ausführlich zu diesem Problemkreis auch Schmidt-Schmiedebach 1969, S. 72 ff.

78 Vgl. etwa für die Rentenversicherungen Liebing, H.E., 1964, S. 79; für die Ortskrankenkassen Raddatz, J., 1964, S. 336

79 Vgl. Roemheld 1964, S. 614, der auf den Arbeitskräftemangel hinweist. Hinzu komme, daß die Steigerungstendenz der Personalkosten wesentlich größer sei als die der Maschinenkosten, mit deren Anstieg in nächster Zukunft nicht zu rechnen sei. In den USA wurde die Einführung von Elektronenrechnern wegen der enormen Lohnkosten in ganz besonderem Maße vorangetrieben.

80 Hierdurch wird ein personeller Austausch ermöglicht, wie er angesichts der Bestrebungen, die Sonderstellung der Beamten abzubauen, künftig mehr als bisher zu erwarten ist. In den Vereinigten Staaten – wo allerdings in der öffentlichen Verwaltung die wirtschaftswissenschaftliche Vorbildung gegenüber der juristischen vorherrscht – begünstigt die Auffassung, daß „gute kaufmännische Verwaltung gleich guter öffentlicher Verwaltung ist" den weit verbreiteten Wechsel zwischen Staatsdienst und wirtschaftlicher Tätigkeit, vgl. von Dreising, 1963, S. 883 f.

81 Ein Beispiel bietet die Einführung eines Kontoauszuges in der Rentenversicherung, s.u. II 2.

82 „Angesichts des grundlegenden Wandels der Anforderungen, dem sich der Leistungsstaat gegenübersieht, geht es nämlich in erster Linie nicht darum, die bisher mit konventionellen Mitteln bewältigten Aufgaben nur unter Zuhilfenahme moderner Verwaltungstechniken zu lösen. Zentrales Anliegen aller Rationalisierungsbemühungen muß es vielmehr sein, den Service und die Transparenz der öffentlichen Verwaltung für den einzelnen Bürger nachhaltig zu erhöhen." Kröninger 1970, S. 78.

Die von der Verwaltung angestrebten Ziele sind mit der Aufzählung dieser Gründe deutlich geworden. Ist aber die Einführung der elektronischen Datenverarbeitung geeignet, diesen vielfältigen Wünschen zu entsprechen?

Die Frage hat zwei Aspekte, einen technischen, der bereits gestreift wurde, und einen betriebswirtschaftlichen, auf den noch einzugehen ist.

Mit der bloßen Feststellung, daß es technisch möglich ist, eine bestimmte Aufgabe auf Maschinen zu übertragen, ist es ja noch nicht getan. Man muß vielmehr daran die Frage anschließen, ob ein solches Verfahren jeweils auch sinnvoll ist. Es gilt also, das Kriterium zu finden, das diese Entscheidung ermöglicht, und es liegt auf der Hand, daß dieses Kriterium in erster Linie durch betriebswirtschaftliche Erwägungen bestimmt sein muß[84].

Dabei ist man zunächst geneigt, an den Kostenfaktor zu denken. Der Präsident des Bundesrechnungshofes hat beispielsweise in seiner Denkschrift vom 5.4.1961[85] diesen Faktor angesprochen und festgestellt, daß die Verknappung an Arbeitskräften u.U. selbst dann zu neuen Wegen zwänge, „wenn dadurch höhere Kosten entstehen". „Ein derartiger Mehraufwand" erweise sich aber nur dann als gerechtfertigt, wenn die erwartete Einsparung an Arbeitskräften auch tatsächlich erreicht worden oder zumindest eine Verbesserung des Arbeitsablaufes eingetreten sei.

Es verwundert nicht, daß es so scheint, als würde angesichts der hohen Kosten elektronischer Datenverarbeitungsanlagen die Kostenfrage „zur Gretchenfrage der Bewährung elektronischer Datenverarbeitungsanlagen in der Verwaltung"[86].

Die Methode des Kostenvergleichs erscheint jedoch fragwürdig. Sicher gibt es Fälle, in denen ein solcher Vergleich möglich ist[87]. Aber in den meisten Fällen ist es mit einem einfachen Kostenvergleich nicht getan. Die Automation hat eine Reihe von Aspekten, die kostenmäßig nur schwer oder

---

83 Einen Überblick über den gegenwärtigen Stand der Bemühungen um eine Verwaltungsreform geben die verschiedenen Beiträge in DÖV 1969, Heft 7, S. 225 ff; vgl. ferner Osswald 1969, S. 7 ff.

84 Die Beziehungen zwischen betriebswirtschaftlichen Methoden und Erkenntnissen und der öffentlichen Verwaltung sind noch verhältnismäßig wenig untersucht worden. Vgl. dazu Bischofberger 1964 und die Besprechung dieses Buches von Luhmann, 1965, S. 303 ff.; ferner Osswald 1969, S. 22 ff. und Reimer Schmidt 1966, S. 2 f., der allgemein darauf hinweist, unter Rationalisierung verstehe man „alle methodisch – also rational – geleiteten Maßnahmen, die den Zweck haben, Leistungen mit einem gegenüber früheren Zuständen geringeren Kraft-, Zeit- oder Kosteneinsatz zu erzielen."

85 Bundestagsdrucksache III, 2751, Anlage D, S. 92.

86 Roemheld 1964, S. 613 f.

87 Mitunter fällt er auch eindeutig zugunsten der Maschine aus. So hat die Stadt Augsburg durch die Umstellung des Haushalts-, Kassen- und Rechnungswesens auf Elektronenrechner deutliche Einsparungen erzielt. Vgl. MittKGSt 192, 1962.

überhaupt nicht zu erfassen sind[88] Abgesehen davon, daß „Rationalisierung ... zunächst einmal Geld kostet“[89], ist es beispielsweise nicht möglich, jene Faktoren zu berücksichtigen, die sich etwa aus der Übernahme neuer Aufgaben ergeben[90], aus der Befreiung des Menschen von Routineleistungen[91] und aus der schon angesprochenen Qualitätsverbesserung der Ergebnisse[92]. Zu nennen sind aber auch die Vorteile, die sich aus einer verbesserten und jederzeit verfügbaren Statistik für die Unternehmensführung[93] und auch für die Gesetzgebung ergeben[94]. Man müßte bei der Methode des Kostenvergleichs auch von dem Axiom ausgehen, daß der bisherige Zustand als Maßstab für Rationalität dienen kann. Ein solches Axiom kann aber ernstlich nicht aufgestellt werden. Die Methode des Kostenvergleichs erscheint also in mehr als einer Hinsicht fragwürdig.

Ein ähnlich unsicheres Kriterium ist ihrerseits die Qualitätsverbesserung der von der Verwaltung geleisteten Arbeit. Luhmann[95] lehnt diese Möglichkeit unter Hinweis auf die rechtliche Vorfixierung der Ergebnisse überhaupt ab und läßt sie nur im Hinblick auf Nebenaspekte[96] des Entscheidens gelten. Mag man auch in der Beurteilung dieser Nebenaspekte und im Hinblick auf die gesetzesfreie Verwaltung[97] anderer Ansicht sein, so ist es doch sehr schwer, eine solche Qualitätsverbesserung ausreichend in den Blick zu

---

88 Zu dieser Erkenntnis gelangte das Bureau of the Budget in den Vereinigten Staaten. Vgl. von Dreising 1963, S. 881; von Berg 1968, S. 16 f.; Kröninger 1970, S. 77 ff.

89 Roemheld aaO.; die Automation sei aus demselben Grund so teuer, aus dem ein Staubsauger teurer ist als ein Kehrbesen.

90 Vgl. das Beispiel oben in Fußnote 81.

91 Klug hat hier vom „Rechtsknecht“ gesprochen, einem Analogon zum Rechenknecht, 1966, S. 162. Vgl. auch Luhmann 1964, S. 1 ff.

92 Konkrete Beispiele nennen beispielsweise Haupt 1961, S. 14 (Ausschaltung zahlreicher Fehlerquellen in der Steuerverwaltung) und Roemheld 1964, S. 614 (Verbesserung der geodätischen Berechnungen und der Errechnung und Zahlbarmachung von Dienstbezügen).

93 Der Begriff „Unternehmensführung“ wurde in Anlehnung an Liebing 1964, S. 79 verwendet, dem zuzustimmen ist, wenn er in der Gleichsetzung von Begriffen der gewerblichen Wirtschaft mit solchen der öffentlichen Verwaltung eine Möglichkeit sieht, die Betrachtungsweise zu verbreitern. Für die technische Nomenklatur der elektronischen Datenverarbeitung hat sie sich bereits weitgehend eingebürgert.

94 Ein Beispiel aus dem Steuerrecht findet sich bei Walther 1966, S. 12. Die maschinelle Ausführung des Lohnsteuerjahresausgleichs ermöglicht es erstmals der Gesetzgebung, an Hand „exakten und zeitnahen statistischen Materials“ die Auswirkung der Erhöhung bestimmter Pauschbeträge auf den Haushalt (Ausfall von Haushaltsmitteln) und auf die Verwaltung (Verwaltungsvereinfachung) sofort zu ermessen und gegeneinander abzuwägen.

95 1966, S. 16 ff.

96 Solche lägen in größerer Schnelligkeit, Leichtigkeit und Durchsichtigkeit der Tätigkeit. Aber: „Durch die Maschinentätigkeit darf ... das Ergebnis selbst nicht berührt werden. Nicht einmal die Beweislast darf verschoben werden“, S. 19.

bekommen. Es bleibt immer nur der Vergleich mit den bisherigen Arbeitsergebnissen. Allenfalls könnte man die Fehlerquote als Maßstab nehmen, aber das ist nur eine negative, nicht eine positive Abgrenzung[98].

Auch mit der Forderung nach Verwaltungsvereinfachung ist nicht viel gewonnen[99]. Dieser Begriff ist viel zu allgemein, als daß er eine Antwort auf die Frage ergeben könnte, wann etwa in einem konkreten Fall der Einsatz eines Elektronenrechners bei einer bestimmten Behörde sinnvoll ist.

Man ist also im gegenwärtigen Zeitpunkt nur zu verhältnismäßig tastenden und unsicheren Aussagen über die betriebswirtschaftlichen Aspekte des Einsatzes datenverarbeitender Anlagen in der öffentlichen Verwaltung imstande. Das liegt nicht allein an der Neuheit der damit aufgeworfenen Problematik, sondern auch daran, daß die Verwaltungslehre in Deutschland im Gegensatz zur Verwaltungsrechtswissenschaft eine verhältnismäßig wenig beachtete Disziplin ist und daher nicht allzuviel an Ergebnissen beitragen kann[100].

Vor diesem Hintergrund vollzieht sich der Einsatz datenverarbeitender Maschinen in der öffentlichen Verwaltung auf einer recht unsicheren Basis[101]. Vorerst ist man noch weitgehend auf Schätzungen und allgemeine Erfahrungssätze angewiesen. So ist beispielsweise die Regel anerkannt, daß der Einsatz solcher Maschinen sinnvoll ist, wo eine große Anzahl von Einzelfällen nach demselben Schema reproduziert wird und wo sich der

---

97 Vgl. die vielen Beispiele für gesetzesfreie Entscheidungen der Verwaltung bei Maunz 1963, § 24 II 1. Hier kann man nicht von rechtlicher Vorfixierung sprechen.

98 Von Berg 1968, S. 17 sieht in der Schnelligkeit den wichtigsten Grund für den Einsatz von elektronischen Datenverarbeitungsnlagen in der Verwaltung.

99 Kritisch zum Zusammenhang zwischen Wirtschaftlichkeit und Verwaltungsvereinfachung Luhmann 1966, S. 125.

100 Vgl. die Literaturhinweise zur Verwaltungslehre bei H.J. Wolff 1963, § 15 I a (S. 54), ferner vgl. von Berg 1968, S. 10. In den Vereinigten Staaten wird Verwaltungslehre und Verwaltungspolitik im Rahmen der „political science" an den meisten Hochschulen gelehrt.

101 Diese Basis ist überdies auch schwankend, wenn man bedenkt, daß gerade der Einsatz datenverarbeitender Maschinen den Anstoß zu einer Überprüfung hergebrachter Denkvoraussetzungen und -begriffe geben kann. Ein Argument in dieser Richtung haben Klug-Fiedler 1964, S. 274 vorgetragen, indem sie gegenüber der Forderung nach Beachtung der unabdingbaren Rechtsgrundsätze und Verwaltungserfordernisse die Frage stellten, inwiefern diese „wirklich Ewigkeitswert besitzen oder nicht doch nur relativ auf gewisse technologisch-soziale Grundlagen bestehen, welche sich mit dem Vordringen neuer Datenverarbeitungsmittel in den Verwaltungen selbst verschieben". Und Luhmann 1966, S. 141 kommt zu dem Ergebnis, daß die revolutionierende Wirkung der Verwaltungsautomation von ihren „Denkvoraussetzungen und -implikationen" ausgehen werde. Vgl. auch Buchner 1969, S. 155 f. u. 262 ff., der das „Verwalten" als Fall der „angewandten Informationstheorie" und „Verwaltungen" als „Informationsverarbeitungszentralen" ansieht (S. 156).

erhebliche Aufwand der Programmierung „lohnt“[102]. Damit ist man wieder am Ausgangspunkt der Frage angelangt. Nicht lohnend wird der Aufwand beispielsweise sein, wo einfachere Hilfsmittel wie etwa Formulare denselben Dienst leisten[103]. Eine gesicherte Formel jedoch, die solche Entscheidungen zuverlässig ermöglicht, ist fürs erste noch nicht in Sicht. Sie wird auch, falls sie überhaupt jemals geschaffen wird, erst kommen, wenn in größerem Ausmaß praktische Erfahrungen vorliegen und die Elektronenrechner zum „verwaltungsmäßigen Allgemeingut“ und ihr Einsatz in der öffentlichen Verwaltung „zur Selbstverständlichkeit“ geworden ist. „Erst dann nämlich läßt sich mit Sicherheit sagen, welche wirtschaftliche Effektivität eine in der öffentlichen Verwaltung eingesetzte Datenverarbeitungsanlage tatsächlich besitzt, und erst dann wird diese Effektivität eine Konstante erreicht haben, die ihre Berücksichtigung auch im Haushaltsplan zuläßt“[104].

Trotz dieser Schwierigkeiten haben die bisherigen Erfahrungen eindeutig gezeigt, „daß die elektronische Datenverarbeitung das beste Organisationsmittel ist, das der Verwaltung heute zur Verfügung steht“ und daß die Beschäftigung mit ihren Verwendungsmöglichkeiten für die Führungskräfte der Verwaltung nicht nur „unabdingbar, sondern inzwischen auch unaufschiebbar“ geworden ist[105].

Schließlich ist noch kurz auf die mit der Einführung der Datenverarbeitung aufgeworfenen Organisations- und Personalfragen einzugehen[106]. Hier stellen sich zunächst die Fragen, welcher der vorhandenen Maschinentypen für die jeweils zu lösenden Aufgaben gewählt wird[107], ob die Anlagen gekauft oder gemietet werden und in welcher Weise die Eingliederung in den Verwaltungsapparat erfolgen soll. Wichtig ist hierbei die unabhängige und nicht firmenbezogene Beratung der in Frage kommenden Verwaltungsbehörden. Dieser Aufgabe widmen sich verschiedene Institutionen[108]. Die Eingliede-

---

102 Roemheld 1964, S. 614. – Im Steuerrecht hat man alle „seltenen“ Fälle von der maschinellen Bearbeitung ausgeklammert und erledigt sie im manuellen Verfahren. S.u. Abschn. B II 1.

103 Das dürfte bei der von Popp 1966, S. 27 ff. für möglich gehaltenen Anwendungsmöglichkeit von Automaten im Rahmen der Justizverwaltung weitgehend der Fall sein.

104 Roemheld 1964, S. 614.

105 Osswald 1969, S. 19

106 Hierzu vgl. ausführlich von Berg 1968, S. 52 ff.; ferner Winkler 1969, S. 7 ff.; Kohlscheen 1969, S. 298 f.; Osswald 1969, S. 26 ff.

107 Vgl. Kolb 1962, S. 129 ff. Die Verwaltung kann auch Anregungen geben und Wünsche äußern, die dann von den Herstellern befolgt werden. S. Walther 1961, S. 74.

108 Hier ist besonders die Kommunale Gemeinschaftsstelle für Verwaltungsvereinfachung zu nennen, die die Aufgabe erfüllt, staatliche und kommunale Behörden in allen Fragen der Verwaltungsrationalisierung zu beraten und zu unterstützen. Vgl.

rung der Datenverarbeitung in die Organisation der Verwaltung wirft die Frage nach verstärkter Zusammenarbeit verschiedener Ressorts auf[109]. Das Hauptproblem dürfte dabei mit dem Stichwort „Zentralisierung" ausgesprochen sein, einem Wort, das angesichts der föderalistischen Struktur der Bundesrepublik nicht ohne Konfliktstoff ist[110]. Technisch wäre eine Zentralisierung möglich. Hier ist vor allem die im Zusammenhang mit der Einführung der sogenannten „Real-Time-Systems"[111] entwickelte Datenfernübertragung zu nennen, welche die Zentralisation und die „Datenverarbeitung außer Haus" ermöglicht. In Deutschland lag ein Hindernis darin, daß die Bundespost hierfür zunächst nur fest zu mietende Standleitungen zur Verfügung stellte. Seit September 1966 sind jedoch die normalen Fernsprechleitungen hierfür freigegeben; außerdem wurde ein neues Fernschreibnetz (Datex-Netz) konzipiert, das speziell auf die Fernübertragung von Computerdaten abgestellt ist[112]. Sachliche Gesichtspunkte sprechen ebenfalls für eine

---

Müller-Heidelberg, K., 1964, S. 161 ff. („Die KGSt als Zentralinstitut"); Cron in MittKGSt 217, 1963. Daneben besteht eine Fülle der unterschiedlichsten Gremien, vgl. im einzelnen von Berg 1968, S. 116 ff.

109 So hat H. Walther aaO. es „nach Erfahrungen der letzten Jahre" für den Bereich der Steuerverwaltung als nicht wünschenswert bezeichnet, deren Anlagen mit denen anderer Ressorts zu koppeln – wohl aber mit anderen Steuerverwaltungen. Zu den Möglichkeiten, durch den Einsatz elektronischer Datenverarbeitungsanlagen eine „Verfahrensintegration" zu erzielen vgl. von Berg 1968, S. 46 ff. Von Berg unterscheidet hier die „direkte Integration" (Verschmelzung bisher getrennter Arbeitsgänge) und die „indirekte Integration" (Austausch von Arbeitsresultaten, insbes. Datenträgeraustausch). Ferner unterscheidet er zwischen interner und externer Integration, je nachdem, ob sich die Integration innerhalb oder zwischen räumlich abgegrenzten Verwaltungseinheiten abspielt.

110 Hier ist auch der Gewaltenteilungsgrundsatz zu nennen, der im Interesse einer „Verhinderung der Ausübung von Einheitsmacht im Einheitsstaat" zu „unrationellen" Lösungen führt, vgl. Reimer Schmidt 1966, S. 26; ferner Osswald 1969, S. 27 ff.

111 Bei der sog. Real-Time-Technik werden nicht mehr nur Vergangenheitsdaten, sondern auch Gegenwartsdaten im Augenblick ihrer Entstehung – selbst wenn sie weit entfernt entstehen – verarbeitet. Sie wurde zunächst in der Raumfahrt entwickelt (eine Rakete kann nur über Funk gesteuert werden, wenn die ankommenden Daten sofort verarbeitet, d.h. zahlreiche „Was wäre, wenn ..."-Programme sofort durchgerechnet und der richtige Steuerbefehl zurückgesendet wird.) Ein zentrales Platzbuchungssystem für die Bundesbahn erfordert beispielsweise eine solche Technik. Vgl. Dworatschek 1969, S. 320 f., 281 ff.

112 Vgl. Becker, 1967. Die Erkenntnis des engen Zusammenhanges zwischen Fernmeldetechnik und Datenverarbeitung hat inzwischen die Bundespost gemeinsam mit AEG/Telefunken, Siemens, Olympia und Nixdorf zur Gründung einer Gesellschaft veranlaßt, die all denen die Benützung eines Computers ermöglichen will, für die sich der Einsatz einer eigenen Anlage nicht lohnt. Damit hat die Post ihre eingehenden Untersuchungen abgeschlossen, wie sie als öffentliche Einrichtung und Besitzerin des in Europa größten Fernmeldenetzes dazu helfen kann, jedermann den Zugang zur elektronischen Datenverarbeitung zu ermöglichen und wie sie gleichzeitig ihr Fernmeldenetz noch rationeller ausnützen kann. Vgl. den Bericht in „Die Ortskrankenkasse" 1969, S. 590 f. und in „Süddeutsche Zeitung" vom 5.5.1970. S. 9.

Zentralisierung. Nur durch sie kann der sonst gegebenen Gefahr der Zersplitterung, des Verfehlens von Koordinationsmöglichkeiten, der Doppelarbeit und – angesichts der hohen Kapazitäten elektronischer Rechenanlagen, die oftmals eine einzelne Behörde gar nicht ausnutzen kann – der Gefahr des unrationellen Einsatzes der Anlagen begegnet werden[113].

In organisatorischer Hinsicht stellt sich weiterhin die Aufgabe, neuartige Verfahren zur Erzielung eines ausreichenden Schutzes vor unlauteren Manipulationen wie auch vor menschlichem Versagen zu entwickeln[114]; dies ist vor allem im Hinblick auf den letzteren Gesichtspunkt bedeutsam, weil hier ein Vervielfachungseffekt auftreten kann, der zu schwerwiegenden Folgen führen kann.

Auch in personeller Hinsicht stellen sich schließlich neuartige Probleme; die Verwaltung sieht sich mit der Aufgabe konfrontiert, geeignete Fach- und Führungskräfte zu gewinnen und auszubilden, wobei sich Schwierigkeiten vor allem daraus ergeben, daß die Automation völlig neue Berufe geschaffen hat. Der Berufsstand der Programmierer etwa, vor 1950 nahezu unbekannt[115], zählte im Jahre 1963 in den Vereinigten Staaten bereits schätzungsweise 80 000 Personen[116].

Die öffentliche Verwaltung muß dieser Entwicklung in ihren Stellenplänen Rechnung tragen, will sie nicht Gefahr laufen, den Anschluß an die Zukunft zu verpassen[117].

---

113 Vgl. näher von Berg 1968, S. 65 ff. – Freilich kommt es nicht immer darauf an, die Kapazitäten der Maschinen restlos auszunutzen; man wird auch bestrebt sein, im Hinblick auf quantitative Arbeitsvergrößerungen und neue Aufgaben der Zukunft Kapazitätsreserven zu behalten. So erachtet Raddatz 1964, S. 392 einen Auslastungsgrad von 50 v.H. für genügend. Ebenso kommt es nicht darauf an, die Maschinen pausenlos in Betrieb zu halten, weil sie dann mit Störungen reagieren können. Auch in den USA wird das nicht gefordert. Vgl. die Angaben bei v. Dreising, 1963, S. 880 f.

114 Vgl. dazu den ausführlichen Katalog von Vorschlägen bei von Berg 1968, S. 63 ff.

115 Als ersten Programmierexperten in der Geschichte der Rechenautomaten nennt W. Hoffmann 1962 b, S. 654 die Countess of Lovelace, eine Tochter von Lord Byron, die mit Charles Babbage befreundet war. Babbage selbst hatte sich hierzu nur sehr allgemein geäußert.

116 Die Gesamtzahl der im Zusammenhang mit elektronischen Datenverarbeitungsanlagen Beschäftigten betrug im Jahre 1962 in den Vereinigten Staaten rund 350 000, vgl. v. Dreising 1963, 883. Heute dürfte diese Zahl ungleich höher liegen.

117 Vgl. auch die Ausführungen von Ruckriegel 1968, S. 112 ff. zum Leitbild einer modernen Verwaltung; Ruckriegel betont, daß dabei politische Entscheidungen gefällt werden müssen. „Hier liegt eine Herausforderung an die Politiker, der sie sich stellen müssen“ (S. 118). Vgl. ferner das von Osswald 1969, S. 30 f. geschilderte Beispiel Dänemark und das anschließend aufgezeigte hessische Modell.

II. Überblick über verschiedene Verwaltungszweige [118]

1. Steuerverwaltung

a) Die Entwicklung

In den Vereinigten Staaten wurde das Lochkartenverfahren schon sehr früh in die Finanzverwaltung eingeführt. In Europa wurde nach diesem Beispiel erstmals die Steuerverwaltung des Kantons Basel-Stadt (Schweiz) voll mechanisiert[119]. In Deutschland setzten entsprechende Überlegungen im Jahre 1952 ein. Bund und Länder gingen gemeinsam an die Aufgabe, geeignete Verfahren für das deutsche Steuerrecht zu entwickeln. Dabei wurden zunächst die ausländischen Verfahren nicht berücksichtigt. Später stellte sich dann heraus, daß die Ergebnisse im wesentlichen übereinstimmten.

Die Anwendung des Lochkartenverfahrens führte nicht zu befriedigenden Resultaten[120]. Vom Einsatz elektronischer Datenverarbeitungsanlagen versprach man sich bessere Ergebnisse. Entsprechende Überlegungen wurden seit 1956 angestellt. In den Jahren 1957 und 1958 wurden dann erstmals in Baden-Württemberg der Lohnsteuerjahresausgleich und die Einkommensteuerveranlagung mit Hilfe eines Elektronenrechners durchgeführt, nachdem zuvor bei einem Stuttgarter Finanzamt die bereits abgeschlossenen Fälle eines früheren Jahrganges noch einmal maschinell aufbereitet worden waren (Schattenveranlagung). Das Verfahren wurde in der Folgezeit weiterentwickelt und auch in anderen Bundesländern angewendet. Dabei kam das rasche Fortschreiten der Technik diesen Bestrebungen zugute. Im Jahre 1959 erging vom Bundesfinanzministerium in Zusammenarbeit mit den Finanzverwaltungen der Länder eine allgemeine Aufforderung an die Herstellerunternehmen, geeignete maschinelle Lösungsvorschläge zur Rationalisierung der Steuerverwaltung einzureichen. Die im Anschluß hieran erfolgten Maßnahmen wirkten sich insofern positiv aus, als es gelang, die Speicherkapazitäten beträchtlich zu erweitern[121].

Die Beurteilung ist überwiegend positiv[122]. Wegen der Vielfalt der technischen Möglichkeiten und der zunächst geringen Koordination sowie auch

---

118 Eine umfassende Bibliographie der letzten zehn Jahre findet sich bei Kröninger 1970, S. 79 ff.

119 Vgl. Nickel 1953, S. 318. Die Beiträge von Nickel (1953 und 1954) finden heute vorwiegend historisches Interesse. Sie zeigen das damals angestrebte Ziel, sind aber durch die Technik überholt.

120 Vgl. Voss 1961, S. 125

121 Vgl. Walther 1961, S. 74 ff.

122 Vgl. Haupt 1961, S. 12 ff.; Walther 1966, S. 9 ff.

wegen des unterschiedlichen Ausmaßes der Automatisierungsbestrebungen in den verschiedenen Ländern wurde aber bald die Gefahr einer Zersplitterung offensichtlich, welche die seit der Einführung der Reichsfinanzverwaltung in der Weimarer Republik bestehende Einheitlichkeit des Kassen-, Buchungs- und Rechnungswesens bedrohte. Um ihr zu begegnen, schlossen daher verschiedene Länderfinanzministerien im Jahre 1960 in Kattenes ein Verwaltungsabkommen mit dem Bundesfinanzministerium, welches die Koordination der verschiedenen Verfahren vorsah[123].

Einen Überblick über den Stand von 1966 gibt Walther[124]. Er zeigt, daß „der Umfang des maschinellen Verfahrens für die V-Steuern und beim Lohnsteuerjahresausgleich das Versuchsstadium längst hinter sich gelassen hat und zu einem bewährten Instrument der Praxis geworden ist". So wurden damals schon von 10 Millionen Lohnsteuerjahresausgleichsfällen rund 7 Millionen und von 3,3 Millionen Einkommensteuerveranlagungsfällen annähernd 2 Millionen Fälle durch Elektronenrechner erledigt.

b) Die Verfahren

Im folgenden soll auf das Verfahren beim Lohnsteuerjahresausgleich und bei der Einkommensteuerveranlagung eingegangen werden. Sodann sollen die besonderen Probleme des Erhebungsverfahrens behandelt werden.

aa) Lohnsteuerjahresausgleich[125]

Auch im automatisierten Verfahren verbleibt die Aufgabe der Beurteilung der tatsächlichen und rechtlichen Verhältnisse des Steuerfalles dem menschlichen Sachbearbeiter. Er muß zunächst die Angaben des Antragstellers im ausgefüllten Vordruck überprüfen. Sodann werden die Angaben, soweit sie für die maschinelle Festsetzung erforderlich sind, in einen Eingabewertbogen übertragen und mit Kennziffern versehen, welche später der Maschine das Verarbeiten der Werte ermöglichen. Die Anzahl der erforderlichen Werte ist beträchtlich[126].

---

123 Vgl. Walther 1962, S. 57

124 1966, S. 9 ff.

125 Der Beschreibung liegt das Verfahren in Stuttgart zugrunde. Im Detail mögen anderswo Abweichungen vorkommen, die jedoch nicht grundsätzlicher Natur sind. Vgl. genauer die Darstellung bei Haupt 1961, S. 12 ff. und Walther 1966, S. 9 ff.

126 Sie ergeben sich aus den einschlägigen steuerrechtlichen Vorschriften, vgl. dazu näher Haupt aaO. und Walther aaO. Eine Aufzählung im einzelnen ist hier entbehrlich. Das Wesentliche des Verfahrens liegt darin, daß der Sachbearbeiter nur die einzelnen Werte „an sich" auf ihre Richtigkeit überprüft, sie jedoch nicht zueinander in Beziehung setzt.

Mit der Feststellung der Eingabewerte ist die Arbeit der Lohnsteuerstelle beendet. Die Eingabewertbogen gehen nunmehr an die zentrale[127] Lochkartenstelle und werden dort auf Lochkarten übertragen. Von dort aus werden sie in die elektronische Datenverarbeitungsanlage eingeführt[128].

Der Elektronenrechner führt nun die erforderlichen Berechnungen und Feststellungen gemäß den Instruktionen des Programms selbsttätig durch, wobei ihm die Kennziffern als Orientierungsmerkmale dienen. Die Liste der dabei durchgeführten Aufgaben ergibt einen eindrucksvollen Katalog[129]:

1. Feststellung, ob die tatsächlichen Werbungskosten und Sonderausgaben die Pauschbeträge übersteigen.
2. Addition der allgemeinen Werbungskosten und der WK-Pauschsätze für bestimmte Berufsgruppen.
3. Berechnung der beschränkt abzugsfähigen Sonderausgaben einschließlich des Vorwegabzuges bei Versicherungsbeiträgen.
4. Berechnung der abzugsfähigen Spenden unter Beachtung der 50%igen bzw. 10%igen Höchstgrenzen.
5. Berechnung der Pauschbeträge für Körperbehinderte.
6. Addition der Werbungskosten und Sonderausgaben.
7. Berechnung der zumutbaren Eigenbelastung und Abzug des Überlastungsbetrages nach § 25 LStDV sowie der außergewöhnlichen Belastung in besonderen Fällen nach § 25 a LStDV.
8. Berücksichtigung von Altersfreibeträgen.
9. Abzug von Freibeträgen für besondere Fälle (§ 25 b LStDV) und des steuerfreien Pauschbetrages für Hinterbliebene.
10. Abzug des Weihnachtsfreibetrages.
11. Berechnung des steuerfreien Jahresbetrages.
12. Berechnung des zu versteuernden Betrages.
13. Addition der einbehaltenen Steuerabzugsbeträge des Antragstellers und seinen Ehegatten.
14. Ablesen der Jahreslohnsteuer aus der Tabelle.
15. Ablesen der Jahreskirchenlohnsteuer aus der Tabelle.
16. Berechnung der zu erstattenden Lohnsteuer.
17. Berechnung der zu erstattenden Kirchenlohnsteuer.

---

127 Anders in Berlin. Dort werden die Werte dezentral von den einzelnen Finanzämtern auf Lochstreifen übertragen, Walther 1966, S. 12.

128 In der Mehrzahl der Fälle reichte eine Lochkarte für alle Angaben aus, Haupt aaO.

129 Nach Walther aaO., S. 11

18. Berechnung des zu erstattenden Gesamtbetrages.
19. Fertigung der Zahlungsträger.
20. Fertigung der Sammellisten.
21. Führung der Erstattungsliste ‚L' und Lieferung der statistischen Angaben.
22. Prüfung, ob Veranlagung in Betracht kommt.

Bei Unklarheiten und in bestimmten Fällen[130] gibt die Maschine entsprechende Hinweise, die zur Überprüfung des betreffenden Falles durch den Sachbearbeiter führen.

Die Zahlungsträger gehen unmittelbar zum Postscheckamt und können dort maschinell weiterverarbeitet werden[131].

Die gem. § 4 Abs. VI JAV erforderlichen Bescheide werden ebenfalls maschinell erstellt, indem der Eingabewertbogen mit einer Kennziffer versehen wird, die einem Katalog von etwa 40 Erläuterungstexten entnommen wurde. Ebenfalls maschinell wird die Anschrift erstellt, die jedoch beim Lohnsteuerjahresausgleich – anders als bei der Einkommensteuerveranlagung, wo sie auf Band oder Platte gespeichert ist – vorher mitabgelocht werden muß. Die häufigen Änderungen lassen hier eine Speicherung nicht zweckmäßig erscheinen[132].

Eine Feststellung der rechnerischen Richtigkeit durch die Lohnsteuerstelle gibt es bei diesem Verfahren nicht. Statt dessen wird die lochkartenmäßige Richtigkeit festgestellt und bescheinigt, daß die in der Arbeitsanleitung festgelegten Arbeitsgänge überwacht und die vorgeschriebenen Prüfungen durchgeführt worden sind[133].

Nach dem geschilderten Verfahren wurden in Stuttgart 94% aller Aufträge erledigt. Die verbleibenden, manuell erledigten Fälle waren entweder selten vorkommende Fälle oder solche, bei denen die Zahl der Eingabewerte besonders hoch ist. Beispiele bieten der getrennte Jahresausgleich bei Ehegatten, weil die Voraussetzungen für eine Zusammenveranlagung gem. § 26 EStG nicht vorliegen oder steuerbegünstigte Einkünfte aus West-Berlin[134].

---

130 So beispielsweise, wenn die einbehaltene Steuer niedriger als die sich nach der Tabelle ergebende Steuer ist.

131 Außer dieser Zahlungsart kommen nur noch Barleistungen in Betracht.

132 In der Zukunft mag sich hier jedoch eine Änderung durch die Einführung eines allgemeinen Personenkennzeichens und die damit ermöglichte Führung zentraler Anschriftenkarteien ergeben.

133 Die sachliche Richtigkeit des Programms wird gesondert festgestellt.

134 Der Katalog dieser Fälle umfaßt insgesamt 13 Punkte.

Die Beurteilung des Verfahrens ist positiv. Haupt[135] stellt einen beachtlichen Zeitgewinn[136] und die Ausschaltung zahlreicher Fehlerquellen fest und konstatiert für 1959 erstmals die deutliche Überlegenheit dieses Verfahrens gegenüber der manuellen Bearbeitung. Zu den Maschinen selbst führt er aus: „Es muß festgestellt werden, daß in keinem Falle die maschinelle Berechnung nach Maßgabe des Programms und der eingegebenen Werte falsch gewesen ist".

bb) Einkommensteuerveranlagung[137]

Die Einführung des automatisierten Verfahrens erbrachte hier, wo besonders komplizierte und zeitraubende Rechenarbeiten anfallen, die größte Entlastung. Das Verfahren ähnelt weitgehend dem des Lohnsteuerjahresausgleichs[138]. Der Veranlagungsbeamte prüft die Angaben in der Einkommensteuererklärung sowohl materiell-rechtlich als auch formal[139]. Die Angaben zur Person werden in einen Zahlenschlüssel übertragen[140], und die maßgeblichen Werte für die Berechnung des Einkommens und der Steuer werden geprüft, gegebenenfalls geändert und mit Kennziffern versehen. Soweit sich für die Berechnung notwendige Angaben nicht aus der Steuererklärung ergeben, werden sie in einen besonderen Vordruck eingetragen, der auch die zur Berechnung der Vorauszahlung erforderlichen Angaben enthält. Zugleich enthält er die Vermerke für die geschäftsmäßige Abwicklung des Steuerfalles.

Damit ist die Tätigkeit des Veranlagungsbeamten abgeschlossen. Die Weiterverarbeitung der Steuererklärung und der Verfügung[141] erfolgt in der

135 aaO.

136 Walther 1966, S. 10 weist ebenfalls auf eine wesentliche Beschleunigung der Vergaben hin, macht jedoch darauf aufmerksam, daß dieser Punkt im wesentlichen von der Erweiterung der Ablochkapazität abhängt. Das ist eine Personalfrage, die jeweils auch von den örtlichen Gegebenheiten abhängt. In den USA, wo die Arbeitslosigkeit relativ größer ist als in Deutschland, (im Schnitt 5–6%) ist es verhältnismäßig leicht, für kurze Zeit Locherinnen zu gewinnen. In Deutschland dagegen werden Arbeitskräfte regelmäßig fest angestellt, und die Arbeit muß, auch wenn es sich um Stoßgeschäfte handelt, gleichmäßig auf das Jahr verteilt werden. Das führt zu Verzögerungen, die durchaus zu Unrecht der elektronischen Datenverarbeitung angelastet" werden. Eine Verbesserung erhofft man sich von den seit kurzem im Einsatz befindlichen optischen Lesegeräten.

137 Vgl. dazu Haupt 1960, S. 59 f., der auch Details angibt (benötigte Zeit pro Fall, Zahl der Karten pro Fall usw.) und auch auf die organisatorischen Umstellungen der Finanzbehörden eingeht, ferner Walther 1966, S. 9 ff. und Voss 1960 a.

138 S.d. Zahlenbeispiel eines einfachen Veranlagungsfalles bei Voss 1960 a, S. 699 f.

139 Die formale Prüfung ist besonders wichtig, da Fehler hier i.d.R. zu falschen Berechnungen führen.

140 Die Handhabung dieses Schlüssels bereitete ebenso wie beim Lohnsteuerjahresausgleich keine Schwierigkeiten, vgl. Haupt 1960, S. 59.

141 Sie ersetzt den Berechnungsbogen.

Lochkartenstelle. Die Daten werden auf Lochkarten übertragen[142] und in die Maschine eingegeben.

Die Maschine führt nun alle erforderlichen logischen Operationen durch[143], bis schließlich die Steuer und die Vorauszahlungen[144] festgesetzt werden. Die Ergebnisse werden ausgedruckt, und der Steuerbescheid kann abgesandt werden.

Die Zahl der manuell erledigten Fälle war im ersten Jahr noch verhältnismäßig hoch[145]. Aber über die Fälle hinaus, welche wegen ihres seltenen Erscheinens oder der hohen Zahl von Eingabewerten von der maschinellen Behandlung ausgeklammert wurden, spiegelte sich hierin ein gewisses Mißtrauen gegenüber dem neuen Verfahren wider, das inzwischen überwunden sein dürfte.

Auch hier ist die Beurteilung positiv[146]. Es ist die „nahezu einhellige Meinung der Beteiligten", daß „dem Sachbearbeiter im Rahmen der Gesamtbearbeitungszeit mehr Zeit für die schwierigere, interessantere und ergiebigere Prüfung der materiellrechtlichen Fragen zur Verfügung steht", weil ihm die umfangreichen und ermüdenden Rechenarbeiten abgenommen sind[147].

cc) Erhebungsverfahren[148]

Es wurde bereits erwähnt, daß die Rationalisierungsbestrebungen in den verschiedenen Ländern unterschiedliche Intensität haben. Einige Länder hatten beispielsweise nicht Computer, sondern Buchungsmaschinen eingesetzt, welche viel mehr Arbeitsgänge mechanisieren konnten als die alten Maschinen. Somit stellte sich die Aufgabe, Grundsätze zu entwickeln, die sowohl den Bedürfnissen moderner Buchungsmaschinen als auch elektronischer Datenverarbeitungsanlagen gerecht werden und auf dieser Grundlage eine Neugestaltung des Buchungsrechts in Angriff zu nehmen. Diese nicht leichte Aufgabe zu erfüllen, war das Ziel des schon erwähnten Verwaltungsabkommens von Kattenes. Inzwischen ist es gelungen, Mindesterfordernisse

---

142 Auch hier reichte in der Mehrzahl der Fälle eine Karte aus.

143 Walther 1966, S. 12 f. zählt einen Katalog von 28 Punkten auf.

144 Wie beim manuellen Verfahren werden sie für das laufende und folgende Jahr entsprechend den bereits geleisteten Vorauszahlungen in variabler Höhe oder aufgrund von Anpassungen an veränderte Verhältnisse festgesetzt.

145 27% – Haupt aaO.

146 Bemerkenswert ist in diesem Zusammenhang die Feststellung von Voss (1961, S. 127), daß die Zahl der Rechtsmittel und sonstigen Änderungsanträge auffallend gering war. In den USA, wo das Steuerwesen weit mehr von der Bereitschaft der Bürger zur Steuerzahlung abhängt (vgl. die detaillierte Darstellung von Maass, 1961 b, S. 118 ff.) hat die Angst vor der Zuverlässigkeit der Maschine zu einer Computer-Psychose und zur Zahlung von Steuern für bislang verschwiegenes Einkommen geführt, s. Simitis 1966, S. 26.

147 Haupt 1960, S. 60

148 Dazu s. Walther 1962, S. 57 ff.

festzulegen, welche für beide Arten von Maschinen gelten. Sie betreffen die Form der Bücher[149], die Buchung von Einzahlungen, den getrennten Nachweis von Soll- und Istbuchungen, die Buchungsunterlagen, die Istabrechnung der Steuerbescheide, die zeitnahe Ausstellung der Rückstandsanzeigen, die Abschlüsse in den Zeitbüchern, den Abschluß der Sachkonten, die Verantwortlichkeit für die Buchführung und die Überprüfbarkeit der Buchführung[150].

In Berlin und im Saarland wurde im Jahre 1967 die integrierte kassenmäßige Behandlung der Veranlagungsfälle eingeführt. Die Konten werden papierlos auf elektronischen Speichern geführt. Diese Versuche sollen die Voraussetzungen für einen allgemeinen Übergang zu diesem Verfahren schaffen. Danach folgt der Errechnung der Steuerschuld durch die elektronische Datenverarbeitungsanlage die Sollstellung der Steuer auf dem maschinell geführten Konto und die maschinelle Abrechnung mit den bereits geleisteten Vorauszahlungen[151].

c) *Die Programmierung*[152]

Die von der Steuerverwaltung den elektronischen Rechenanlagen abgeforderten Aufgaben sind im Vergleich zu anderen Fällen – etwa wissenschaftlichen Berechnungen – weder besonders schwierig noch besonders umfangreich. Anders verhält es sich dagegen mit der Programmierung der Steuergesetze. Für die Einkommensteuerveranlagung war sie, „wie von Sachkennern erklärt wurde, wohl eine der schwierigsten und umfangreichsten Arbeiten dieser Art, die bisher überhaupt ausgeführt wurde“[153].

Zugleich bietet die Steuerverwaltung den wohl am weitesten fortgeschrittenen Fall der „Gesetzesanwendung durch eine Maschine“[154]. Es soll daher die Gelegenheit genutzt werden, die Möglichkeit der Programmierung von Gesetzen an Beispielen aus dem Steuerrecht zu untersuchen und damit den

149 Auch das Magnetband ist als „Buch“ anzusehen.

150 Vgl. Walther 1962, S. 57 ff.

151 Vgl. Walther 1966, S. 13. Zum in Berlin unternommenen Bundesversuch zur integrierten Steuerfestsetzung und -erhebung s. von Berg 1968, S. 49 f.

152 Vgl. dazu allgemein Güntsch, 1964; Dworatschek 1969, S. 297 ff.; ferner i.Zshg. mit juristischen Problemen Jackson 1964, S. 61 ff.; Fiedler 1964, S. 40 ff. und 1966, S. 693; von Berg 1968, S. 23 ff. In Übereinstimmung mit Fiedler wird der Begriff hier so weit aufgefaßt, daß er alle notwendigen Schritte von der Analyse des Problems bis zur Codierung in die Maschinensprache umfaßt.

153 Voss 1960 a, S. 700; Schuff 1962, S. 390 weist darauf hin, daß die Programmierung eines nur wenige Zeilen umfassenden Gesetzestextes mehrere tausend Maschinenbefehle umfassen kann.

154 Klug 1966, S. 157 stellt zum maschinell erstellten Steuerbescheid fest: „Rechtssystematisch ist das der Fall einer Gesetzesanwendung durch eine Maschine“.

wichtigen Bereich der Programmierung, dem eingangs in Abschnitt A nur einige grundsätzliche Bemerkungen gewidmet wurden, ausführlicher zu behandeln.

Die Programmierung ist die Vorbedingung für den Vollzug des Gesetzes durch die elektronische Datenverarbeitungsanlage. Bei ihr muß ein formales Arbeitsverfahren entworfen werden, welches für jeden Rechtsfall das Ergebnis herbeiführt, welches das Gesetz für ihn fordert. Man kann das Programm also als die Beschreibung (und Anweisung) jenes Prozesses der Datenverarbeitung bezeichnen, der von den Ausgangsdaten eines Rechtsfalles zur gesetzlichen Folge führt. Dieser Prozeß kann nur in einer Weise geschehen, die den logisch-arithmetischen Grundfähigkeiten der elektronischen Datenverarbeitungsanlage und den Möglichkeiten ihrer Ein- und Ausgabe angepaßt ist[155].

Das größte Problem im Bereich der Rechtsanwendung liegt nur darin, daß das Gesetz „ja durchaus nicht nur präzise logisch-arithmetische Begriffe enthält“[156] und daß es dennoch in solche „präzise Begriffe“ zerlegt werden muß. Angesichts der Vielzahl unklarer Begriffe in den Gesetzen und angesichts der vielen Fälle, in denen erst ein Abwägen und Ausbalancieren aller Umstände im Rahmen einer Gesamtwürdigung ein Urteil, d.h. eine Entscheidung ermöglichen, möchte man dazu neigen, dieses Problem für unlösbar zu halten. In der Tat bestehen hier theoretische Grenzen, die jedenfalls mit den heutigen Mitteln nicht zu überschreiten sind. In der Praxis zeichnen sich jedoch verschiedene Lösungsmöglichkeiten ab.

Zunächst einmal konnte die Tatsache ausgenutzt werden, daß sehr häufig die gesetzlichen Tatbestandsmerkmale als die bestimmenden Faktoren quantitativ und die Beziehungen zwischen ihnen formal darstellbar sind. Es hat sich gezeigt, „wie stark manche Gesetze durch formal-präzise faßbare Relationen bestimmt sind und wie groß der Anteil der ‚logischen Routine‘ in den entsprechenden Bereichen der juristischen Arbeit ist[157].“

Sodann zeichnet sich eine Methode ab, die sich nicht darauf beschränkt, das Vorhandensein quantitativer Faktoren auszunützen, sondern die solche Faktoren da, wo sie nicht vorhanden sind, zu schaffen bemüht ist. Sie tut dies, indem sie im Bereich allgemeiner, unpräziser Rechtsbegriffe typische Fallgruppen erfaßt, diese eingruppiert und dann nurmehr die jeweiligen

155 Von Berg 1968, S. 23 f. hebt hervor, die zu automatisierende Aufgabe müsse schematisierbar sein; dies sei sie, wenn sie sich a) als Verarbeitung bestimmter Eingabedaten bzw. Datenkombinationen darstellen lasse, und wenn b) diesen Eingabedaten durch ein Entscheidungsverfahren die gewünschten Ausgabedaten zugeordnet werden könnten, wobei c) die einzelnen Schritte des Entscheidungsverfahrens logische Vergleichsoperationen oder arithmetische Operationen sein müßten.

156 Fiedler 1964, S. 45

157 Fiedler aaO.

Oberbegriffe als quantitativ kalkulierbare Faktoren verwendet[158]. Solche Zusammenfassungen – etwa im Bereich der Generalklauseln – sind übrigens nicht neu; jede Kommentierung des § 242 BGB bietet ein anschauliches Beispiel dafür. Ebensowenig ist der Gedanke des Zurückgreifens auf solche Oberbegriffe neu, wobei diese Erscheinung umso deutlicher zu beobachten ist, je stärker der Anfall gleichartiger Fälle ist und je mehr Routinearbeit damit entsteht[159]. Neu ist jedoch der Gedanke, diese Übertragung nichtquantitativer Elemente in quantitative Faktoren durch Bildung von einheitlich zu behandelnden Fallgruppen zur Programmierung solcher Normen und damit zu ihrer Anwendung in einem automatisierten Verfahren vorzunehmen[160].

Dieser Gedanke wirft freilich zahlreiche Probleme auf. Es ist zu fragen, inwieweit auf diese Weise überhaupt praktikable Ergebnisse erzielt werden können. Sowohl praktische Untersuchungen[161] als auch theoretische Überlegungen sind anzustellen, um der Antwort auf diese Frage näherzukommen[162]. Des weiteren ist festzuhalten, daß durch eine solche Technik die Grenze zwischen juristischer Subsumtion und bloßer Kalkulation noch nicht überschritten wird[163]. Nach wie vor verbleibt die erstere Aufgabe dem Menschen, wobei lediglich eine Modifikation insoweit erfolgt, als der Mensch die Merkmale seines Falles nunmehr in eine der vorgefertigten Gruppierungen einreihen muß. Ob diese Grenze allerdings deswegen grundsätzlich und unübersteigbar ist, ist eine andere Frage, die hier nicht beantwortet werden

---

158 Diese Faktoren müssen gewissermaßen kleinste Einheiten bilden, mit denen dann wie mit Zahlen operiert wird. Die Maschine versteht ja den Sinn dieser Faktoren nicht, sondern operiert mit ihnen rein formal. Ein bildhafter Vergleich wäre der der Auflösung einer Fotografie in Hell und Dunkel durch einen Raster. Die Druckmaschine erfaßt Grautöne durch Auflösung in Punkte. Der Elektronenrechner erfaßt unpräzise Bilder durch Zerlegung in einzelne Merkmale. Der Mensch macht es ebenso, je mehr er sich von seiner Intuition, seinen Eindrücken löst und je strenger, schulmäßiger er vorgeht.

159 Vgl. das Beispiel bei Simitis 1967, S. 14; ferner Luhmann 1964, S. 1 ff., 1966, S. 71 ff.

160 Von Berg 1968, S. 29 f. stellt auf die Heck'sche Unterscheidung zwischen dem festen Kern und dem unscharfen Begriffshof der unbestimmten Rechtsbegriffe ab und stellt den Gedanken einer auf den Begriffskern beschränkten Teilautomatisierung zur Diskussion, während ansonsten eine Automatisierbarkeit „prinzipiell nicht möglich" sei. Ihm ist zuzugeben, daß ein Verfahren wie das hier geschilderte letztlich auf unüberwindliche Grenzen stößt. Aber es besteht doch die Möglichkeit, daß schon vorher ausreichende Ergebnisse erzielt werden. Auch der Mensch erzielt bei der Lösung juristischer Probleme nicht Gewißheit, sondern nur eine an Gewißheit grenzende Wahrscheinlichkeit.

161 Solche Untersuchungen sind in zwei Richtungen denkbar: Einmal durch Auswertung einer großen Zahl gerichtlicher Entscheidungen, zum anderen durch Forschungen über die Arbeitsweise von Richtern, Verwaltungsbeamten usw. in besonders routinebehafteten Rechtsgebieten.

162 Vgl. dazu näher unten Abschn. D II

163 Vgl. Simitis 1967, S. 13 f.; von Berg 1968, S. 29 f.

kann. Im Bereich der quantitativen Faktoren jedenfalls deutet der Gedanke an eine datenverarbeitende Maschine, die imstande ist, diese Faktoren selbsttätig – zunächst etwa durch Messen oder Zählen – zu bestimmen[164], darauf hin, daß diese Frage zu verneinen sein wird.

Bedenken gegen die geschilderte Technik ergeben sich aus der Gefahr einer Vernachlässigung der gebotenen individuellen Fallbehandlung[165]. Solche Bedenken sind wohl nicht allein mit dem Hinweis auszuräumen, dem Betroffenen müsse die Möglichkeit gegeben sein, gegen die automatisierte Entscheidung vorzugehen[166]. Diese Möglichkeit ist in jedem Fall durch Rechtsmittel gegeben und durch Art. 19 IV GG garantiert. Vielmehr erscheint angesichts des Verzichts auf die ausbalancierende Gesamtwürdigung des Einzelfalles, wie er im automatisierten Verfahren notwendig liegt, bereits die Zulässigkeit eines solchen Verfahrens fraglich. Denn hier hat der Mensch, der ein Gesetz anwendet, nicht mehr den ganzen Fall in der Hand, sondern nur noch die einzelnen Tatbestandsmerkmale. Ihr Vorliegen muß er prüfen, ohne den Zusammenhang zwischen ihnen herstellen zu dürfen. Im übrigen ist es in der Perspektive auch nicht ausgeschlossen, daß auch im Rechtsmittelverfahren einmal automatisierte Methoden angewendet werden[167]. Freilich werden solche Bedenken erst akut werden, wenn auf die geschilderte Weise konkrete Nutzanwendungen vorgenommen werden, was bisher nicht der Fall ist, und wahrscheinlich wird sich dann zeigen, daß hier nur ein Unbehagen besteht, das einer rationalen Nachprüfung nicht standhält.

Praktisch geworden ist bislang fast ausschließlich die Ausnutzung der bereits im Gesetz enthaltenen quantitativen Faktoren. Solche Faktoren sind insbesondere Zahlen; die Steuerverwaltung bietet dafür ein anschauliches Beispiel. Der Sachbearbeiter trifft dort die erforderlichen anfänglichen Feststellungen, welche zugleich eine Subsumtion unter die Tatbestandsmerkmale des Gesetzes enthalten, indem er beispielsweise bestimmte Unkosten als „Werbungskosten" anerkennt und damit eine unklare – unpräzise – Gegebenheit „präzisiert". Damit kann das Ergebnis in die Maschine eingeführt werden.

Der Standort des menschlichen Entscheidungsprozesses liegt also vor dem maschinellen Teil, indem der Mensch erst den Fall „wertet", ehe er die Resultate, die keinen Spielraum mehr lassen, zur Abwicklung an die Maschine gibt. Er kann aber auch dem Maschinenprozeß zwischengeschaltet sein oder ihm nachfolgen[168].

---

164 Ein Beispiel bietet der Computer, der Verkehrsampeln aufgrund von automatisch durchgeführten Messungen steuert.

165 Vgl. Fiedler 1962, S. 154; Bull 1954, S. 85; Simitis 1967, S. 18; Wieacker 1969, S. 387

166 So Simitis aaO.

167 Vgl. Abschn. D II

Im folgenden soll nunmehr auf das Verfahren zur Aufstellung des Programms näher eingegangen werden. Es vollzieht sich in mehreren Stufen. Ausgehend von einer sachbezogenen – das heißt hier: juristischen – Betrachtung der auszuführenden Operationen wird schrittweise eine Annäherung an die Besonderheiten der Maschinensprache vorgenommen, in welcher das Programm schließlich in Form einer Folge logisch gekoppelter Befehle fixiert werden muß.

Der erste und schwierigste Schritt besteht darin, das Problem – d.h. die zu lösende juristische Aufgabe – zu analysieren. Dabei geht man von den einzelnen Merkmalen des gesetzlichen Tatbestandes sowie der jeweiligen Rechtsfolge aus. Die logischen Beziehungen zwischen all diesen Faktoren müssen geklärt werden. Der Umfang dieser Aufgabe wird deutlich, wenn man sich klarmacht, daß die jeweilige gesetzliche Regelung einschließlich aller zugehörigen Verweisungen oftmals eine Vielzahl von Fallgestaltungen betrifft, die alle nun analysiert werden müssen. Dabei bedeutet Analyse soviel wie eine Klärung der logischen Beziehungen zwischen diesen Faktoren und ihre Abbildung in einem mathematischen Modell.

Dieses Modell bedient sich der Mittel der Booleschen Algebra (UND, ODER, ABER NICHT) und entspricht den JA-NEIN-Fähigkeiten der Computer. Es sieht Entscheidungen vor (WENN–DANN), deren Ergebnisse Ausgangspunkte neuer Operationen sind, bis das gewünschte Endergebnis erzielt ist[169].

Das Gesagte soll an einem einfachen Beispiel verdeutlicht werden. Wenn eine Norm mit den Tatbestandsmerkmalen A und B[170] und der Rechtsfolge X gegeben ist, so bedeutet dies, daß bei Vorliegen von sowohl A als auch B die Rechtsfolge X eintritt. Das läßt sich durch eine Konjunktion ausdrücken:

A UND B = X.

Nun kann aber eine Variante vorliegen, wonach statt A das Merkmal C ausreichen würde. Dies wird durch Disjunktion ausgedrückt:

(A ODER C) UND B = X

Eine andere Variante ist gegeben, wenn das Vorliegen des weiteren Merkmales D die Rechtsfolge X ausschließen würde, auch wenn A bzw. C und B gegeben sind. Das Mittel, dies auszudrücken, ist eine Negation:

[(A ODER C) UND B] ABER NICHT D = X

---

168 Allgemein gilt freilich der Grundsatz, daß die Maschinenarbeit möglichst nicht unterbrochen werden soll.

169 Vgl. von Berg 1968, S. 32 ff.; Dworatschek 1969, S. 297 ff.

170 Bei der folgenden Darstellung wird davon ausgegangen, daß die Tatbestandsmerkmale quantitativ faßbar sind. Dies ist insbesondere der Fall, wenn nur mit Zahlen zu operieren ist. Vgl. etwa das Beispiel bei von Berg 1968, S. 24 f.

Auf diese Weise muß eine logische Klärung der gesetzlichen Regelungen erfolgen. Diese Klärung reicht jedoch allein noch nicht aus. Vielmehr muß – und dies ist der nächste Schritt – eine entsprechende Arbeitsanweisung entwickelt werden, um zu bewirken, daß bei Vorliegen der konkreten Tatbestandsmerkmale A_1, B_1, C_1 usw. auch wirklich die Rechtsfolge X ermittelt wird. Darin liegt gerade die Besonderheit des „Programms“[171]. Auf der Grundlage der Analyse, wonach bei Vorliegen von A und B die Rechtsfolge X eintritt, gibt das Programm entsprechende Befehle. Es sagt also:

1. Prüfe, welche Folge das Vorliegen von A und B hat (Entscheidung)!
2. Halte das Ergebnis fest (um es weiter zu verwerten, beispielsweise: Drucke es aus (Operation)![172].

Damit wird deutlich, daß die Maschine zwei durchaus verschiedene Tätigkeiten durchführt: Sie führt „Operationen“ aus, und sie trifft „Entscheidungen“. Eine Operation ist in dem Beispiel die Suche nach der Rechtsfolge A und B; eine Entscheidung ist der Befehl, das Ergebnis festzuhalten. Anweisungen zu Operationen werden durch Befehle wie „Suche“, „Lies“, „Vergleiche“, „Addiere“, „Rechne“ gegeben. Für Entscheidungen dagegen wird die Formel „Wenn–dann“ verwendet; „wenn“ die Voraussetzung a gegeben ist, „dann“ führe die Operation b aus. Entscheidungen und Operationen lösen einander in funktionellem Wechselspiel ab.

Ein wichtiges Hilfsmittel auf dem Wege zum Maschinenprogramm ist das sogenannte Flußdiagramm[173]. Es handelt sich dabei um eine graphische Aufzeichnung des Arbeitsverfahrens der Maschine. Operationen werden dabei durch rechteckige Blöcke, Entscheidungen durch runde oder rhombische Blöcke gekennzeichnet. Verbindende Linienzüge geben die Ablaufrichtungen und gegenseitigen Abhängigkeiten der Operationen wieder. Ein solches

---

171 Es ist ja gerade das Wesen der kybernetischen Maschine, daß sie nicht nur – wie eine herkömmliche Rechenmaschine – bloße Operationen ausführt, sondern sich selbst regelt, indem sie die Ergebnisse von Operationen zur Grundlage von Entscheidungen macht, welche zu neuen Operationen führen.

172 Entsprechend der jeweils zu lösenden Aufgabe kann das Programm auch anders aussehen. Wenn die Aufgabe nicht dahin lautet, festzustellen, welche Rechtsfolge aus einem bestimmten Tatbestand erwächst, sondern umgekehrt, welche Voraussetzungen für eine bestimmte Rechtsfolge nötig sind, sieht die Arbeitsanweisung so aus:
1. Prüfe, welche Voraussetzungen für die Rechtsfolge X erforderlich sind.
2. Drucke das Ergebnis aus.

173 Auf andere Hilfsmittel – wie das sog. Blockdiagramm (eine Zeichnung, welche den Informationsfluß zwischen allen Organisationsabschnitten – manuellen wie maschinellen Tätigkeitsbereichen beschreibt und einen Überblick über das Gesamtsystem gibt) – soll hier nicht eingegangen werden. Es ist hier nur eine Darlegung der wichtigsten Prinzipien beabsichtigt.

Flußdiagramm ist in der folgenden Abbildung wiedergegeben[174]. Sein besonderer Vorzug liegt in seiner Anschaulichkeit. Daneben hat es den Vorzug, unabhängig von den Eigenheiten einer bestimmten Maschinensprache zu sein. Es kann deshalb, wenn es einmal erstellt ist, von verschiedenen Behörden benutzt werden, auch wenn diese verschiedene Maschinentypen für dieselbe Aufgabe verwenden. Diesen Nutzen hat man gerade in der Finanzverwaltung gezogen[175].

Die Übertragung in eine maschinenverständliche Sprache ist schließlich der letzte Schritt. Als Hilfsmittel hierzu benutzt man speziell entwickelte Programmiersprachen, die sich durch ein eigenes, stark vereinfachtes Vokabular, eine vereinfachte Syntax und eine einfache Grammatik auszeichnen. Sie brauchen lediglich die wenigen elementaren Beziehungen auszudrücken, die für das Arbeitsverfahren der Maschine von Bedeutung sind. Häufig in englisch gehalten, beschränken sie sich auf so einfache Anweisungen zu Operationen wie „read", „begin", „end" und zu Entscheidungen wie „if . . . then" und „else" und verwenden im übrigen mathematische Zeichen. Ein Beispiel für eine Festlegung in der besonders anschaulichen Programmiersprache ALGOL findet sich im Folgenden[176].

Die weitere Umsetzung in die eigentliche Maschinensprache – d.h. in ein binär verschlüsseltes, im Speicher aufzunehmendes System – erfolgt dann in einem automatisierten Verfahren. Der Text des in der Programmiersprache niedergelegten Programms wird einfach auf Lochkarten o.ä. übertragen und dann von der Maschine selbst übersetzt[177].

Das Gesagte soll noch einmal kurz zusammengefaßt werden:

1. Zunächst werden die Tatbestandsmerkmale in quantitativ faßbare Faktoren zerlegt.
2. Sodann werden die Beziehungen zwischen diesen Faktoren logisch geklärt.
3. Daran anschließend wird ein formales Arbeitsverfahren entwickelt, welches Operationen und Entscheidungen umfaßt.

---

174 Vgl. auch das bei Maas 1960, S. 39 ff. wiedergegebene Flußdiagramm für die Ermittlung der Freibeträge nach § 32 EStG; Dworatschek 1969, S. 106; ferner Chapin 1963, S. 97 ff., Wettstein 1964, S. 85 ff., Fiedler 1966, S. 693 f. Für 1964 berichtet Fiedler 1964, S. 47 von der Fertigstellung ausführlicher Flußdiagramme für die Einkommensteuer, den Lohnsteuerjahresausgleich, die Umsatzsteuer und die Gewerbesteuer. Teilstücke des Diagramms für die Umsatzsteuer sind wiedergegeben bei Klug 1966, S. 166 f.

175 Vgl. Fiedler 1966 aaO. Zum Unterschied zwischen maschinenorientierten und problemorientierten Programmiersprachen vgl. Dworatschek 1969, S. 300 ff.

176 ALGOL entstand aus Algorithmic Language. Eine andere viel gebräuchliche Programmiersprache wird FORTRAN (aus Formula Translation) genannt. Vgl. näher Dworatschek 1969, S. 308 ff.

177 Man spricht hier von „compiling".

4. Schließlich erfolgt eine Formulierung der entsprechenden Arbeitsanweisung und die Übertragung dieser Formulierung in die Maschine.

An einem einfachen Beispiel soll dies verdeutlicht werden. Angenommen, ein Steuergesetz trifft folgende Regelung:[178]

Um das Einkommen X zu ermitteln, werden vom Einkommen X_1 5 v.H. der Einnahmen A, höchstens aber 1200 DM, abgesetzt, wenn die Einkünfte A_1 die übrigen Einkünfte E übersteigen.

Tatbestandsmerkmale (Einnahmen A, Einkünfte A_1, Einkünfte E und Einkommen X_1) und Rechtsfolge (5 v.H. von A, höchstens 1200 DM von X_1 absetzen bzw. nicht absetzen) sind Zahlen, also quantitativ faßbar. Der erste Schritt bereitet also keine Schwierigkeiten[179]. Die anschließenden Schritte sind in der folgenden Übersicht dargestellt:

Der Sachbearbeiter braucht also im Rahmen der Prüfung dieser Norm lediglich zu ermitteln, wie hoch die Einnahmen A, die Einkünfte A_1, die Einkünfte E und das Einkommen X_1 sind[180] und diese Daten in die Maschine einzugeben, welche dann selbsttätig die Entscheidung trifft, ob die Voraussetzungen der Norm gegeben sind und welche bejahendenfalls die erforderlichen Operationen vornimmt, um zu entscheiden, welcher Freibetrag zu gewähren ist[181].

178 Vgl. § 18 Abs. 4 EStG. Das Beispiel wurde in Anlehnung an Voss 1960 a, S. 699 ff. und 1961, S. 125 ff. gebildet.

179 Wäre dagegen ein unpräzises Tatbestandsmerkmal vorhanden – beispielsweise der Zusatz: „... sofern dies angemessen erscheint", müßte erst eine Präzisierung etwa nach folgendem Schema vorgenommen werden: „Angemessenheit" liegt in solchen Fällen vor – das haben theoretische und praktische Untersuchungen ergeben – wenn die Merkmale 1 UND 2 UND 3 ODER 4 ABER NICHT 5 vorliegen. Dieser Gedanke müßte dann in entsprechender Weise wie oben dargestellt im Programm modelliert werden. Es würde sich dann letztlich lediglich die Zahl der Eingabedaten vergrößern. Da die „Merkmale" immer objektiv bestimmbar sind (die Intuition und das Empfinden des Sachbearbeiters sind ja nur Gradmesser zur Bestimmung der objektiven Gegebenheiten), muß eine weitgehende Präzisierung möglich sein, wobei eine Auswertung der vorhandenen Entscheidungen wertvolle Anhaltspunkte liefern kann.

180 Da das geschilderte Programmstück nur ein Ausschnitt aus dem umfassenden Programm ist, werden in der Praxis freilich einzelne Werte – z.B. X_1 – aufgrund anderer Eingabedaten vom Computer ermittelt.

181 Dabei zeigt § 18 Abs. 4 EStG, dem das Beispiel nachgebildet ist, eine Unklarheit, die bereits auf der Ebene der Programmierung zu klären ist. Die Vorschrift sagt nicht, wovon der Freibetrag von 5% abzusetzen ist. Prompt besteht über diese Frage Streit, vgl. die Nachweise bei Herrmann-Heuer, Kommentar zur Einkommensteuer und Körperschaftsteuer, 13. Aufl., Köln-Marienburg, § 18 Anm. 34b. Im automatisierten Verfahren muß dieser Streit aber auf der abstrakten Stufe der Programmierung entschieden werden, d.h. es muß geklärt werden, was x_1 ist, und der Sachbearbeiter hat dann auf der konkreten Stufe des einzelnen Falles keine Möglichkeit mehr, eine abweichende Meinung durchzusetzen. Hier wird deutlich, daß die Programmierung auch mit der Gesetzgebung Berührungspunkte hat; auf diesen Punkt wird unten noch eingegangen.

Befehle im Klartext

1. Beginne die Rechnung; Benenne Speicherplätze mit X_1, A, A_1, E, X, F;
2. Hole die Daten X_1, A, A_1, E in die Speicher
3. Prüfe, ob A_1 größer als E ist. Wenn ja, fahre fort bei Befehl 5.
4. Setze F = 0, fahre fort bei Befehl 7. (d.h. gehe zur Marke „BED“);
5. Rechne 0.05 *A und setze das Ergebnis in Speicher F.
6. Prüfe, ob F kleiner oder gleich 1200 ist. Wenn nein, setze F = 1200.
7. Rechne X_1–F und setze das Ergebnis in Speicher X;
8. Drucke den Wert von X;
9. Beende die Rechnung.

Flußdiagramm

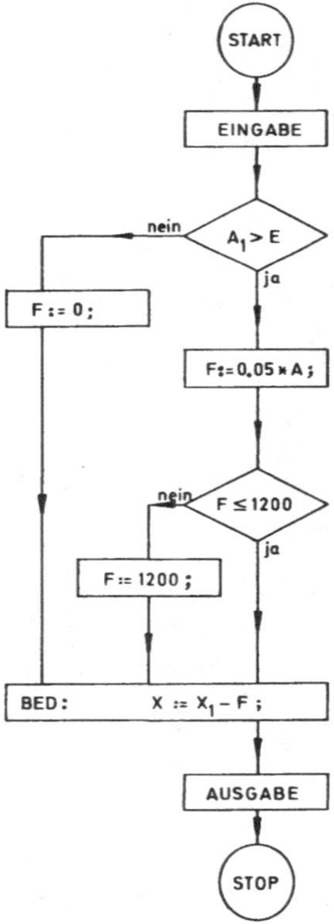

ALGOL-Programm

```
'BEGIN'
   'REAL' X1, A, A1, E, X, F;

   READ (X1, A, A1, E);

'IF' A1 'NOT GREATER' E 'THEN'
   'BEGIN'
      F:=0; GOTO BED
   'END';

   F:= 0.05 * A;

'IF' F 'GREATER' 1200 'THEN'
   F:= 1200;

   BED:
   X:= X1–F;

   PRINT (X);

   'END';
```

Übersicht

Als mittelbare Wirkung der Programmierung von Gesetzen ergibt sich die Aufdeckung von Widersprüchen, die der Gesetzgeber übersehen hat und die Entlarvung von Ungenauigkeiten, Mehrdeutigkeiten und Unentscheidbarkeiten. Beispiele haben sich bei der Programmierung von § 1243 RVO und § 46 EStG ergeben[182]. Der Zwang, daß die Normen „logisch geklärt" sein müssen, um sie in eine für die Verarbeitung im Elektronenrechner geeignete Symbolik übersetzen zu können, führt so zu einer Steigerung der Exaktheit der rechtlichen Regelung. Es erweist sich, daß die Übersetzung in die Symbolik nicht nur die Form, sondern auch die Substanz betrifft. Das bezieht sich einmal auf vorhandene Gesetze, kann aber auch für künftige legislative Maßnahmen aktuell werden. Als Idealfall bezeichnet es hier Klug, wenn „einem Steuer- oder Sozialversicherungsgesetz bereits vom Gesetzgeber in seinen maschinell anzuwendenden Teilen die Form eines Blockdiagrammes zu geben" wäre[183].

Ihrer Schwierigkeit und Bedeutung entspricht der Aufwand der Programmierung. Eine einzige Aufgabe kann eine Gruppe von mehreren Personen für Jahre beschäftigen[184]. Eine zusätzliche Schwierigkeit ergibt sich daraus, daß die Technik bisher auf die Verträglichkeit (Kompatibilität) der einzelnen Computergenerationen und Systeme wenig Rücksicht genommen hat. Die meisten Programme waren bisher systemorientiert, d.h. sie bedienten sich einer bestimmten Maschinensprache, die für andere Fabrikate nicht brauchbar war. Erst seit kurzem wendet man mehr und mehr Programmiersprachen an, die nicht auf ein bestimmtes System zugeschnitten sind[185], doch hat sich immer noch keine einheitliche Programmiersprache durchgesetzt, die bei einem Systemwechsel eine Neuprogrammierung ersparen würde[186].

---

182 Vgl. Klug 1966, S. 169

183 aaO. Vgl. auch von Berg 1968, S. 39: „Eine solche Gesetzgebung wäre der Idealfall der Automationsgerechtigkeit".

184 Zu den daraus für die Verwaltung resultierenden Problemen s.o. Abschn. B I. Vom Programmierer wird die Kenntnis des Sachgebiets sowie der jeweiligen Maschinensprache und eine „gewisse Begabung" verlangt. Bei seiner Tätigkeit ist es wichtig, daß nicht nur programmiert, sondern daß auch rationell programmiert wird. Dieser Faktor fällt auch bei den hohen Arbeitsgeschwindigkeiten der Maschinen ins Gewicht. Auf die Rolle dieser „Optimalisierung der Programme" weist Roemheld 1964, S. 613 hin. An den fertigen Programmen wird ständig gearbeitet, um Zeit oder manuelle Arbeit weiter einzusparen (sog. Programmpflege). Zu erwähnen ist noch, daß Programme in einem gewissen Ausmaß urheberrechtsschutzfähig sind, vgl. Köhler 1968; ferner Möhring 1967, S. 269 ff.; Axster 1967, S. 606 ff.; Skaupy 1967, S. 945 ff.; Köhler 1969, S. 1114 sowie Kargl 1969, S. 159 ff., letzterer mit umfangreichen Nachweisen zur deutschen und amerikanischen Literatur. Die im Zusammenhang hiermit stehenden patentrechtlichen Probleme bilden das Thema einer Dissertation, die gegenwärtig von Kolle an der Universität München (Professor Dr. Ulmer) fertiggestellt wird.

185 Die bekanntesten Beispiele sind COBOL und PL/1

186 Vgl. Müller-Lutz 1970, S. 15

2. Rentenversicherungen

a) Vorbemerkungen

Das Rentenversicherungswesen bietet sich wegen der großen Zahl quantitativer Faktoren, die nach weitgehend festgelegten Regeln „verarbeitet" werden müssen, für die Verwendung elektronischer Datenverarbeitungsanlagen ebenfalls in besonderem Maße an. Daneben spielt das quantitative und qualitative Anwachsen der Arbeit eine maßgebliche Rolle[187]; die zu erledigenden Aufgaben werden immer komplizierter „als Folge einer Verfeinerung des Rentenrechts, das der Befriedigung immer differenzierter werdender sozialer Bedürfnisse dienen soll. Die menschlichen Fähigkeiten, die erforderlich sind, diese immer verwickelter werdenden Regelungen anzuwenden, nehmen jedoch nicht im gleichen Maße zu, so daß die Steigerung der Anforderungen sich im Laufe der Zeit in einer geringer werdenden Zahl der dafür noch zur Verfügung stehenden Bearbeiter oder auf die Qualität der Arbeit unausweichlich auswirken muß[188].

Im Zusammenhang hiermit stehen die Mängel der bisherigen Organisation. So wies Wanders[189] auf die Nachteile der Versicherungskarte hin, die längst nicht mehr alle für den Leistungsfall bedeutsamen Auskünfte erteilte. Die Überlegungen zur Einführung elektronischer Datenverarbeitungsanlagen gingen so Hand in Hand mit denen zur Reform der Rentenorganisation (und des Rentenrechts) im allgemeinen[190].

Für die Einführung der Datenverarbeitung war weiter der Wunsch maßgeblich, handfeste Unterlagen für die Unternehmensführung wie auch die Regierung und Gesetzgebung zu erlangen[191].

Mit den bisherigen Methoden war es in nicht ausreichendem Maße möglich, die erforderlichen Informationen beispielsweise für den jährlichen Sozialbericht der Bundesregierung zu erhalten. Und wenn Informationen vorlagen, war wiederum eine schnelle Auswertung der vorhandenen Daten nicht möglich. Bemerkenswert ist schließlich, daß man das „dringende Bedürfnis" empfand, zum ersten Mal in der Geschichte der größten deutschen sozialen Massenversicherung einen regelmäßigen Kontakt zu den Versicherten herzustellen[192]. Dabei dachte man vor allem an die regelmäßige Übersendung eines Kontoauszuges, welcher dem Versicherten Auskunft über den jeweiligen

---

187 Vgl. die Angaben bei Wanders 1964, S. 2236 ff. und Liebing 1964, S. 74 ff.

188 Liebing aaO., S. 79

189 1963, S. 125

190 Vgl. dazu die ausführlichen Vorschläge von v. Altrock 1962, S. 170 ff. und die Kritik von Wanders 1963, S. 138

191 Vgl. Post 1967, S. 5 ff.

192 Vgl. Wanders 1964, S. 2239; ferner Pappai, Winkler 1969, S. 132

Stand seiner Leistungen und Ansprüche geben sollte. Das große Interesse an dieser Verbesserung belegen verschiedene diesbezügliche Anfragen im Deutschen Bundestag[193]. In ihren Antworten bekundete die Bundesregierung ihr Interesse an dieser Frage und die Bereitschaft, notfalls mit gesetzgeberischen Vorschlägen an den Bundestag heranzutreten.

All diese Wünsche sollten durch die Einführung der elektronischen Datenverarbeitung erfüllt werden. Freilich galt es dabei, eine Vielzahl von Gesichtspunkten zu beachten, auf die Post[194] hingewiesen hat, indem er betonte, der Einsatz der Maschinen müsse so erfolgen, daß er versichertengerecht[195], verwaltungsgerecht[196] und maschinengerecht[197] sei. Auch müsse die Grenze zwischen der Lösung der rechtlichen, mathematischen, medizinischen, soziologischen, volkswirtschaftlichen und sonstigen Sachfragen und der automatischen Datenverarbeitung klar gezogen sein. Nicht übersehen werden dürfe schließlich die Aufgabe der Publizität der mit der automatischen Datenverarbeitung verbundenen Probleme, weil eine breite Aufklärung der Sache dienlich sei.

b) Die Entwicklung

Bereits im Jahre 1950 wurden vereinzelt Lochkartenanlagen eingesetzt[198]. Die erste elektronische Datenverarbeitungsanlage wurde im Frühjahr 1956 bei der Bundesanstalt für Angestelltenversicherung in Berlin in Betrieb genommen[199]. Eine Veröffentlichung von Hensen mit dem Titel „Verfahrens- und verwaltungstechnische Folgerungen aus der Rentenreform"[200] führte dann dazu, daß den Möglichkeiten der automatischen Datenverarbeitung verstärkt

193 Vgl. Anfrage des Abgeordneten Schneider vom 18.1.1961, Verhandlungen des deutschen Bundestages, 3. Wahlperiode, Stenograf. Berichte, Bd. 47, S. 7861; Anfrage des Abgeordneten Baier vom 24.3.1966, Verhandlungen des deutschen Bundestages, 5. Wahlperiode, Stenografische Berichte, S. 1509. Von Berg 1968, S. 18 weist darauf hin, daß ein Arbeiter im Laufe seines Lebens ca. 60.000.– DM an Beiträgen leistet; der bisher fehlende Kundendienst der Rentenversicherungsträger sei daher „höchst unbefriedigend".

194 1967, S. 5 ff.

195 Damit ist insbesondere gemeint, daß nicht für die Versicherten unverständliche Bescheide von den Maschinen produziert werden.

196 Diese Forderung betrifft den stufenweisen Einbau der Elektronenrechner in die Verwaltung; er dürfe nicht bei der Rentenberechnung beginnen, sondern müsse schon vorher einsetzen.

197 Damit sind Forderungen an Verwaltung und Gesetzgebung gestellt, an letztere vor allem die Forderung nach automationsgerechten Gesetzen (s. dazu unten Abschn. C). Post beklagt die Verkomplizierung durch das Rentenversicherungsänderungsgesetz; „die Gesetzgebung setzte sogar in die Datenverarbeitungsgeräte ihre letzte Hoffnung zur Bewältigung des Gesetzes . . ." (S. 7).

198 Vgl. Fiedler 1966, S. 691

199 Vgl. Schmidt-Giese 1962, S. 147; Gudohr 1968, S. 6 ff.

200 1958, S. 602 ff.

Beachtung geschenkt wurde und eine integrierte[201] Datenverarbeitung angestrebt wurde. Das Ziel wurde nun nicht mehr nur darin gesehen, die Rentenberechnung zu automatisieren, sondern die gesamten Arbeitsvorgänge vom Eintritt in die Rentenversicherung bis zur Auszahlung der letzten Rente und bis zur Erstellung der statistischen Unterlagen für die finanzielle und gesetzgeberische Gestaltung der Rentenversicherung im weitestmöglichen Umfang automatisch zu vollziehen.

Einen wichtigen Schritt auf diesem Wege stellt die 1964 durch Verwaltungsvorschrift[202] eingeführte Versicherungsnummer dar. Bedeutsame Erkenntnisse wurden schließlich in einer Reihe von Versuchen gewonnen, die in verschiedenen Landesversicherungsanstalten durchgeführt wurden[203]. Der Verband Deutscher Rentenversicherungsträger hat im Jahre 1966 eine Programmiergruppe eingesetzt, die Anfang 1970 ihre Tätigkeit mit der Fertigstellung aller erforderlichen Programme abschloß. Damit haben die Träger der gesetzlichen Rentenversicherung den „bedeutsamsten Schritt in die integrierte elektronische Datenverarbeitung" gemacht[204]. Besonders weit ist die Entwicklung schon bei der Bundesversicherungsanstalt für Angestellte vorangeschritten. Dort werden die Daten über 40 Bildschirmgeräte im On-line-Verfahren in zwei Siemens 4004 Anlagen eingegeben. Die Rentenbescheide werden maschinell erstellt und mit einer auf den Einzelfall abgestellten Begründung versehen, wobei alle Rechtsfragen maschinell entschieden werden. Täglich werden rund 1500 Bescheide erledigt, für die ohne Computer 500 zusätzliche Sachbearbeiter erforderlich wären[205].

---

201 Der Ausdruck „integrieren" wird im Zusammenhang mit Datenverarbeitungsanlagen häufig unterschiedlich verwendet. Roemheld (1964, S. 562, Anm. 2) schließt sich der Definition des Großen Brockhaus an, wonach integrieren „Einfügen in ein übergeordnetes Ganzes" bedeutet. So gesehen, ist damit lediglich das Problem der Einordnung datenverarbeitender Maschinen in die Verwaltung umrissen. Demgegenüber bezeichnet Behrens (1967) ein Datenverarbeitungs-System als voll integriert, „wenn ein automatisch geregelter Informations- und Verarbeitungskreislauf vorliegt, ein Kreislauf, der der Unternehmung die Steuerung der Betriebsfunktion erlaubt auf Grund einer exakten Planung, einer jederzeit greifbaren, genauen Information und durch die Bereitstellung exakter Entscheidungsunterlagen". Dies bedinge im organisatorischen Bereich insbes. Datenintegration, d.h. zentrale Datenspeicherung, um den direkten Zugriff in jedem Fall zu ermöglichen, und Kommunikationsintegration, d.h. die Gewährleistung der unmittelbaren, jederzeitigen Auskunft für alle beteiligten Stellen. Dies geht über den Wortsinn hinaus, aber das angestrebte Ziel ist damit deutlich umrissen: Es geht nicht nur um das Einfügen, sondern um das richtige und zweckmäßige Einfügen der Datenverarbeitung in das Unternehmen.

202 Vgl. Bundesanzeiger Nr. 37 vom 22.2.1964, S. 2; Bundesanzeiger Nr. 45, 1965.

203 Vgl. von Berg 1968, S. 36

204 Vgl. den Bericht in „Deutsche Versicherungszeitschrift" 1970, S. 93

205 Vgl. Gudohr 1968, S. 7; Podlech 1969, S. 160. Die Zahl der Anfechtungen ist bemerkenswerterweise seit Einführung dieses Verfahrens erheblich zurückgegangen. Vgl. ferner Fiedler 1966 a, S. 691; Post 1967, S. 5

c) *Das Verfahren*

Zunächst war es lediglich die Berechnung der Renten, die dem automatisierten Verfahren zugeführt wurde. Diese Arbeit konnte aber erst erfolgen, nachdem in oft mühevoller Arbeit die erforderlichen Daten aus den Versicherungskarten ermittelt und in die Maschine eingegeben waren. Sie umfaßte also nur einen Bruchteil des gesamten Feststellungsverfahrens. Liebing[206] hat diese Methode treffend mit der Produktion einer Ware verglichen, deren Teile jedesmal erst beschafft werden müssen, statt auf Lager zu sein. Daher war man alsbald bestrebt, die Versicherungsverläufe ständig aufzuarbeiten, statt diese Arbeit erst am Schluß bei der Rentenfestsetzung durchzuführen. Dadurch entsteht ein einem Bankkonto vergleichbares, auf Magnetband geführtes Versicherungskonto. Bei Bedarf kann dann jederzeit die automatische Verarbeitung zum Leistungsbescheid erfolgen. Demgemäß entwirft Wanders[207] das Zukunftsbild einer nach Arbeitsvorgängen statt – wie bisher – nach Sachgebieten[208] gegliederten Verwaltung, welche in eine Versicherungs- und eine Leistungsabteilung zu gliedern sei; die erstere übernehme die Speicherung und die letztere die Auswertung der Daten. „Der technische Arbeitsablauf wird ... der Organisation ihren Stempel aufdrücken“.

Von besonderer Bedeutung ist dabei die schon erwähnte Versicherungsnummer[209]. Sie wird den Versicherten zugeteilt und soll das Anrufzeichen für den Elektronenrechner sein, als Ordnungsmerkmal für Karten- und Kontenarchive dienen, Geschäfts- und Rentenzeichen sein und die Zusammenführung von Versicherungsunterlagen aus verschiedenen Versicherungszweigen erleichtern. Sie wurde als alphanumerische Nummer ausgestaltet, welche die für jeden Menschen spezifischen Daten wie Geburtstag und Name als Elemente der Kennzeichnung verwendet und daher eine optische Kontrolle ermöglicht. Inzwischen sind schon 3–4 Millionen Nummern vergeben worden, und man denkt daran, demnächst – gedacht ist an den 1.1.1971 – in einer Einmal-Aktion den Rest der Versicherten zu numerieren[210].

Gelegentlich werden gegen die „Numerierung“ der Versicherten Bedenken geäußert[211]. Solche Bedenken bestehen auch in anderen Ländern, in denen derartige „Numerierungen“ schon länger üblich sind[212]. So kennt Großbri-

206 1964, S. 80

207 1964, S. 2241

208 Versicherungswesen, Gesundheitswesen und Rentenwesen.

209 Vgl. dazu Kübler 1964, 1965; Pappai 1964; Wanders 1964; Pappai, Winkler 1969, S. 133 u.d. Schriftenreihe „Automatische Datenverarbeitung in der gesetzl. Rentenversicherung, hrsg. v. Verband Dtschr.RentVersTräger, Frankfurt, Main, Teil I, Versicherungsnummer, 1961.

210 Vgl. von Berg 1968, S. 34 f.; Winkler 1969, S. 8 f. und den Bericht in „Die Ortskrankenkasse“ 1969, S. 329

tannien eine nationale Versicherungsnummer[213] und in den Vereinigten Staaten werden mehr als 125 Millionen Versicherte der gesetzlichen Alters- und Hinterbliebenenversicherung[214] nach dem Russel-Soundex-Code „numeriert“[215].

Das Verfahren bei der Rentenversicherung findet nun in folgender Weise statt: Die Versicherungskarten werden mit den Versicherungsnummern versehen. Dies geschieht durch die Versicherungsträger selbst, um manuelle Übertragungsfehler durch die Ausgabestellen zu verhindern[216]. Nach Eingang der Karten beim Versicherungsträger werden sie inhaltlich überprüft, gegebenenfalls berichtigt, und es werden dann die erforderlichen Daten über geeignete Eingabegeräte auf Magnetband übertragen.

Aus den für die Arbeiter-, Angestellten- und Knappschaftsversicherungen geltenden Gesetzen und Verordnungen ergeben sich die in das maschinell geführte Magnetband aufzunehmenden Daten. Der Verband Deutscher Rentenversicherungsträger hat jede dieser Vorschriften daraufhin überprüft, welche Daten hierfür in Frage kommen. Das Ergebnis findet sich in einem nach den gesetzlichen Fundstellen geordneten Datennachweis[217]. Dabei sind

---

211 Darauf weist Liebing 1964, S. 81 hin und betont, daß die Bezeichnung Versicherungsnummer und nicht Versichertennummer gewählt wurde. Nach Post 1967, S. 5 müßte es genauer „Versichertenkontennummer“ heißen.

212 Sie richten sich weniger gegen den psychologischen Effekt der Numerierung als vielmehr gegen die dem Staat damit eröffneten Möglichkeiten, den Bürger zu kontrollieren und zu überwachen. Insbesondere die Entwicklung in den Vereinigten Staaten hat gezeigt, daß eine zentrale Speicherung unter einer einheitlichen Nummer leicht zu verfassungsrechtlich bedenklichen Mißbräuchen führen kann, vgl. Kamlah 1969 und zu den negativen Erfahrungen mit der Datensammlung auf privater Ebene Simitis 1969, S. 290. Die Erkenntnisse dieser Gefahren hat das Land Hessen zur Einsetzung des schon erwähnten Datenschutzbeauftragten veranlaßt. Andererseits weist von Berg 1968, S. 45 darauf hin, daß eine überregionale Zusammenarbeit etwa auf dem Gebiet des Einwohnerwesens ohne die Einführung eines bundeseinheitlichen Personenkennzeichens nicht möglich ist. Sie ist mittlerweile in Form einer 12stelligen Zahl für das Jahr 1973 vorgesehen; vgl. dazu die Reaktion in „Die Zeit“ vom 17.4.1970, S. 49, ferner Schmidt-Schmiedebach 1969 passim.

213 Dort ist im „Ministry of Pensions and National Insurance“ eine der größten elektronischen Datenverarbeitungsanlagen Europas eingesetzt. Sie bearbeitet die Konten von rund 26 000 000 Versicherungsnehmern; das sind fast alle erwachsenen Arbeitnehmer Großbritanniens. Vgl. Gaudion 1963, S. 218 ff.

214 Das ist die größte Versicherungseinrichtung der Welt. Heute wird diese Nummer auch von anderen Behörden verwendet. So können die Steuerakten unter dieser Nummer gefunden werden, und die Polizei benutzt die Nummer, um die Nachteile der in den USA fehlenden polizeilichen Meldepflicht aufzuheben, vgl. Kamlah 1969, S. 38.

215 Vgl. Hensen, 1958, S. 598.

216 Auch hier führt die Automatisierung zur Zentralisation.

217 Schriftenreihe „Automatische Datenverarbeitung in der gesetzlichen Rentenversicherung“ – „Daten aus dem Versicherungsrecht, Beitragsrecht, Leistungsrecht“, Frankfurt, Main, 1964.

Daten von allgemeiner Bedeutung, wie z.B. die Beträge der allgemeinen Bemessungsgrundlage oder die Ankaufswerte der Beitragsmarken nicht mit aufgenommen worden, weil sie nicht auf den Einzelkonten zu speichern, sondern in der Regel laufend im Speicher der Anlage vorhanden sind.

Diese Tätigkeit wurde inzwischen abgeschlossen[218]. Sie mußte besonders sorgfältig ausgeführt werden, weil auch künftig denkbare gesetzliche Regelungen in Betracht gezogen werden mußten, die u.U. die Berücksichtigung von bislang nicht erforderlichen Daten notwendig machen können[219].

Die Verarbeitung der Daten geschieht dann gemäß der Programmierung und führt so zum gewünschten Ergebnis. Die Programmierung wurde zunächst von den verschiedenen Versicherungsträgern getrennt vorgenommen; inzwischen haben sich die Besitzer gleicher Anlagen zu Programmiergemeinschaften zusammengeschlossen[220].

Das Verfahren kann noch an verschiedenen Stellen verbessert werden. So wirkt sich vor allem die menschliche Zwischenstufe bei der Aufbereitung[221] der Daten nachteilig aus, weil hier eine erhebliche Arbeitsbelastung entsteht und Fehlermöglichkeiten gegeben sind. Die Verwaltungsvorschrift trug dem Rechnung, indem sie zunächst im Bereich der Landesversicherungsanstalt Rheinprovinz die Einführung einer maschinell lesbaren Versicherungsnummer und zugleich eine maschinengerechte Abwandlung der Versicherungskarte vorsah[222]. Inzwischen sind in das 3. Rentenversicherungs-Änderungsgesetz (Rentenfinanzierungsgesetz) Vorschriften über die einheitliche Datenverarbeitung und über die Vergabe von Versicherungsnummern aufgenommen worden. Für die Zukunft denkt man daran, einen unmittelbaren Datenaustausch mit den – ja ihrerseits weitgehend Computer benützenden – Arbeitgebern einzurichten[223].

Als schwierige Aufgabe erwies sich die Erarbeitung des angestrebten Kontoauszuges, der eine offene Renten-Buchführung ermöglichen und damit den Versicherten erstmals schon vor dem Versorgungsfall Auskunft über ihre Versorgungsansprüche geben soll[224]. Nach umfangreichen Vorarbeiten[225]

218 Post 1967, S. 5

219 Vgl. Schmidt-Giese 1962, S. 149

220 Vgl. Fiedler 1966 a, S. 691

221 D.h. Prüfung, Verschlüsselung und Lochung.

222 Vgl. im einzelnen Wanders 1964, S. 2242 ff. Jährlich wandern rund 10 Millionen Karten – ungelesen! – in die Archive. Vgl. Pappai, Wanders 1969, S. 133 und zur neuesten Entwicklung den Bericht in „Süddeutsche Zeitung" vom 28.7.1970, S. 15.

223 Vgl. im einzelnen den Bericht in „Die Ortskrankenkasse" 1969, S. 329; ferner Pappai, Wanders 1969, S. 135 ff.

224 Das komplizierte System von Ausfall-, Ersatz- und Zurechnungszeiten, allgemeiner und persönlicher Bemessungsgrundlage, Beitragsjahren und Steigerungssätzen ist

gelang es jedoch, auch hier eine Lösung zu finden, und im April 1970 konnte der Bundesarbeitsminister erstmals einigen Versicherten der Bundesknappschaft ihre Kontoauszüge übergeben[226].

d) Beurteilung der Entwicklung

Wanders[227] weist darauf hin, daß die Hauptschwierigkeiten der Rentenbearbeitung nach dem bisherigen System in der zutreffenden Anrechnung der Versicherungs- und Ausfallzeiten liegen. Vom Sachbearbeiter werde ein erhebliches Fachwissen verlangt; er müsse nicht nur längst überholte Rechtsvorschriften kennen, sondern auch mit früheren Sitten und Gebräuchen vertraut sein und die vielen durch die beiden Weltkriege bedingten Sonderheiten beachten. Wenn nun eine Entwicklung einsetze, welche es ihm erspare, über die Anrechenbarkeit der Versicherungs- und Ausfallzeiten entscheiden zu müssen, sei der Weg frei „zu einer persönlicheren und menschlicheren Beurteilung des Leistungsfalles". Dies werde zum Wohle der Versicherten dazu führen, daß sich der Blick weg von der fehlerfreien Ausführung von Routinevorgängen hin zum Menschen und einer individuellen Behandlung seines Falles richte.

Es mag paradox klingen, daß der Einsatz von Computern die Arbeit vermenschliche, doch überzeugen diese Gedanken. Es ist auch sicher kein Zufall, daß gerade die sich durch den Einsatz von Elektronenrechnern abzeichnenden Möglichkeiten zur Betonung des Wunsches nach einem besseren Verhältnis zu den „Verwalteten" geführt haben.

3. Andere Bereiche der öffentlichen Verwaltung

Den vielseitigen Aufgaben, welche die verschiedenartigen Träger der öffentlichen Verwaltung erfüllen, entsprechen die vielfältigen möglichen und auch schon praktizierten Nutzanwendungen datenverarbeitender Maschinen. Die in den vorangegangenen Abschnitten beschriebenen Bemühungen im Steuer- und Rentenwesen ragen dabei hervor, weil das Ausmaß des hierbei quantitativ Erreichten schon sehr erheblich ist und weil es sich hier um hervorragende

---

vom einfachen Versicherten nicht zu verstehen. Das hat zur Entstehung des Berufes des Rentenberaters geführt, vgl. Wanders 1964, S. 2242; Hensen 1958, S. 598. Trotzdem ist es kein Geheimnis, daß immer wieder fehlberechnete – oft zu niedrige – Renten ausbezahlt werden.

225 Vgl. dazu Wulff 1966, S. 204 ff., 234 ff. u. 267 ff.; Post 1967, S. 5; Wanders 1964, S. 2242; Grühn 1963; Figge 1962; Hensen 1959; Wulff 1963.

226 Vgl. den Bericht in „Der Spiegel" 1970, Nr. 17, S. 115

227 1964, S. 2241

Beispiele für gesetzesvollziehende Verwaltungsentscheidungen mit Hilfe kybernetischer Systeme handelt.
Aber auch anderswo ergeben sich viele Anwendungsmöglichkeiten. Ein vollständiges Bild der Entwicklung – insbesondere auch im Bereich der Länder und Kommunen – kann hier nicht gezeichnet werden. Es sollen jedoch noch einige besonders markante Fälle herausgegriffen werden[228].

a) Ortskrankenkassen

Bereits in den dreißiger Jahren wurden hier vereinzelt Lochkartenanlagen verwendet, jedoch nur für statistische Aufgaben und für die Kontrolle von Barleistungen. Nach dem Kriege kamen Bestrebungen in Gang, solche Anlagen auch auf dem Beitragssektor einzusetzen. Hier konnten jedoch nur Teilbereiche erfaßt werden. Weitgehende „manuelle"[229] Eingriffe blieben daneben erforderlich. Elektronische Datenverarbeitungsanlagen werden bislang nur von einem verhältnismäßig geringen Teil der Ortskrankenkassen verwendet[230].

Das besondere Problem der Ortskrankenkassen liegt in ihrer Zahl – es gibt über 400 Kassen – und den unterschiedlichen Größenordnungen. Eine eigene Anlage lohnt sich naturgemäß nur bei Kassen ab einer bestimmten Mindestgröße; ansonsten verbleibt nur die Möglichkeit des Lohnarbeitsbetriebes oder die des Zusammenschlusses zu Arbeitsgemeinschaften. Raddatz[231] lehnt die erstere Möglichkeit ab, weil es „soviel absolut gleichliegende Arbeitsgänge bei den Krankenkassen" gibt, daß der Betrieb einer Gemeinschaftsanlage immer „lohnend und auf jeden Fall wirtschaftlicher ist". Die Bemühungen führen also auch hier zur Zentralisation[232]. Wenn gegen Zusammenschlüsse zum Betrieb eines Elektronenrechners vorgebracht wird, die Eigenständigkeit der jeweiligen Kasse werde dadurch beeinträchtigt, so dürfte dieses Argument nicht durchschlagen. Freilich ist erforderlich, daß eine weitgehende Koordinierung der organisatorischen Gegebenheiten erfolgt, aber „die Verwaltung bleibt allein zuständig für ihre bisherigen Bereiche. Sie erhält lediglich ihre

---

228 Vgl. auch den Überblick über die wichtigsten Anwendungsfälle bei Fiedler 1966 a.

229 Der Begriff „manuell" hat sich im Deutschen wie im Englischen ("manual") für den Gegensatz zur sich selbstregelnden maschinellen Tätigkeit eingebürgert „eine eigentümliche Verkehrung der Begriffe", Simitis 1966, S. 20, Anm. 14.

230 Von 23 Kassen mit rund 30% der Mitglieder, vgl. Kohlscheen 1969, S. 296; vgl. zur Entwicklung auch Kalteis 1964, S. 49.

231 1964, S. 394

232 Für Zusammenschlüsse auch Fiedler 1966 a, S. 691. Vgl. auch den Bericht in „Die Ortskrankenkasse" 1969, S. 679 f. Interessant ist in diesem Zusammenhang das von Ruegenberg 1969, S. 566 ff. geschilderte „Inselmodell". Zum Einsatz von Kleincomputern bei Ortskrankenkassen vgl. Eden/Kohlscheen 1969 und die Stellungnahme dazu von Frei in DOK 1969, S. 221.

Unterlagen verwendungsfähig erstellt durch eine zentral aufbereitende Stelle"[233].

Mit Elektronenrechnern ist es erstmals möglich, sowohl auf dem Leistungssektor als auch auf dem Beitragssektor im größeren Umfang zu automatisieren. Weitere Möglichkeiten ergeben sich aus einer verbesserten Statistik. Die bisherigen Erfahrungen sind gut, und es werden vielfältige Überlegungen zur Frage der Ausweitung des Einsatzes der Elektronenrechner angestellt[234]. Die Kassen stehen den sich ergebenden Möglichkeiten interessiert und aufgeschlossen gegenüber. Das Thema „Automation" wurde auf dem Deutschen Krankenkassentag 1964 behandelt[235] und der Bundesverband der Ortskrankenkassen hat einen Fachausschuß „Elektronische Datenverarbeitung" gegründet.

Unter den Gründen, die zur Automatisierung geführt haben, ist jener besonders bemerkenswert, der sich aus der Verzahnung mit anderen Verwaltungen und anderen beteiligten Stellen ergibt. Raddatz[236] weist auf die Notwendigkeit einer Zusammenarbeit mit den verschiedenen Vertragspartnern hin, von deren Arbeits- und Abrechnungsweise „Zwang" ausgehen könne, wenn die Krankenkassen nicht selbst an der Entwicklung teilhätten. Dieser Zwang könne zu Ergebnissen führen, „die unerwünscht oderunbequem sind". In diesem Zusammenhang ist bemerkenswert, daß im Mai 1967 in München eine zentrale Datenverarbeitungsanlage in Betrieb genommen wurde, welche für rund 1000 Apotheken aus Bayern die Abrechnung mit den Krankenkassen durchführt. Das Verfahren, das fünf Jahre lang vorbereitet wurde, ist so rationalisiert, daß „das Rezeptformular des Arztes praktisch zum Scheck für den Apotheker wird". In einheitlicher Form enthält es bereits die Codenummer des Arztes. Der Apotheker setzt den Rechnungsbetrag ein und übersendet die Formulare an eine zentrale Codierstelle, wo die notwendigen Angaben in Magnetschrift aufgezeichnet werden. Damit entfällt die Herstellung besonderer Eingabemittel für den Elektronenrechner wie Lochkarten oder Lochbänder. Die Maschine kann dann in der Stunde über 4500 Apothekerrechnungen an die Krankenkassen ausstellen[237].

Im Beitragswesen bieten die Beitragsberechnung und die Beitragsbuchung einen „idealen Ansatzpunkt" für die elektronische Datenverarbeitung. „Die

---

233 Raddatz 1964, S. 394. Vgl. auch die Widerlegung des Arguments, die Unterlagen wären bei zentraler Datenverarbeitung nicht bei der Hand, durch Raddatz aaO. Vgl. ferner Kohlscheen 1969, S. 296 f.

234 Vgl. Fiedler 1966 a, S. 691

235 S. Bericht über den Deutschen Krankenkassentag 1964 mit den Beiträgen von Fiedler (1965, S. 35 ff.), Raddatz (1965, S. 56 ff.), Kalteis (1965, S. 49 ff.) und Noetzel (1965, S. 62 ff.).

236 1964, S. 336

237 Vgl. „Süddeutsche Zeitung" vom 23. Mai 1967

Masse der dabei wiederkehrenden Arbeiten drängt förmlich nach einem Einsatz moderner Büromaschinen[238]. Aber auch im Mahn- und Beitreibungswesen ist eine Automatisierung möglich.

Die der Kasse zugehenden Meldungen werden über Lochkarten in die Maschine eingegeben, und die Maschine nimmt dann alle notwendigen Berechnungen vor. Die Buchungen erscheinen ohne Schlüssel im Klartext, und die Rechnungen enthalten die Beträge aufgegliedert im Gegensatz zu den früheren Gesamtbeitragssummen. Das ist ein „psychologisch wertvoller Faktor"[239], der es den Arbeitgebern ermöglicht zu erkennen, wie sich die Sozialversicherungsbeiträge tatsächlich zusammensetzen.

Der gesamte Vorgang der Berechnung des Beitragssolls, Erstellung der Rechnung und Aufdruck der Adresse vollzieht sich beispielsweise bei der Ortskrankenkasse München in zwei Tagen[240].

Die Kontrolle der eingehenden Zahlungen erfolgt durch sofortige Ablochung und Abstimmung mit der Hauptkasse. So ist – im Gegensatz zu früher – eine laufende Überprüfung möglich. An einem bestimmten Stichtag werden alle Arbeitgeberkonten maschinell überprüft. Wo sich ein Fehlbetrag erweist, werden Mahnungen ausgeschrieben, wobei die Maschine Mahngebühr und gesetzlichen Säumniszuschlag berücksichtigt. Die Prüfung wird nach einer bestimmten Zeit wiederholt und sich ergebende Ausstände werden festgehalten. Die Feststellung im Ausstandsverzeichnis kann nach dem Adrema-Anschriftendruck für vollstreckbar erklärt werden. So wird auf dem kürzesten Wege das Beitreibungsverfahren eingeleitet.

Kalteis[241] stellt ein Maximum an erreichbarer Sicherheit und Schnelligkeit fest. Er sieht die besonderen Vorteile des Verfahrens darin, daß ein günstigerer Personaleinsatz ermöglicht werde, eine klarere Übersicht geschaffen werde, termingerechtere Rechnungen und Mahnungen erstellt würden und eine vielfache Auswertung der vorhandenen Daten möglich sei.

Im Leistungswesen werden in besonderem Maße statistische Aussagen bedeutsam, die mit diesen Maschinen erstmals erstellt werden können. Raddatz beklagt zwei Mängel, deren Abstellung er sich vom Einsatz der Elektronenrechner erwartet. Einmal erscheine es unbefriedigend, daß die Ortskrankenkasssen „bei den großen und teuren Sachleistungen anonym leisten müssen". Zum anderen hätten die Ergebnisse der ungeheuer komplizierten Verwaltungsarbeit „zu wenig Aussagewert für unser Tun und Handeln". Das Leistungswesen sei seiner Wirksamkeit und Bedeutung nach so

---

238 Kalteis 1965, S. 49

239 Kalteis aaO.

240 Für 35 000 Arbeitgeber.

241 aaO., S. 52

vielschichtig, daß an eine Steuerung nach einfachen verwaltungsmäßigen Grundsätzen nicht mehr zu denken sei. „Hier könnte die elektronische Datenverarbeitung mit ihren Möglichkeiten ... echte Lösungen der vielen Probleme bei der Leistungsgewährung anbieten“[242].

Gerade der zweite Gesichtspunkt ist von besonderer Bedeutung. Den Krankenkassen kommt es darauf an, das zu geben, was nötig ist, nicht mehr und nicht weniger. Bei der bisherigen Methode ist es aber nicht möglich, die vielen sich auf den einzelnen Versicherten und seine Angehörigen beziehenden Daten[243] in der wünschenswerten Weise zu sammeln, auf ihn zu beziehen, zu koordinieren und danach zu handeln. Das verbietet neben der Schwerfälligkeit manueller Methoden die Vielzahl der damit befaßten Stellen in der Verwaltung[244]. Die Folge ist, daß es nur schwer möglich ist, brauchbare Aussagen über das Verhalten der Versicherten und der Vertragspartner zu machen. Die Ursachen von Schwankungen im Krankenstand und Leistungsumfang der Vertragspartner können nicht ausreichend klar erkannt werden. Ebenso kann das Verhalten einzelner Versicherter nicht mit genügender Deutlichkeit beurteilt werden, um die Frage nach der jeweils angemessenen Leistung zu beantworten. Es liegt auf der Hand, welche Unsterstützungen Computer hierbei gewähren können. Sie können beispielsweise Daten über einen bestimmten Versicherten liefern, die dazu führen, daß dieser vor einer Leistungsgewährung zum Vertrauensarzt geschickt wird.

Natürlich kann die Maschine nicht die Frage beantworten, ob eine Leistung und welche Leistung zu gewähren ist. Aber sie kann diese Entscheidung durch die Bereitstellung von Informationen erleichtern. Sie kann ferner, wenn die Entscheidung einmal grundsätzlich gefallen ist, die Aufgabe übernehmen, sie im konkreten Fall herbeizuführen. Dies kann beispielsweise dadurch geschehen, daß die Gebührenordnungen der Ärzte und Zahnärzte in das Programm mit einbezogen werden und die Berechnung und Überweisung nach Erfassung der Grunddaten automatisch erfolgt, wobei die entsprechenden statistischen Daten mit abfallen.

---

242 Raddatz 1965, S. 56. Vgl. auch Raddatz 1969, S. 43 ff. In technischer Hinsicht denkt man daran, an den Schaltern der Kassen sogenannte Terminals aufzustellen, welche dem Schalterbeamten einen sofortigen und unmittelbaren Zugriff zu den gespeicherten Daten erlauben. Vgl. die verschiedenen Konzepte, die Kohlscheen 1969, S. 298 schildert.

243 Vgl. die eindrucksvollen Zahlen bei Raddatz aaO. So wird das 9–12fache des Mitgliederbestandes an jährlichen Arzneirezepten behandelt, das 10–15fache an Krankengeldtagen, das 6–7fache an Behandlungsfällen und das 3–5fache an Krankenhaustagen.

244 Bei der Genehmigung einer Leistung erfolgt die Prüfung der Rechnung, die Bezahlung, die Registrierung, die statistische Erfassung und die eventuelle Geltendmachung von Ersatzansprüchen durch jeweils verschiedene Stellen, Raddatz aaO.

Raddatz[245] erhebt in diesem Zusammenhang die Forderung, die Datenerfassung – etwa durch Lochkarten – möglichst an den Anfang des Geschehens zu stellen und schlägt die Verwendung von Lochkartenkrankenscheinen, Lochkartenrezepten u.ä.m. vor. Durch die Verringerung der manuellen Arbeit ergäbe sich dann mehr Zeit für qualifizierte Arbeit, „also für die eigentliche Betreuung des hilfesuchenden Menschen". Die Einführung der Datenverarbeitung in einem wichtigen Bereich der öffentlichen Verwaltung führt also auch hier zu der Erkenntnis, daß der Einsatz von Elektronenrechnern Ergebnisse mit sich bringe, die „trotz Massengesellschaft besser auf den einzelnen Patienten und seine Bedürfnisse ausgerichtet sind als das heute möglich ist"[246].

b) *Bundespost und Bundesbahn*

Der Einsatz technischer Mittel in der Verwaltung der Bundespost und der Bundesbahn als zwei besonders „technischen" Behörden hat eine lange Tradition. So wurden beispielsweise bereits im Jahre 1911 bei der Preußisch-Hessischen Staatseisenbahn die ersten Versuche mit Lochkartenmaschinen unternommen[247]. In den zwanziger Jahren wurde das Lochkartenverfahren bei beiden Behörden erfolgreich eingeführt. Der Übergang zur elektronischen Datenverarbeitung setzte im Jahre 1961 ein[248]. Von den vielfältigen Anwendungsmöglichkeiten sei hier nur der Postscheck- und Postsparkassendienst genannt. Die Errechnung der verschiedenen Gebühren für die verschiedenen Leistungen kann als Algorithmus formuliert werden, da hier ausschließlich quantitative Faktoren in Ansatz gebracht werden müssen[249].

c) *Allgemeine innere Verwaltung und Kommunalverwaltung*

Auch hier reichen die Automatisierungsbestrebungen verhältnismäßig weit zurück. So wurden die ersten Lochkartenanlagen bereits in den dreißiger Jahren in Köln und Frankfurt eingesetzt[250], und heute „ist der Einsatz von Elektronenrechnern bereits bei Städten in der Größenklasse von Bielefeld oder Leverkusen anzutreffen[251]. Die Stadt München stellte 1968 eine

245 aaO., S. 58

246 Raddatz aaO., S. 60. Zur Neuordnung der gesetzlichen Krankenversucherung durch integrierte Datenverarbeitung vgl. auch den Bericht von Johann in „Soziale Sicherheit" 1969, S. 297 ff.

247 Vgl. Effmert 1963, S. 571

248 s. die Angaben bei Fiedler 1966 a, S. 690. Vgl. ferner Effmert, aaO. u. 1961; Brandtner 1964; Steinmetz 1959.

249 Es handelt sich um öffentlich-rechtliche Betätigung der Post, s.z.B. RGZ Bd. 161, S. 174

250 Vgl. Bull 1964, S. 38

251 Vgl. Fiedler 1966 a, S. 691

Datenverarbeitungsanlage in Dienst, mit deren Hilfe 25 Arbeitsgänge durchgeführt werden: Lohnabrechnung, Wohngeldberechnung, Erstellung der Wohngeldbescheide, Druck der Wählerkarten, Wählerlisten und der Statistik beim Volksentscheid und Ermittlung der Abstimmungsergebnisse, Ausstellung der Lohnsteuerkarten, Erfassung von Einwohnerdaten für verschiedene Aufgaben (Jungbürger, Schulneulinge, Altersjubilare und Wehrpflichtige), Erstellung der Grundsteuer- und Grundstücksgebührenbescheide, Erstellung der Kontenkarten für die Gewerbesteuer, Auswertung von Verkehrszählungen, Bereitstellung von Angaben über die Einwohner von städtebaulichen Testgebieten, Stanzen von Lochkarten für alle bewohnten Grundstücke im Stadtbereich, Durchrechnen der Netzpläne für verschiedene Bauvorhaben, Durchrechnen des Investitionsprogrammes, Erhebungen im Rahmen der Gebäude- und Wohnungszählung, Datenaustausch mit dem Ausländer-Zentralregister, Druck von Vorladungen und Karteikarten für die Röntgenreihenuntersuchungen, Fahndung nach Straftätern, die Untersuchung des Altersaufbaus und der Fluktuation der Bevölkerung in verschiedenen Stadtbezirken, Ausstellung von Bescheiden im Rahmen der Begabtenförderung, Adressendruck, Polizeistatistiken, Auswertung von Luftmessungen, Berechnung der Weihnachtsgratifikationen der Bediensteten, Berechnung der Beitragsrückerstattung aus der Sozialversicherung und Aufgaben bei der Besoldung. Vorgesehen ist die Errichtung einer Datenbank, von der zunächst die Kraftfahrzeugzulassungsstelle und die Polizei profitieren sollen. Die ersten Erfahrungen sind so ermutigend, daß die Anlage 1969 erheblich erweitert wurde[252].

Aus der Vielzahl der weiteren Nutzanwendungen seien noch einige Fälle herausgegriffen:

aa) Kommunaler Finanzausgleich

In Baden-Württemberg wird seit 1962 der kommunale Finanzausgleich mit elektronischen Datenverarbeitungsanlagen durchgeführt[253]. Damit entfallen weitgehend die monatelangen Berechnungen, die vom statistischen Landesamt und dem Württembergischen Gemeindetag angestellt werden mußten, um den zutreffenden Kopfbetrag für die Berechnung der Bedarfsmeßzahlen u.ä. zu ermitteln. Über die Vorteile für die Gemeinden berichtet im Anschluß an eine Rundfrage eine Mitteilung der KGSt[254]. Die Gemeinden erhalten frühzeitig die für sie maßgeblichen Zahlen mitgeteilt und können die auf sie entfallenden Zuweisungen verhältnismäßig genau veranschlagen. Auch können die Bemessungsgrundlagen kurzfristig – von Zahlungstermin zu Zahlungstermin – geändert werden.

---

252 Vgl. „Süddeutsche Zeitung" vom 24.7.1969, S. 13

253 S.d. Beschreibung durch das bad.-württbg.Finanzministerium in KGStMitt 159, 62; ferner Kübler 1962 und Heckmann 1962.

254 KGStMitt 84, 1963

bb) Haushalts-, Kassen- und Rechnungswesen

Roemheld[255] weist auf die Vorteile hin, die sich ergeben können, wenn es eines Tages gelingen sollte, das gesamte Haushalts-, Kassen- und Rechnungswesen eines Landes oder gar des Bundes auf elektronische Anlagen zu übernehmen. Dies ist gewiß noch Zukunftsmusik. Aber im kommunalen Bereich sind schon gewisse Konkretisierungen zu verzeichnen[256]. So hat die Stadt Augsburg ihr Haushalts-, Kassen- und Rechnungswesen ab 1.1.1963 auf eine elektronische Datenverarbeitungsanlage umgestellt[257]. Bei den früher üblichen verschiedenen Arten von Buchungsmaschinen blieben als manuell zu verrichtende Tätigkeiten die Sachbearbeitung, die Führung der Kassenbücher sowie die getrennte Rechnungslegung übrig. Nunmehr entfallen grundsätzlich manuelle Eingriffe in die Buchführung und Rechnungslegung. Die Wirtschaftlichkeit wird verbessert und eine Sicherheit erreicht, die mit Rechen- oder Buchungsmaschinen nicht zu erzielen ist. Außerdem werden die Rechnungs- und Kassenprüfungen vereinfacht. Dieser Erfolg ermutigt zu der Annahme, daß eines Tages solche Anwendungen auch im größeren Rahmen möglich sein werden, wenngleich freilich die Automatisierung eines Landes- oder des Bundeshaushalts mit Sicherheit einer der ‚schwersten Brocken' für diejenigen, die die Überleitung von Verwaltungsaufgaben auf elektronische Datenverarbeitungsanlagen vorzubereiten haben, werden dürfte"[258].

cc) Errechnung und Zahlbarmachung von Dienstbezügen

Hierbei handelt es sich um eine Aufgabe, die nicht nur in der allgemeinen inneren und Kommunalverwaltung bedeutsam ist. So berichtet Noetzel[259] über die vollmaschinelle Lohn- und Gehaltsabrechnung bei Ortskrankenkassen. Von den hierbei möglichen Vorgängen der Errechnung des Brutto und der des Netto hält er nur den letzteren Vorgang für rationell durch Maschinen durchführbar. Bei der Errechnung von Steuern und Sozialversicherungsbeiträgen, die vom Brutto abzuziehen seien, handle es sich um echte Rechenoperationen, die von einer elektronischen Datenverarbeitungsanlage durchgeführt werden könnten. Die Berechnung des Brutto dagegen erfordere die Berücksichtigung zu vieler Besonderheiten. „Neben den erheblichen Komplikationen eines zu feinnervigen Änderungsdienstes" erfolgten auch „nach aller Erfah-

---

255 1964, S. 570

256 Vgl. MittKGSt 214, 1962; 171, 1963; 196, 1963 und 222, 1963. Zur Automation des Finanzwesens vgl. auch von Berg 1968, S. 103 ff.; dort finden sich Hinweise auf weitere Projekte.

257 MittKGSt 192, 1962. Als besonders vorteilhaft erwies es sich, daß man in Augsburg schon relativ früh ein Personenkennzeichen eingeführt hatte.

258 Roemheld aaO. Das Bundesministerium für wissenschaftliche Forschung hat 1967 ein Förderungsprogramm für die Jahre 1967–1971 aufgestellt, in dessen Rahmen auch ein integriertes System für das Haushalts-, Kassen- und Rechnungswesen des Bundes geschaffen werden soll.

rung gesetzliche und tarifliche Erhöhungen der Bezüge meist nicht linear"; vielmehr seien „fast immer irgendwelche Besonderheiten dabei", die es „letztlich doch nicht ermöglichten, in einem eleganten Schwung eine vollmaschinelle Umrechnung zu schaffen". Maschinell lösbar sei dagegen außer der Berechnung des Netto die Führung der Gehaltskonten, die Fertigung der Gehalts- und Quittungslisten sowie der Monats- und Jahresabschlüsse, die Steuer- und Sozialversicherungsabrechnung sowie gegebenenfalls die Erstellung von Kostenträgerrechnungen. Auch sei der sogenannte permanente Lohnsteuerjahresausgleich möglich, bei der die Maschine statt des zum Jahresende errechneten Lohnsteuerjahresausgleichs bei entsprechender Programmierung immer wieder die bis zum jeweiligen Zeitpunkt bezogenen Teiljahresgehälter versteuere.

Roemheld[260] weist allerdings darauf hin, daß im Rechenzentrum des Niedersächsischen Landesverwaltungsamtes in Hannover – neben vielen anderen Aufgaben – auch die Dienstbezüge für die rund 60 000 aktiven Beamten des Landes Niedersachsen in Brutto und Netto vollmaschinell errechnet und zahlbar gemacht würden. Das Programm ist dabei so ausgestaltet, daß es die sogenannten „inneren" oder „gesetzlichen" Änderungen von selbst berücksichtigt. Ein Beispiel hierfür bietet das Aufsteigen in den Dienstaltersstufen oder die Erhöhung des Kinderzuschlages nach Vollendung des 6. bzw. 14. Lebensjahres des Kindes. Wenn solche Veränderungen eintreten, werden sie von der Datenverarbeitungsanlage berücksichtigt, ohne daß es hierzu einer besonderen Anweisung bedarf. Das gilt auch für solche Veränderungen, die sich aus allgemeinen Änderungen der Besoldungsgesetze ergeben. Anders liegt es dagegen bei den sogenannten „äußeren" oder „nichtgesetzlichen" Änderungen. Beispiele bieten etwa die Eheschließung eines Beamten oder die Geburt eines Kindes. In diesen Fällen geht dem Rechenzentrum eine entsprechende Anweisung zu, die bereits als Lochbeleg ausgestaltet ist, so daß keine besonderen Lochunterlagen mehr gefertigt werden müssen.

Die Tätigkeit der Datenverarbeitungsanlage beginnt mit mehreren Prüfvorgängen, bei denen die Anweisungen auch auf Plausibilität geprüft werden[261]. Sodann erfolgt die Bruttoberechnung. Da die früheren Zahlungen zugrunde gelegten Daten bis zu einem Jahr gespeichert bleiben, sind maschinelle Nachberechnungen und rückwirkende Änderungen hierbei möglich, die dann einen Brutto-Nachzahlungs- bzw. Brutto-Rückzahlungsbetrag ergeben. Sodann erfolgt die Nettoberechnung, wobei Steuern, Rückerstattungen, Nachhe-

259 1965, S. 62 ff.
260 1964, S. 568.
261 Vgl. Roemheld aaO., S. 567 – sog. Kassandra-Programm.

bungen und alle sonstigen Abzüge Beachtung finden. Schließlich werden die Zahlungsunterlagen maschinell gefertigt[262] und sog. Stammblätter geschrieben, welche im Original der Besoldungsstelle als Rechnungsbeleg zugehen, in Durchschrift an den Besoldungsempfänger gehen, der ihnen alle Angaben über Höhe und Zusammensetzung seiner Bezüge entnehmen kann. Gleichzeitig werden die Lohnkonten zur Vorbereitung des Jahresabschlusses auf Magnetband geführt und die Abzüge auf einem eigenen Magnetband erfaßt, welches zur Schreibung der Abzugsliste und der Gläubigerschecks dient. Damit ist der Zahlungsvorgang beendet[263].

d) *Weitere Einzelfälle*

Die Vielfalt der Einsatzmöglichkeiten von Computern in der öffentlichen Verwaltung ist so groß wie die Vielfalt der Tätigkeitsbereiche der Verwaltung selbst. Zur Abrundung des Überblicks seien noch einige weitere Beispiele genannt:

aa) *Verkehrslenkung*

Die automatische Steuerung der Verkehrsampeln durch Computer wurde schon frühzeitig in den USA eingeführt[264] und ist heute auch bei uns an vielen Orten anzutreffen. So wurde beispielsweise am 13.4.1967 in München eine solche Anlage in Betrieb genommen. Sie soll dem Wunschbild einer modernen Denkweise entsprechen, nach der der Verkehr die Ampeln steuert und nicht umgekehrt. Dazu sind an verschiedenen Kreuzungen sog. Detektoren angebracht, Geräte, welche die nötigen Verkehrsinformationen an den Rechner geben. Bislang wird dieses Verfahren nur an bestimmten wichtigen Verkehrsknotenpunkten angewendet; es soll jedoch in seiner Endphase einmal die gesamte Verkehrsstruktur der Stadt München erfassen. Eine angeschlossene wissenschaftliche Rechenanlage analysiert Verkehrsinformationen für die Signalprogramme und liefert statistische Informationen und sogar Informationen zur Tatbestandsaufnahme bei verkehrsrechtlichen Prozessen[265].

bb) *Kriminalistik*

Von auf diesem Gebiet besonders weit fortgeschrittenen Bemühungen in den USA berichtet Wenzky[266]. Dort wurde zunächst die Kriminalstatistik verbessert und „vom Rechenschaftsbericht auf kriminellem Gebiet zum

---

262 Dabei wird erwogen, den beteiligten Banken, die ihrerseits ja auch Elektronenrechner verwenden, statt Schecks gedoppelte Magnetbänder zur Verfügung zu stellen.

263 Zur Anpassung an die Anforderungen der Kassensicherheit s. Roemheld aaO., S. 568. – In einigen Fällen ist man beim manuellen Verfahren geblieben, so bei den Bezügen der Rechtsreferendare, weil dort die Veränderungsquote (z.B. durch Beurlaubungen) so hoch ist, daß der Nutzeffekt des Elektronenrechners entfällt.

264 Vgl. „Die Welt“ vom 22.12.1961

Führungsmittel in der Bekämpfung des Verbrechens" umgewandelt, indem eine Vielzahl von kriminalistisch bedeutsamen Daten erfaßt wurde, die nach beliebigen Kriterien in kürzester Zeit ausgewertet werden kann. Die sich ergebenden Vorteile liegen auf der Hand. Ein weiteres Programm betrifft die Verbrecheridentifizierung. Die Problemstellung einer umfangreichen Suche nach einzeltäterischen Feinheiten „zwingt zu automatisch vorzunehmenden Lösungen"[267]. Zu nennen ist schließlich die Dokumentation von kriminellen Lebensläufen, die Fahndung nach gestohlenen Kraftfahrzeugen und die Fahndung nach gesuchten Personen. Das wohl hier am meisten fortgeschrittene System wurde in den letzten Jahren in Chikago erreicht; dieses sog. „hot desk"-System bewirkte beispielsweise eine Steigerung der in flagranti ergriffenen Autodiebe um 50%[268]. Ähnlich gute Erfahrungen hat die Polizei von Rom mit dem Einsatz eines Computers gemacht. Die Kriminalistik ist ein Gebiet, auf dem der Computereinsatz sehr schnell zu einer deutlichen Verbesserung der Arbeitsergebnisse führen kann, und man bedient sich hier in zunehmendem Maße der neuen Möglichkeiten[269].

cc) Datenbänke

Neben den schon erwähnten Bemühungen um die Einrichtung einer Bundesdatenbank ist der Aufbau zentraler Datenbänke im lokalen Bereich zu nennen. Insbesondere auf dem Gebiet des gemeindlichen Einwohnerwesens wurden hier schon beachtliche Ergebnisse erreicht; sie eröffnen neuartige planerische Möglichkeiten und erlauben damit die Entwicklung erweiterter Aufgabenstellungen[270].

dd) Wohnungszuweisungen

In der CSSR wurde der Versuch unternommen, die Zuweisung von Wohnungen durch einen Computer vornehmen zu lassen. Dieser Versuch ist besonders bemerkenswert, weil hier wohl zum ersten Mal in der öffentlichen Verwaltung ein Schritt in den Bereich des Unpräzisen, wie er durch Generalklauseln und unbestimmte Rechtsbegriffe markiert ist, getan wurde. Ermöglicht werden kann ein solcher Schritt nur durch die Aufgliederung in immer neue Fallgruppen, deren logisches Geflecht den Computereinsatz im unpräzisen Bereich ermöglicht[271].

---

265 Vgl. „Süddeutsche Zeitung" vom 14.4.1967

266 1966, S. 1 ff.

267 Wenzky aaO., S. 3, 6

268 Vgl. die weiteren eindrucksvollen Angaben bei Wenzky aaO.

269 Vgl. etwa noch Ambrosi 1969, S. 669 ff.

270 Vgl. dazu die eingehenden Untersuchungen von von Berg 1968, S. 92 ff. Zu den daraus resultierenden Gefahren für die Privatsphäre der Betroffenen vgl. Kamlah 1969 passim.

271 Vgl. Simitis 1969, S. 287 mit weiteren Nachweisen.

ee) Bauwesen

Die öffentliche Hand ist der bedeutendste Bauherr. Bei der Planung und Überwachung großer, komplexer Bauvorhaben wurden zunehmend Computer eingesetzt, wobei die Ergebnisse der modernen Unternehmensforschung verwertet werden konnten. Ein Beispiel bietet der Umbau des Karlsplatzes (Stachus) in München, dem eine detaillierte Planung der vielen dabei auszuführenden Arbeiten zugrunde liegt. Das Problem liegt hier in der Vielzahl der beteiligten Unternehmen, der Größe des Projekts und den neuartigen technischen Arbeitsverfahren. Es wird die sogenannte Netzplantechnik angewendet, um aufgrund umfangreicher Berechnungen diejenigen Arbeiten besonders zu kennzeichnen, welche unmittelbar aufeinanderfolgend den Abschlußtermin bestimmen[272]. Auf diese Weise wird angestrebt, die Arbeit möglichst zu beschleunigen und den Aufwand gering zu halten[273].

ff) Sprachübersetzung

An der Entwicklung von Verfahren zur automatisierten Sprachübersetzung wird schon seit einer Reihe von Jahren gearbeitet. In Deutschland hat die Bundeswehr für diese Aufgabe einen großen Computer eingesetzt, wobei die Ergebnisse auch interessierten Kreisen in Wirtschaft, Wissenschaft und Forschung zugänglich gemacht werden sollen[274].

Diese Beispiele könnten noch vermehrt werden, und jeder Monat bringt Neues auf diesem Gebiet[275].

Trotzdem gilt nach wie vor die Feststellung von Klug[276] aus dem Jahre 1966, daß die Entwicklung sich immer noch ganz am Anfang befindet. Es fehlt auch nicht an Stimmen, die den Behörden in teilweise spektakulärer Weise vorwerfen, noch in viel zu geringem Maße Computer einzusetzen[277].

---

272 Man spricht hier vom „kritischen Weg".

273 S. näher Wille 1967.

274 Vgl. den Hinweis in „Der Betriebs-Berater" 1967, S. 636.

275 Allein im Monat März 1970 wurde aus Bayern der Einsatz der bisher größten in der Staatsverwaltung eingesetzten Datenverarbeitungsanlage im Landwirtschaftsministerium (unter Verwendung eines Klarschriftlesers) und die Konzipierung eines Gesetzentwurfes über die Bildung eines „Landesamtes für Datenverarbeitung" gemeldet, vgl. „Süddeutsche Zeitung" vom 11.3.1970, S. 23 und vom 5.3.1970, S. 19.

276 1966, S. 157 ff.

277 In der „Welt am Sonntag" erschien beispielsweise am 24.4.1966 unter der Überschrift „Verschlafen die Deutschen das elektronische Zeitalter? – Weil sie keine Computer eingesetzt haben, verplempern die Behörden jährlich Milliarden!" ein Interview mit Professor Ferdinand Martin, dem Leiter des europäischen Rechenzentrums an der Universität Graz. Professor Martin gab an, die deutsche Wirtschaft gebe für elektronische Datenverarbeitungsanlagen jährlich eine Milliarde aus, wogegen sich deutsche Ministerien und Regierungsstellen mit einem jährlichen Etat von 50–60 Millionen Mark begnügten. Dies würde nach vorsichti-

III. Rechtsprobleme

1. Überblick

Die dargestellten beispielhaften Nutzanwendungen lassen erkennen, wie vielfältig die mit dem Einsatz datenverarbeitender Maschinen in der öffentlichen Verwaltung verbundenen Rechtsprobleme sind. Die Automation wirkt zunächst auf das Innenleben der betroffenen Verwaltungsbehörden ein. Sie verändert es und führt zu neuartigen Organisationsstrukturen[278]. Sie reicht aber in ihrer rechtlichen Bedeutung darüber hinaus und wirkt unmittelbar auf die Rechtsstellung der betroffenen Bürger ein. Damit ist der „Verwaltungsakt aus der Maschine" angesprochen, den Zeidler[279] wegen des weitgehenden, selbständigen Arbeitsanteiles der Maschine als „fabriziert" bezeichnet hat. Beispiele bieten die oben beschriebenen Nutzanwendungen im Steuer- und Rentenrecht. Die Vision des „Antragshauses" mit seinen „Befehlsmaschinen" gesellt sich so als öffentlich-rechtliche Komponente zu jener des „Richterautomaten"[280]. Rechtlich konkretisiert sich diese Vision in der Frage, wo die verfassungsrechtlichen Grenzen der Automation in der Verwaltung liegen und ob damit bisher gültige Grundsätze des Verwaltungsrechts (und auch des Zivilrechts) in Frage gestellt werden. Diese Frage ist bereits in einem gewissen Umfange diskutiert worden[281] und Zeidler[282] hat zutreffend ausgeführt, daß es sich dabei nicht um Randfragen des öffentlichen Rechts handle,

---

ger Schätzung den jährlichen Verlust von etwa 12 Milliarden Mark durch unrationelle Methoden und nicht optimal eingesetzte Gelder bedeuten. Professor Martin veranschlagt die Kosten für ein bundeseinheitliches Rechenzentrum für Regierung und Verwaltung wie folgt: 100 Millionen Mark für die Erstellung (die Errichtungszeit würde 5 Jahre betragen); 200 Millionen für die erforderlichen Experten; 1 Milliarde Mark jährlich für den Betrieb. Demgegenüber stünde ein Nutzeffekt von 12 Milliarden DM.

278 Auch hieraus können weitreichende rechtliche Probleme erwachsen, vgl. dazu Zeidler 1959 a, S. 1 ff. So ist es denkbar, daß der von den Maschinen ausgehende Drang zu Zentralisation mit der föderalistischen Struktur der Bundesrepublik kollidiert. Denkbar ist auch, daß die Einrichtung von Datenbänken zu einem Informationsmonopol der Exekutive führt, welches die verfassungsmäßige Rolle der Legislative beeinträchtigt.

279 1959 a, S. 1 ff.

280 Sichtbaren Ausdruck findet diese Vision in Beschwerden und Klagen von Bürgern, welche „von Maschinen verwaltet" werden. Auf die Diskussion um das Personenkennzeichen wurde schon hingewiesen. Roemheld (1964, S. 568) berichtet von einer Beanstandung, in der das Fehlen der Anrede „Herr" moniert wurde. Das Verwaltungsgericht Frankfurt gab einer Klage gegen die Bundespost statt, in der ein Bürger die Schreibung seines Namens in der maschinell erstellten Fernmelderechnung (mit Umlaut oe statt mit ö) beanstandete. Das Gericht urteilte, Art. 1 Abs. 1 GG sei verletzt, der gebiete, die Würde des Menschen vor Beeinträchtigungen durch technische Anlagen zu schützen. Es gebe Maschinen, die zur korrekten Schreibweise imstande seien. Der 4. Senat des hessischen Verwaltungsgerichtshofes hob das Urteil jedoch auf (Aktenzeichen OS IV 49/66). Die Revision beim Bundesverwaltungsgericht wurde zugelassen. Dazu vgl. von Berg 1968, S. 62.

sondern um zentrale Probleme. An der Diskussion sind aber nicht nur die verfassungsrechtlichen, verwaltungsrechtlichen und zivilrechtlichen Probleme interessant, sondern auch die Methode, mit der teilweise eine Bewältigung der neuen Probleme versucht wurde. Hier wird nämlich deutlich, welche Unklarheiten und Schwierigkeiten entstehen, wenn man auf eine genügende Präzisierung der mit dem Einsatz datenverarbeitender Maschinen in der öffentlichen Verwaltung verbundenen Gegebenheiten verzichtet. Denn nur eine solche Präzisierung kann die Frage beantworten, ob mit dem Einsatz dieser Maschinen ein grundsätzlich neues Element gekommen ist, welches mit dem vorhandenen juristischen Instrumentarium nicht mehr oder nicht mehr ausreichend gehandhabt werden kann. Die bloße Beschreibung der „technischen Gegebenheiten" genügt dabei nicht, weil es sich eben nicht um eine rechtlich zu wertende Umweltserscheinung handelt, sondern um ein neues Organisationsprinzip, welches den juristischen Entscheidungsvorgang selbst erfaßt. Es muß daher dieses Organisationsprinzip erst gedanklich modelliert werden, ehe die Frage beantwortet werden kann, ob verfassungsrechtliche Normen entgegenstehen und verwaltungsrechtliche Grundsätze überprüft werden müssen. Es handelt sich dabei nicht um eine Frage der zeitlichen, sondern der logischen Priorität.

Die Besonderheit dieses neuartigen Organisationsprinzips besteht darin, daß in den bisher einheitlichen juristischen Entscheidungsgang die datenverarbeitende Maschine eingeschaltet wird. Es kommt zu einer Arbeitsteilung; an die Stelle des einheitlichen menschlichen Entscheidungsganges tritt das funktionelle Wechselspiel zwischen Mensch und Maschine. Die Maschine führt dabei nicht nur einfache Arbeitsleistungen aus[283], sondern übernimmt auch Entscheidungsfunktionen, wie oben dargelegt wurde.

Im folgenden soll auf dieses funktionelle Wechselspiel näher eingegangen werden. Dabei soll nicht die Lösung einzelner verwaltungs- oder verfassungsrechtlicher Fragen angestrebt werden, sondern es soll lediglich nach Ansatzpunkten für solche Lösungen gefragt werden.

2. Das „Verwaltungsfabrikat"

Bei der Entstehung des Verwaltungsaktes aus der Maschine kann man acht Schritte unterscheiden:

---

281 Die Diskussion wurde von Zeidler 1959 a, eröffnet. Vgl. Maass 1961 a, S. 7 ff.; Müller-Heidelberg 1961, S. 11 ff.; Zeidler 1961, S. 493 f.; Bull 1964; 1965, S. 178 ff.; Luhmann 1966; Jecht 1962, S. 245 ff.; Scholler 1961, S. 259 f.; Reimer Schmidt 1966, S. 20 ff.

282 1961, S. 494

283 Das tun auch Schreib- oder einfache Rechenmaschinen.

1. Die Programmierung
2. Die Codierung des Programms
3. Die Eingabe des Programms
4. Die Feststellung der Eingabewerte
5. Die Codierung der Eingabewerte
6. Die Eingabe der Eingabewerte
7. Die Maschinenarbeit
8. Die Ausgabe des Ergebnisses.

Diese Schritte erfolgen in drei deutlich voneinander abgesetzten Stufen. In der ersten, abstrakten Stufe wird der noch ohne Bezug auf den konkreten Einzelfall gebildete Entscheidungswille erklärt; sie erfaßt die Schritte 1 bis 3. In der zweiten, konkreten Stufe werden die zur Komplettierung des Entscheidungswillens für den konkreten Fall erforderlichen Feststellungen getroffen; sie umfaßt die Schritte 4 bis 6. In der Endstufe (Schritte 7 und 8) schließlich führen die Maschinenoperationen zum gewünschten Ergebnis.

Das menschliche Judizium kann lediglich in den Schritten 1 und 4 zur Wirksamkeit gelangen. Bei den Schritten 2, 3, 5, 6 und 8 handelt es sich um bloße Erklärungsvorgänge, vergleichbar der Tätigkeit der Stenotypistin oder des Übersetzers[284]. Bei Schritt 7 handelt es sich scheinbar um mehr, denn die Maschine führt Operationen durch und trifft Entscheidungen. Aber diese Entscheidungen sind nicht vergleichbar denen des Menschen. Es besteht ein wichtiger Unterschied. Er liegt darin, daß der Mensch immer und unabdingbar die Freiheit zu einer anderen Entscheidung hat, mag die getroffene Entscheidung dann falsch oder richtig sein. Das Verhalten der Maschine dagegen ist vollkommen determiniert[285]. Die Entscheidung der Maschine liegt im Grunde schon fest, ehe sie mit ihren Operationen beginnt. Es ist nicht anders, als wenn die Zahl 8 durch 3 + 5 oder 2 x 4 ausgedrückt wird; hat man sich einmal auf bestimmte Rechenregeln festgelegt (abstrakte Stufe), und gibt man in dieses System bestimmte Werte ein (konkrete Stufe), so liegt damit das Ergebnis schon fest, ehe man noch mit dem Rechnen beginnt.

Daraus ergibt sich, daß die von Zeidler vorgenommene und vielfach akzeptierte Trennung des Verwaltungsaktes in einen rechtlichen und einen maschinellen Teil sinnlos ist. Der maschinelle Teil stellt nur die Erklärung des zuvor vollkommen gebildeten Entscheidungswillens dar, wobei dieser Wille zunächst nicht im Klartext, sondern in Gestalt eines Programms erscheint. Das Problem liegt an anderer Stelle. Es betrifft nicht die angeblich rechtlich

284 Diese Schritte werden auch wahrscheinlich in absehbarer Zeit vollkommen durch Maschinen ausgeführt werden. Der Mensch braucht dann lediglich noch seinen Willen zu bilden und zu artikulieren.

285 Dabei sei nochmals darauf hingewiesen, daß sog. lernende Maschinen und solche, die echte Zufallselemente einbeziehen, hier außer Betracht bleiben.

relevante Tätigkeit der datenverarbeitenden Maschine, sondern die Zerlegung in eine abstrakte Stufe (Programmierung) und eine konkrete Stufe (Datenermittlung). Dies wird häufig nicht beachtet. Zu sehr wird auf die Fähigkeit der Maschinen abgestellt, „logische Entscheidungen" selbsttätig zu fällen; zu wenig wird das durch sie bedingte Organisationsprinzip gesehen. In der veränderten Arbeits- und Entscheidungsorganisation aber liegt das umwälzend Neue, das mit den Computern gekommen ist.

Diese Erkenntnis verlagert den Akzent der juristischen Diskussion. Nicht die Frage nach dem maschinell produzierten „Verwaltungsfabrikant" steht im Vordergrund, sondern die Frage nach der veränderten Verwaltungsorganisation und -technik, nicht die Sphäre des maschinell verwalteten Bürgers, sondern die Sphäre der Behörden interessiert[286]. Hier lohnt es sich, praktische wie theoretische Untersuchungen anzustellen[287]. Einige orientierende Bemerkungen erscheinen dabei schon heute möglich.

So läßt sich feststellen, daß die konkrete Stufe zwar im Prinzip der Subsumtion unter die einzelnen Tatbestandsmerkmale des Gesetzes entspricht, daß aber die abstrakte Stufe der Programmierung keine Entsprechung im herkömmlichen Prozeß der Rechtsanwendung findet. In ihr wird nämlich das Gesetz nicht nur in eine maschinenverständliche Sprache übertragen, sondern zugleich als formale Arbeitsanweisung ausgestaltet. Wegen der völligen Loslösung vom konkreten Fall kann man die Frage stellen, ob damit überhaupt noch die Zuordnung zur Verwaltung gegeben ist, oder ob damit nicht vielmehr systematisch ein Zusammenhang mit der Legislative gegeben ist. In der Tat hat denn Zeidler auch die Frage aufgeworfen, ob die Programmierung nicht Normsetzung sei[288]. Diese Frage stellt sich besonders dann, wenn der Gesetzgeber – wie Klug[289] es gefordert hat – dem Gesetz in

---

286 Das vielfach empfundene Unbehagen der Bürger angesichts der automatischen Verwaltung hat nur zum geringen Teil eine rationale Ursache (Angst vor Fehlern, Mißbrauch und Unterdrückung), zum überwiegenden Teil aber eine emotionale Ursache (das Gefühl, eine „Nummer" zu sein). Hier liegt es dann nahe, mit der Würde des Menschen auch da zu operieren, wo in Wahrheit ein juristisch nicht faßbarer Verlust an menschlichen Kontakten droht. Der Jurist gerät hier leicht in ein ausweglose Fahrwasser, weil auch der „alte" Zustand oftmals alles andere als ideal ist (willkürliche Entscheidungen, überflüssige Behördengänge, lange Wartezeiten, unverständlicher Fragebogen). Die Technik bringt hier Abhilfe. Was verlorengeht, ist das freundliche, mitfühlende Gericht auf der anderen Seite des Schreibtisches. Aber: ist dieses Gericht immer freundlich und mitfühlend? Immerhin bleibt in der Rechtsmittelinstanz der „gnädige, irrende oder gar zürnende Richter als wahrhaftes Zeichen der Menschlichkeit" (Reimer Schmidt 1966, S. 27) erhalten – vorerst.

287 Vgl. dazu den Überblick bei von Berg 1968, S. 61 f.

288 1961, S. 493. Bull aaO., S. 71 verneint dies. Von Berg 1968, S. 39 sieht in den Anweisungen an die Maschine „eine besondere Art von Normen".

289 aaO., S. 170.

seinem maschinell anzuwendenden Teil die Form des Blockdiagramms gibt. Auch wenn man sie verneint, bleibt doch die Frage, ob es im Hinblick auf Art. 20 GG generell zulässig ist, die Exekutive nicht nur inhaltlich, sondern auch hinsichtlich ihrer Arbeitsweise so weit zu binden wie dies beim Einsatz datenverarbeitender Anlagen der Fall ist. Diese Frage wird sich umso drängender stellen, je anspruchsvoller die mit den Maschinen zu bewältigenden Aufgaben werden und je geringer damit der Überblick wird, den der mehr und mehr in die Funktion eines Datenermittlers zurückgedrängte menschliche Sachbearbeiter über den genannten gerade anstehenden Fall noch hat. Man kann daher zumindest von einer Sonderstellung der Programmierung sprechen, die es bei der Lösung anstehender Einzelfragen im Auge zu behalten gilt.

3. Künftige Entwicklungsmöglichkeiten

Oben wurde ein gedankliches Modell des Verwaltungsfabrikates entworfen, indem die verschiedenen bei seiner Entstehung möglichen Phasen untersucht wurden. Dieses Modell erlaubt auch zu erkennen, welche künftigen Entwicklungen vorstellbar erscheinen, d.h. welche Phasen noch grundsätzlich veränderbar sind. Es erlaubt damit zu sagen, wie weit die Ersetzung der menschlichen Funktionen in der Perspektive reicht.

Ohne weiteres wird nämlich deutlich, daß rechtlich relevante Veränderungen nur in jenen Bereichen möglich sind, in denen der Entscheidungswille gebildet wird (Schritt 1 und 4). Veränderungen da, wo der Entscheidungswille erklärt wird (Schritt 2, 3, 5, 6, 8 und in dem dargelegten Sinne auch 7) haben dagegen nur technologische, kaum aber rechtliche Bedeutung[290].

a) Veränderungen bei der Programmierung

Solche Veränderungen erscheinen denkbar, wenn elektronische Datenverarbeitungsanlagen geschaffen werden, die ihr eigenes Programm erstellen. Dieses Problem wird mit einem beträchtlichen Aufwand angegangen. Aber es ist Bull[291] zuzustimmen, wenn er feststellt, daß die Planung beim Menschen verbleibt. Sie wird nur um eine Stufe vorverlegt, nämlich zum Bau des Programmierautomaten. Hier liegt also ein Bereich, der grundsätzlich dem Menschen nicht entziehbar erscheint.

---

290 Zu den künftigen Entwicklungsmöglichkeiten bei der Datenermittlung und der Datenerfassung vgl. etwa von Berg 1968, S. 58 ff.

291 aaO., S.0. Vgl. zu den Programmierautomaten Chapin 1963, S. 24

b) Veränderungen bei der Feststellung der Eingabewerte

Hier können sich Veränderungen ergeben, indem etwa die Eingabewerte dem Maschinenspeicher ohne menschliches Zutun entnommen werden. Solche Gestaltungen werden, wie aufgezeigt, beispielsweise im Besoldungswesen praktisch; die Maschine berücksichtigt innere (gesetzliche) Änderungen von selbst und gewährt etwa nach Ablauf der gesetzlichen Frist den dort vorgesehenen Besoldungsaufschlag.

Es ist aber auch möglich, daß technische Einrichtungen die Eingabewerte selbst – etwa durch Zählen oder Messen – ermitteln. Ein Beispiel bietet der schon erwähnte Einsatz elektronischer Datenverarbeitungsanlagen zur Steuerung des Verkehrsflusses durch Ampeln[292]. Fiedler sieht hierin ein Beispiel für die Ausfüllung von Ermessensentscheidungen durch Maschinen und für die Anwendung i.e.S. kybernetischer Methoden im Recht[293]. Der ersteren Aussage kann allerdings nicht zugestimmt werden. Es liegt zwar ein Bereich vor, in welchem eine Ermessensentscheidung gefällt werden kann, und der Polizeibeamte, der ein Handzeichen gibt, tut dies auch. Er füllt den ihm gegebenen Ermessensspielraum nach seinem sachgebundenen Gutdünken aus. Anders verhält es sich jedoch mit dem Elektronenrechner. Er hat in keinem Fall eine andere Möglichkeit als die, welche ihm durch das (abstrakte) Programm einerseits und die gemessenen (konkreten) Eingabewerte andererseits vorgeschrieben ist. Zur Ausfüllung der Ermessensentscheidung gehört begrifflich der Ermessensspielraum. Die Maschine hat diesen Spielraum nicht, denn sie hat keine echte Wahlmöchlichkeit. Sie wird lediglich in einem Bereich tätig, in dem Ermessensentscheidungen an sich erlaubt sind. Ihr Einsatz setzt aber den Verzicht auf diese Wahlfreiheit voraus, indem vorher abstrakt festgelegt wird, welche Entscheidung bei jeder nur denkbaren Verkehrssituation zu treffen ist – eine Entscheidung, die der Mensch erst in der konkreten Situation trifft. Wenn überhaupt, füllt also der Mensch bei der Programmierung die Ermessensentscheidung aus. Dabei liegt die Frage nahe, ob er dies nicht tut, indem er in Wahrheit auf die Ermessensfreiheit verzichtet – eine Frage, die die oben gestellte Frage nach dem Normcharakter des Programms berührt[294]. Wahrscheinlich wird es in Zukunft den neuen Begriff

292 Vgl. o. II 3 d, aa.

293 1966 a, S. 694

294 Von Berg 1968, S. 28 f. hebt hervor, die Verwaltung sei grundsätzlich in der Lage, sich in der Ausübung des ihr übertragenen Ermessens durch Richtlinien selbst zu binden; wo dies möglich und sinnvoll sei, entspreche es in besonders hohem Maße rechtsstaatlichen Erfordernissen; es sei dabei zu erwägen, ob nicht Art. 3 GG in bestimmten Fällen eine solche Bindung fordere. Von Berg beachtet dabei nicht, daß es einen Unterschied macht, ob eine Bindung durch Richtlinien oder durch die Zuweisung zu einem automatisierten Verfahren entsteht. Im letzteren Falle bewirkt sie zumindest faktisch einen vollständigen Verzicht auf das Ermessen.

des „Programmierermessens" geben; der Gesetzgeber, der nicht imstande ist, alle künftigen Fälle vorherzusehen, wird dem Programmierer erlauben, aufgrund der gemachten Erfahrungen ständig neue Fälle in das Programm aufzunehmen. Der Unterschied gegenüber dem herkömmlichen Ermessen wird darin liegen, daß der Entscheidungsspielraum immer kleiner wird, je mehr Varianten erfaßt sind. Da dies außerhalb des verfassungsmäßigen Normsetzungsverfahrens geschieht, wird man vermutlich besondere Rechtsmittel zur Korrektur von Fehlprogrammierungen schaffen. Die Akzente verlagern sich also. Wo bisher Willkür infolge zu geringer Rechtskenntnis droht, droht künftig Willkür infolge von zu großer Rechtskenntnis, weil nicht nur richtige, sondern auch falsche Entscheidungen herangezogen werden – bis sie förmlich aus dem System entfernt werden.

4. Ansatzpunkte für die juristische Diskussion

Hierfür soll das Gesagte noch einmal thesenartig zusammengefaßt werden:

a) Die Maschinentätigkeit (Endstufe) ist rechtlich irrelevant.
b) Das grundsätzlich Neue liegt in der geänderten Organisation (Zerlegung in eine abstrakte und eine konkrete Stufe).
c) Rechtsfragen können sich nur aus diesem geänderten Organisationsprinzip ergeben.

Da die Maschinentätigkeit nicht in eine Phase rechtlich relevanter Willensbildung fällt, ist es verfehlt, sie zum Ausgangspunkt der juristischen Diskussion zu nehmen. Das wird besonders deutlich bei der von Zeidler[295] untersuchten Frage, wie das Verwaltungsfabrikat in das System der staatlichen Ersatzleistungen einzuordnen sei. Die Verkennung des Umstandes, daß mit Beginn der maschinellen Tätigkeit das Ergebnis schon vollkommen determiniert ist, hat zu der Ansicht geführt, das fehlerhafte Verwaltungsfabrikat sei nicht in dieses System einzuordnen; Abhilfe könne nur das Institut einer besonderen öffentlichrechtlichen Gefährdungshaftung bringen. Die bisherigen Institute der staatlichen Ersatzleistungen – Staatshaftung, Aufopferung und Enteignung – hätten die Handlung eines Amtsträgers gemeinsam. Hieran aber fehle es beim Verwaltungsfabrikat. Konsequent wurden denn auch Fragen diskutiert wie die, ob der Verwaltungsakt auf einen Behördenwillen zurückführbar sein müsse, ob Einheitlichkeit des Vorganges im rechtlichen Sinne erforderlich sei, ob der Verwaltungsakt auf den natürlichen Willen eines Organes der vollziehenden Gewalt zurückführbar sein müsse, und ob es notwendig sei, daß sich der Beamte mit dem Ergebnis jeweils für den Einzelfall identifiziere[296].

295 aaO.

Auf all diese Fragen kommt es nicht an. Der Einsatz der Maschine führt lediglich zu einer besonderen Art der Erklärung des Entscheidungswillens. Das Vorliegen von Fehlern bei der Erklärung dieses Entscheidungswillens ist aber kein neuer Tatbestand. Es besteht kein Grund, das Versagen des Elektronenrechners im Grundsatz anders zu behandeln als etwa das des Übersetzers oder der Schreibkraft[297].

Ausgangspunkt der Diskussion muß mithin das geänderte Organisationsprinzip sein. Der Einsatz moderner Elektronenrechner zwingt dazu, zusätzlich zum Gesetz eine Arbeitsanweisung zu dessen Ausführung zu schaffen, die den Menschen bei der Anwendung des Gesetzes bindet, von ihm fordert, seine Entscheidungstätigkeit einem vorgegebenen Muster anzupassen und ihn mehr und mehr daran hindert, den gerade anstehenden Fall vollständig zu überblicken. Diese Bindung wird mit zunehmender Verfeinerung der Methoden immer stärker werden. Die juristische Diskussion muß demgemäß an der Frage ansetzen, ob und wieweit ein solches Verfahren zulässig ist, wobei zunächst die Veränderungen im Behördenbereich analysiert werden müssen, um von da aus nach den Auswirkungen auf die betroffenen Bürger zu fragen[298]. Es liegt auf der Hand, daß hierbei wertvolle Hilfestellungen von anderen Disziplinen wie der Soziologie und der Psychologie erwartet werden können.

---

296 Vgl. Müller-Heidelberg 1961, S. 11 ff.; Bull 1964, S. 61 ff.; Maass 1961 a, S. 7 ff. Verfehlt erscheint auch der Ansatzpunkt von Reimer Schmidt 1966, S. 21, der den echten Maschinenfehler als Erklärungsirrtumstatbestand ansieht, während der Programmierungsfehler als grundsätzlich nicht relevanter Motivirrtum auszusondern sei. Die Programmierung betrifft nicht das Warum der Willensbildung, sondern ausschließlich das Wie (sofern nicht – was bislang nicht der Fall ist – ihretwegen materiellrechtliche Änderungen vorgenommen wurden); Fehler bei der Programmierung sind daher Erklärungsfehler. Vgl. auch Wieacker 1969, S. 391 ff.

297 Dabei ist zu beachten, daß es hier nur um das – übrigens äußerst seltene – Versagen der Maschine geht. Es ist scharf vom menschlichen Versagen zu trennen. Fischerhof (1969, S. 1195) hat freilich darauf hingewiesen, daß das Problem der Schuld bei der Bedienung technischer Apparaturen weder theoretisch noch praktisch geklärt sei. „Die Formel vom ‚menschlichen Versagen' hat sich eingeschlichen und verwischt den Schuldbegriff, ohne daß der Tatbestand der Überforderung des Menschen im Koordinatensystem technischer Apparaturen ausreichend umrissen wird, was man eher von Fall zu Fall den Medizinern überläßt." Dieses Problem ist aber allgemeiner Natur. Es ist nicht auf die Bedienung von Elektronenrechnern beschränkt.

298 Ein interessanter Gesichtspunkt ist dabei die von Luhmann aaO., S. 46 ff. festgestellte Übereinstimmung von juristischen Entscheidungsprämissen mit den Instruktionsformen der Automation im Programmtyp. Beide, Recht wie Automation, verwendeten Konditionalprogramme. Daraus folge, daß der Gleichheitssatz und das Prinzip der Gesetzmäßigkeit der Verwaltung mit der Prozedur, wie sie elektronische Datenverarbeitungsanlagen verlangen, konvergierten. Es entspreche dem Gedanken des Rechtsstaates, wenn die Entscheidungsanfertigung, soweit es gehe, auf selbständige Datenverarbeitungsanlagen übertragen werde (S. 51).

C. COMPUTER UND GESETZGEBUNG

I. Einsatzmöglichkeiten bei der Vorbereitung von Gesetzen

Auf die Möglichkeit, automatische Datenverarbeitungsanlagen schon im Vorfeld gesetzgeberischer Maßnahmen einzusetzen, nämlich bei der Erfassung und erschöpfenden Untersuchung der einschlägigen Sozialdaten, weist Simitis[299] hin. In den amerikanischen Bundesstaaten benutzen bereits eine Reihe von Parlamenten solche Anlagen zur Verbesserung der Informationsmöglichkeiten für die Abgeordneten im Rahmen des Gesetzgebungsverfahrens. Auch in der UdSSR finden entsprechende Bemühungen im Hinblick auf eine geplante Strafrechtsreform statt[300]. In Deutschland wird der Einsatz der geplanten Bundesdatenbank erstmals den Gebrauch dieser Möglichkeit erlauben.

II. Möglichkeiten bei der Kodifizierung von Gesetzen

Bei der Formulierung von Gesetzen ergibt sich immer wieder das Problem einer Standardisierung des juristischen Begriffsapparates. Hier können in Zukunft Elektronenrechner wertvolle Dienste leisten[301]. Diese Möglichkeit ist übrigens durchaus nicht auf neu zu schaffende Gesetze beschränkt. Es wäre ohne große Schwierigkeit möglich, auch die Terminologie bestehender Gesetze auf Einheitlichkeit hin zu überprüfen, wenn diese Gesetze im Speicher einer Datenverarbeitungsanlage vorhanden wären. Ohne besonderen Aufwand könnte dann eine sprachliche Gesetzesbereinigung durchgeführt werden.

Weiterhin ist die Möglichkeit zu nennen, in einem automatisierten Verfahren Wiederholungen, Überschneidungen, Mehrdeutigkeiten, Unklarheiten und Widersprüche aufzudecken. Ein denkbarer Weg zur Lösung dieser Aufgabe wäre der Versuch, rechtliche Beziehungen durch mathematisch-logische Formeln auszudrücken und sie auf diese Weise unabhängig von der linguistischen Fassung der maschinellen Behandlung zuzuführen[302]. Knapp[303] hält diesen Weg grundsätzlich für gangbar. Die Maschine könne Rechtsnormen analysieren und interpretieren. Die Begründung hierfür sieht er darin, daß die

---

299 1967, S. 8 ff. Vgl. auch Fiedler 1968 a, S. 557. Positiv zu diesem Gedanken auch Heinemann 1968, S. 83.

300 Vgl. dazu schon Andrejew-Kerimov 1961, S. 670 ff.; Kerimov 1963 a, S. 71 ff.; 1963 b, S. 153 ff.

301 Vgl. Haley 1965, S. 93 ff.

302 Als mittelbare Folge tritt diese Wirkung auch bei der Programmierung von Gesetzen auf. S.o. Abschn. B II 1.

Zahl der Rechtsnormen zwar sehr groß, aber endlich sei und daß folglich die Zahl der Beziehungen zwischen ihnen gleichfalls endlich sei. Mithin sei die „Wiedergabe dieser Verhältnisse durch eine endliche Anzahl endlicher mathematisch-logischer Formeln a priori nicht ausgeschlossen“[304]. Dieses grundsätzliche Ergebnis werde auch nicht durch die Schwierigkeiten in Frage gestellt, die sich einmal aus der großen Zahl und komplizierten Art dieser Beziehungen, zum anderen aus veränderten Wertentscheidungen ergeben können. Denn auch wenn die erforderliche logische Analyse nicht in aller Vollständigkeit möglich sei, stehe dies nicht entgegen; auch der Mensch sei nicht imstande, alle denkbaren Beziehungen zwischen den Rechtsnormen in ihrer Vollständigkeit wahrzunehmen. Wenn auch nur ein großer Teil dieser Beziehungen analysierbar sei, dann sei es möglich, diesen Teil durch die Maschine auf Übereinstimmung überprüfen zu lassen, und was die restlichen, nicht eindeutigen Beziehungen angehe, so sei es dort wenigstens möglich, daß die Maschine auf die Möglichkeit eines Widerspruches aufmerksam mache, was ebenfalls eine große Hilfe sei.

Bedeutsam ist hierbei die Widerlegung des theoretischen Arguments, die vorstellbaren Beziehungen zwischen den Rechtsnormen seien unendlich und daher nicht analysierbar. In der Praxis sind sie immer endlich und daher vollständig erfaßbar[305]. Es fehlt auch nicht an Versuchen, rechtliche Beziehungen durch entsprechende logisch-mathematische Formeln auszudrücken. Beispielsweise wurde diese Aufgabe in der UdSSR in Angriff genommen. Dort bemüht man sich, eine Informationssprache für juristische Zwecke zu schaffen. In dieser Sprache soll durch eine entsprechende Symbolik der Algorithmus für die jeweilige rechtliche Beziehung aufgestellt werden. Eine Forschungsgruppe an der Universität Leningrad ist mit entsprechenden Untersuchungen beschäftigt[306].

III. Automationsgerechte Gesetzgebung[307]

1. Das Problem

Schon seit einiger Zeit ergeht der Ruf an den Gesetzgeber, das Phänomen der Automation in angemessener Weise zu berücksichtigen. Bereits in der privaten Verwaltung finden sich Beispiele dafür, daß die Entwicklung moderner Arbeitsmethoden und -mittel auf Hindernisse stößt, welche sich aus Gesetzen ergeben, die dieser Entwicklung nicht angepaßt sind[308]. In der öffentlichen Verwaltung wurde das Problem aktuell, als man erstmals daran ging, hier im größeren Umfange zu automatisieren. Man sah sich vielfach engen Verfahrensvorschriften gegenüber[309]; darüberhinaus erwiesen sich manche Gesetze auch in materieller Hinsicht als automationsfeindlich, obwohl sie in Anbetracht von umfangreichen Massenarbeiten und Berechnungen bei ihrer Ausführung hierfür besonders geeignet hätten sein müssen. Es ist sicher kein Zufall, daß dies in besonderem Maße bei Gesetzen der Fall war, deren Durchführung an sich schon der Verwaltung Schwierigkeiten bereitet. Dazu gehören die oft geänderten, ergänzten und unübersichtlichen Gesetze, wie das Lastenausgleichsgesetz mit seinen zahlreichen Änderungen und mehr als 50 Durchführungsverordnungen, und dazu gehören die Gesetze, die auf verstreute Einzelvorschriften Bezug nehmen sowie die gesetzlichen Regelungen verwandter, aber nicht aufeinander abgestimmter Materien[310].

Man hat so mit einiger Berechtigung von der „Maschinenfeindlichkeit der Gesetzgebung" gesprochen[311]. Aber daraus darf nicht auf eine ablehnende Haltung des Gesetzgebers geschlossen werden. Maßgeblich war vielmehr die mangelnde Kenntnis der Probleme der Automation und der Vorrang des politischen Wollens vor den Fragen der Ausführung[312]. Heute ist die „automationsgerechte Gesetzgebung" ein wichtiges Thema das „mit zunehmenden Verständnis eingeschätzt wird"[313]. Inzwischen sind eine Reihe von

303 1963 b, S. 399 ff. (402): „Ich komme also zu der Schlußfolgerung, daß im Gesetzgebungsprozeß die Anwendung kybernetischer Maschinen grundsätzlich möglich ist; es hängt von der Rechtswissenschaft selbst und von der Logik ab, wann und in welchem Ausmaß diese Möglichkeit zur Wirklichkeit wird".

304 aaO., S. 401

305 In entsprechender Weise hat Kayton (1966) den Einwand gegen die Wirksamkeit von Dokumentationsverfahren widerlegt, die Zahl der Definitionsmöglichkeiten eines Gegenstandes sei theoretisch unendlich groß. In der Praxis ist diese Zahl immer endlich.

306 Vgl. Andrejew-Kerimov aaO., S. 673 ff.

307 Hierzu vgl. von Berg 1968; v. Oertzen 1969, S. 61 ff.; Schmitt 1967, S. 2081 ff.

308 Wanders 1963, S. 128 wies beispielsweise daraufhin, daß die Vorschriften über Eintragungen des Arbeitgebers in die Versicherungskarten einer rationellen, modernen Betriebsführung entgegenstehen. Eindrucksvolle Zahlen nannte auch Münzesheimer in AWV-Mittlgn. April 1963, S. 11.

309 Für den damaligen Zeitpunkt gibt Wanders aaO. einen guten Überblick über den Bereich des Rentenversicherungsrechts.

310 Vgl. Klausa in AWV-Mitteilungen Juli/August 63, S. 3

311 Roemheld 1964, S. 615

312 v. Dreising in AWV-Mitteilungen April 1963, S. 14 f. Diese Auffassung gipfelte in dem anläßlich der Beratung des Kindergeldgesetzes gefallenen Wort: „Wir lassen uns in unserer politischen Meinung auch nicht vom größeren Sachverstand beeindrucken". Die Phase des Vorranges des Ideologischen vor der sachgemäßen und wirtschaftlichen Regelung hält Schmidt-Vockenhausen (in AWV-Mittlgn. April 1963, S. 18) allerdings für überwunden. Vgl. auch Reimer Schmidt 1966, S. 25.

313 Klug-Fiedler 1964, S. 269. Vgl. die ausführliche Auseinandersetzung mit dem Problemkreis dort. Vgl. ferner die Antwort auf die Frage des Abgeordneten Schmidt-Vockenhausen in der Bundestagssitzung vom 7.12.1960, Verhandlungen des Deutschen Bundestages, 3. Wahlperiode, Stenografische Berichte, Bd. 47, S. 7619

Institutionen mit diesem Anliegen befaßt: so einzelne Bundesminister, der Bundesbeauftragte für Wirtschaftlichkeit in der Verwaltung, der Ausschuß für wirtschaftliche Verwaltung im Rationalisierungskuratorium der Deutschen Wirtschaft, die KGSt und einige betriebswirtschaftliche Universitätsinstitute[314]. Es geht hier einmal um die Frage, welche Änderungen bei den gegenwärtigen Gesetzen notwendig sind, wenn mit ihnen das Stadium der Automation angestrebt werden soll[315], zum anderen aber auch darum, Erfahrungen für neu zu schaffende Kodifikationen zu gewinnen. Daß auch neue Gesetze hier Mängel aufweisen können, zeigen die Schwierigkeiten, die das „Gesetz zur Änderung und Ergänzung des Gesetzes zur Verbesserung der wirtschaftlichen Sicherung der Arbeiter im Krankheitsfall" vom 12.7.1961[316] und das „Bundesseuchengesetz" vom 18.7.1961[317] mit sich gebracht haben. Im ersteren Falle hatte der Gesetzgeber verwaltungsmäßige Schwierigkeiten bei der Ausführung bewußt in Kauf genommen, um sein politisches Ziel – die Vermeidung unerwünschter Auswirkungen des sog. Arbeiter-Krankheits-Gesetzes – zu erreichen. Im letzteren Falle wurde dagegen aufgrund des § 16 BSeuchenG von den obersten Landesbehörden ein Vordruck für ein Impfbuch eingeführt, dessen erste Ausgabe nicht den Notwendigkeiten maschineller Bearbeitung entsprach. Die Folge war, daß den betroffenen Kommunalverwaltungen viel unnötige Arbeit und Kosten entstanden, was niemand vorhergesehen hatte[318].
Schließlich darf auch nicht übersehen werden, daß die öffentliche Verwaltung an diesem Thema nicht nur als Verbraucher von Rechtsvorschriften interessiert ist, sondern – in ihren obersten Ebenen – als Beteiligter an der Gesetzgebung. Sie wirkt hier mit, indem sie etwa Gesetzentwürfe erstellt oder Verordnungen erläßt[319]. Ein ähnlicher Fall findet sich übrigens auch in der privaten Verwaltung, wo die Betriebswirtschafter sich selbst Rechtsvorschriften – etwa Tarifvereinbarungen – auferlegen, die dann u.U. „nur sehr schwer im Sinne der Automation erfüllt werden können"[320].

Bei der Behandlung des Themas muß beachtet werden, daß es selbst den Fachleuten der Datenverarbeitung häufig sehr schwer fällt zu erkennen, wann

314 So an den Universitäten Mannheim und Köln, vgl. Klug-Fiedler 1964, S. 271.

315 Mit Recht weist Roemheld aaO. S. 615 darauf hin, daß es sich hierbei um einen allmählichen Prozeß handelt und daß die Elektronik sich zunächst mit weniger automationsgerechten Gesetzgebungswerken abzufinden hat. Eine Umstellung von heute auf morgen wäre unmöglich.

316 BGBl. I, S. 909

317 BGBl. I, S. 1012

318 Vgl. MittKGSt 135 u. 235, 1962; AWV-Mitteilungen Februar 1963, S. 9 f.

319 Vgl. v. Dreising, AWV-Mittlgn. April 1963, S. 13

320 Marx in AWV-Mittlgn. April 1963, S. 3 Vgl. auch die dort gemachten Reformvorschläge.

ein Gesetz der Forderungen nach Automationsgerechtigkeit am nächsten kommt[321]. Die Frage, welchen Anforderungen die Rechtssätze genügen müssen, um als taugliche Arbeitsanleitungen zur Herbeiführung einwandfreier Ergebnisse zu dienen, ist noch weitgehend ungeklärt[322]. Um hier zu einigermaßen gesicherten Aussagen zu gelangen, scheint es vor allem der praktischen Erfahrung zu bedürfen. Es sollen daher im folgenden einige Beispiele für die Verwirklichung der Forderung nach automationsgerechten Gesetzen genannt werden.

2. Beispiele

a) In seiner schon erwähnten Antwort[323] nannte der Staatssekretär im Innenministerium als ersten Fall einer Gesetzesänderung zur Automationserleichterung in der Bundesrepublik die Änderung des § 9a des Einkommensteuergesetzes i.d.F. v. 13.11.1957[324] durch Gesetz vom 18.7.1958[325], wodurch der abzugsfähige Pauschbetrag für die Werbungskosten bei Einnahmen aus nichtselbständiger Arbeit von 562.– DM auf 564.– DM erhöht wurde. Diese Erhöhung erfolgte, da der neue Zahlenwert im Gegensatz zum alten durch 12 teilbar ist.

b) Weiter wurde eine damals angekündigte Änderung inzwischen verwirklicht. Das Änderungsgesetz zum Steuersäumnisgesetz vom 13.7.1961[326] enthält eine Ermächtigung für den Bundesfinanzminister, von dessen Vorschriften abweichen zu können, soweit das Gesetz probeweise bei einigen Finanzämtern im Lochkartenverfahren durchgeführt wird[327]. Betroffen sind davon insbesondere die Festsetzung von Stichtagen und Abweichungen von den vorgesehenen Zuschlägen. Von dieser Ermächtigung wurde durch die „Verordnung zum Steuersäumnisgesetz“ vom 15.8.1961[328] Gebrauch gemacht. Sie sieht vor, daß der Säumniszuschlag nicht mehr individuell, sondern an bestimmten Stichtagen fällig wird. Außerdem erfolgt eine Abrundung (nach

---

321 Vgl. Roemheld 1964, S. 615

322 Vgl. dazu Podlech 1968, S. 107 ff., der eine Reihe von Bedingungen nennt, die erfüllt sein müssen, damit Rechtssätze im automatisierten Verfahren verarbeitet werden können. Sie müssen korrekt nach den Regeln der logischen Syntax formuliert sein. Sie müssen einen entscheidungsfähigen Gehalt haben. Soweit sie vage Ausdrücke enthalten, müssen sie bestimmten Zusatzbedingungen genügen. Und schließlich dürfen sie keine Werte enthalten.

323 s. Fußn. 313.

324 BGBl. I, S. 1793

325 BGBl. I, S. 473

326 BGBl. I, S. 981

327 S. § 8 StSäumG.

328 BGBl. I, S. 1299

unten) und eine Zusammenrechnung der zugrunde liegenden rückständigen Beträge jeder Steuerart[329].

c) Ferner ist die schon erwähnte Verwaltungsvorschrift zur Einführung einer Versicherungsnummer in der gesetzlichen Rentenversicherung vom 15.2.1964[330] zu nennen. Das Beispiel läßt deutlich die Notwendigkeit einer allmählichen harmonischen Einführung der Änderungen erkennen[331].

3. Forderungen an den Gesetzgeber

Die genannten Beispiele, die keineswegs Anspruch auf Vollständigkeit erheben, erscheinen verhältnismäßig einfach. Die Automation hat hier auf einzelne Regelungen in sehr offensichtlicher Weise Einfluß genommen. Aber sie lassen die beiden Grundforderungen erkennen, welche die Automation an den Gesetzgeber richtet: Die Forderung nach Vereinfachung und die Forderung nach Anpassung an die Maschinen. Es liegt in der Natur der Sache, daß beide eng zusammenhängen und daß es jeweils eine Frage des Schwerpunktes ist, welche Forderung man betonen wird. Aber für die rechtliche Betrachtung ist der Unterschied bedeutsam. Denn während bloße Vereinfachungen grundsätzlich zu begrüßen sind und vor allem dem hilflos vor der Kompliziertheit mancher gesetzlichen Regelungen stehenden Staatsbürger dienen, kommt bei der Anpassung an die Maschinen die Frage eines möglichen Vorranges der technischen Ausführung des Gesetzes ins Spiel, und das bringt die Gefahr mit sich, daß „aus Zweckmäßigkeitserwägungen sachlich gebotene Differenzierungen verhindert oder sachlich nicht gebotene eingeführt werden"[332].

Im einzelnen sind die Forderungen sehr vielgestaltig. Sie reichen von Veränderungen der Form- und Verfahrensvorschriften (maschinengerechte Formulare, maschinell lesbare Belege als „Datenträger") über Veränderungen des materiellen Rechts bis hin zu jener von Klug[333] geforderten Umgestal-

329 Vgl. Klug-Fiedler 1964, S. 270

330 s. Bundesanzeiger Nr. 37 vom 22.2.1964; vgl. Abschn. B II 2.

331 Vgl. auch die weiteren Beispiele bei Klug-Fiedler 1964, S. 270 ff., insbes. das letzte Beispiel, welches einen Fall betrifft, in dem den Arbeitgebern – also der privaten Verwaltung – entgegengekommen wird.

332 Bull 1964, S. 43.

333 aaO., S. 170. Freilich gibt Wieacker 1969, S. 402 f. zu bedenken, daß dem Klartext programmierter Gesetze die Anschaulichkeit und Überschaubarkeit der öffentlichen Motivierung fehlten, die eine Voraussetzung ihrer gesellschaftlichen Integration seien und deren Fehlen schon heute Zustimmungskrisen der Demokratie heraufbeschwörten; „... das technische Prestige des Computers wird schließlich noch weniger eine Beschwichtigung für ungerechte Lohn-, Steuer- oder Rentensätze sein als irgendein persönliches Charisma" (S. 403).

tung der äußeren Gesetzesform zum Blockdiagramm[334]. Ihre Ursachen liegen nicht nur im technischen, sondern auch im betriebswirtschaftlichen Bereich. An sich können auch komplizierte Regelungen der maschinellen Bearbeitung zugeführt werden. Soweit eine Programmierung möglich ist, soweit jeder der in Frage kommenden Rechtsfälle durch ein formales Arbeitsverfahren der geforderten Entscheidung zugeführt werden kann, ist eine Bearbeitung durch datenverarbeitende Maschinen möglich. Aber es gilt der Grundsatz, daß jede Ausnahme von der allgemeinen Regel, jede individuelle Gestaltung, welche die Routine unterbricht, und jede zusätzliche Fallentscheidung den organisatorischen, technischen und personellen Aufwand der maschinellen Bearbeitung vergrößert. Damit wird der betriebswirtschaftliche Effekt in Frage gestellt, der voraussetzt, daß entweder der bisherige Aufwand geringer oder der Erfolg größer wird, oder am besten beides eintritt. Der Präsident des Bundesrechnungshofes hat diesen Punkt in seiner Denkschrift vom 30.10.1962 angesprochen und „eine einfachere und automationsgerechte Gestaltung der Rechtsvorschriften" als entscheidende Verbesserung der „Voraussetzungen für die Wirtschaftlichkeit technisierter Verfahren" bezeichnet[335].

Daß solche Forderungen auch Beachtung finden, läßt sich am Beispiel des Freistaates Bayern belegen. Hier haben alle Staatsministerien einen gemeinsamen Koordinierungsausschuß Datenverarbeitung und einen EDV-Ausschuß der Staatssekretäre aller Ressorts[336] gegründet. Als erstes Ergebnis dieser Bemühungen wurde im Zusammenwirken mit den kommunalen Spitzenverbänden eine Reihe von praxisnah und einleuchtend formulierten Grundsätzen aufgestellt, welche für die Staatsverwaltung für verbindlich erklärt, den

334 Vgl. die vielen Beispiele, die von Berg 1968, S. 74 ff. aufzählt. So wird häufig der Verzicht auf die Erhebung von Bagatellbeträgen die Automatisierung erleichtern, ohne daß höherrangige Rechtsgüter aufgegeben werden müssen. Im Tarifrecht stehen die regelmäßig bei Neuregelungen eingeführten Rückwirkungsklauseln in rechtspolitisch unnötiger Weise der Automatisierbarkeit entgegen. Ein anderes Beispiel bietet das dem Bürger bei Zahlungen oftmals eingeräumte Wahlrecht, wie es ihm etwa in § 123 AO, in § 13 des Kraftfahrzeugsteuergesetzes oder im 2. Vermögensbildungsgesetz gewährt ist. Schließlich werden in vielen Fällen Änderungen des Bemessungssystems den Forderungen der Automation entsprechen, ohne daß die Gerechtigkeitsforderung des Art. 3 GG verletzt wird. Erwähnt sei auch die Notwendigkeit, veraltete Formvorschriften aufzugeben. Vgl. auch Posch 1967, S. 1704 ff.

335 Bundestagsdrucksache IV/854, Anl. B (S. 45). – Vgl. ferner zur Vielfalt der Desiderate einer automationsgerechten Gesetzgebung Klug-Fiedler aaO. Die dringlichsten Forderungen richten sich an die Verwaltung selbst, die insofern mitangesprochen ist, als Verwaltungsvorschriften mit einzubeziehen sind. Sie betreffen etwa die Koordinierung verschiedener Verwaltungszweige, die Integration der Datenverarbeitung, die Austauschbarkeit der Datenträger oder die Möglichkeit, bestimmte Daten so zu speichern, daß sie verschiedenen Verwaltungszweigen gleichzeitig zur Verfügung stehen.

336 Unter Vorsitz von Staatssekretär Jaumann im bayerischen Staatsministerium der Finanzen

Kommunen zur Beachtung empfohlen und den gesetzgebenden Körperschaften (Landtag und Senat) mit der Bitte um Kenntnisnahme zugeleitet wurden. Sie betreffen die Einfachheit der Vorschriften, ihre Einheitlichkeit, die Ermittlung der Sachverhalte, die Eindeutigkeit der Vorschriften, Form- und Verfahrensvorschriften und das Verfahren beim Erlaß von Vorschriften. Gefordert wird insbesondere ein systematischer Aufbau der Vorschriften, eine möglichst geringe Differenzierung, eine einheitliche Systematik und Terminologie, und vor allem der Verzicht auf Ermessensklauseln, unbestimmte Rechtsbegriffe, wertausfüllungsbedürftige Begriffe und Generalklauseln. Sie „... sind automationshemmend; sie sind daher in Vorschriften, die maschinell vollzogen werden, tunlichst zu vermeiden“[337].

4. Tatsächliche Schwierigkeiten

Man hat verschiedenartige Überlegungen angestellt, um schon im Vorbereitungsstadium eine Antwort auf die Frage zu finden, ob ein vorliegender Gesetzesentwurf auch wirklich der Forderung nach Automationsgerechtigkeit entspricht.

So fordert Marx[338] eine intensive Koordination aller Beteiligten. „Die intensive und die vertrauensvolle Zusammenarbeit der Vertreter von Rechtswissenschaft, Betriebswirtschaft, Volkswirtschaft, ja, von Mathematik, Logik und Kybernetik muß befreit werden von allen eventuell vorhandenen Vorurteilen“. Von Dreising[339] weist auf die Wichtigkeit einer gründlichen Aufklärung gerade der Mitglieder der gesetzgebenden Körperschaften hin, und Schmidt-Vockenhausen[340] siehr hier eine wichtige Aufgabe der Lobby, die doch erkennen solle, daß es nicht allein auf die Gewinne der Firmen ihrer Wirtschaftsgruppe ankäme, sondern auch – und gerade – auf das Erwirken kostenmäßig günstiger Gesetze.

---

337 Vgl. die Bekanntmachung der Bayerischen Staatsregierung „Vorläufige Grundsätze für eine automationsgerechte Vorschriftengebung“ vom 27.8.1969 im Amtsblatt des Bayer. Staatsministeriums der Finanzen 1969, S. 277 (auch in adl-nachrichten 1969, S. 790 ff.); vgl. dazu Scheubel 1969, S. 788 f. Natürlich löst das „Verbot“ der Generalklauseln letztlich keine Probleme, denn Generalklauseln sind zur Sicherung der Anpassung des Gesetzes an künftige Entwicklungen in bestimmten Fällen unentbehrlich. Aber einen gewissen Fortschritt bedeutet es schon, wenn man sie nur da verwendet, wo es wirklich nötig ist. Vor allem im gegenwärtigen Entwicklungsstadium, in dem noch keine ausreichenden Erfahrungen mit der Automatisierung von unpräzisen Rechtsbegriffen vorliegen, ist eine solche Beschränkungen wichtig. Vgl. auch die Glosse von Wolfsteiner in JZ 1969, S. 712.

338 AWV-Mittlgn. April 1963, S. 9

339 AWV-Mittlgn. April 1963, S. 16

340 aaO., S. 18

Es wurde weiter eine Art Vorprüfung der Normen erwogen. So wurde eine auf Bundesebene beim Bundesministerium des Inneren zu errichtende Kontrollinstanz vorgeschlagen, welche als zentrale Stelle jeden Gesetzentwurf auf seine Automationseignung überprüfen soll[341]. Schmidt-Vockenhausen[342] denkt an den Bundesrechnungshof, der Vorschläge zur entsprechenden Änderung der Geschäftsordnung der Bundesregierung erarbeiten solle. Es gebe ja heute schon die Vorschrift, wonach die finanziellen Auswirkungen von Gesetzen bei der Begründung berücksichtigt werden müßten. In diesem Zusammenhang weist Fuchs[343] auf den Reichssparkommissar in der Weimarer Republik hin, dem ein Stab von 60 bis 70 Experten beigeordnet war. Dorthin gelangten automatisch die entsprechenden Vorlagen und wurden von diesen Experten aller Fachgebiete auf ihre Folgen hin überprüft[344].

Einen interessanten Vorschlag macht Klausa mit dem Verwaltungsplanspiel[345]. Er vergleicht die Gesetzgebung mit der Technik und stellt fest, daß hier im Gegensatz zur Technik ein wichtiges Stadium fehle – nämlich das der Modellerprobung[346]. Sein Planspiel sieht vor, daß der Gesetzesentwurf nach allen möglichen Auswirkungen durchdacht und sodann in einer Probe durchgespielt wird. Die theoretischen Vorüberlegungen erfassen die durch den Entwurf betroffenen Rechts- und Verwaltungsgebiete, die Betroffenen (Behörden und Bürger) selbst, die Art der auszuführenden Tätigkeiten und die Folgen. Das Planspiel selbst erfolgt dann in einer geeigneten Gemeinde mit ausgewähltem Personal. In der ersten Etappe werden Fragebogen ausgefüllt, in der zweiten Musterfälle durchgespielt und in der dritten die Ergebnisse ausgewertet. Der Schlußbericht stellt dann fest, welche Regelung unzweckmäßig und daher abzuändern (oder auch aus politischen Gründen nicht abzuändern) ist; er dient zur Fertigung des endgültigen Entwurfs und liefert Material für einen vielgestaltigen und praxisnahen Gesetzeskommentar.

Solche Überlegungen sind nicht nur theoretisch. Es sind bereits in einem gewissen Umfang Planspiele zu Gesetzen durchgeführt worden[347]. Konkrete Gestalt hat beispielsweise ein 1962 in Bremen eingeführtes Verfahren

---

341 v. Dreising aaO. hat gegenüber einem solchen Vorschlag Bedenken wegen Art. 65 GG geändert. Vgl. dazu die Widerlegung dieser Bedenken bei Simitis 1967, S. 16 f.

342 aaO.

343 AWV-Mittlgn. 1963, April, S. 19 f.

344 Interessant ist in diesem Zusammenhang, daß auch in den USA nach dem Bericht von v. Dreising 1963, S. 882 eine dem Erlaß von Gesetzen vorangehende Prüfung der Automationseignung nicht vorgenommen wurde.

345 AWV-Mittlgn. Juli/August 1963, S. 3 ff.

346 Auch hier ein Beispiel dafür, daß die Berührung von Recht und Technik fruchtbare Erkenntnisse liefern kann.

347 Vgl. die Beispiele, die Simitis 1967, S. 10 anführt.

gewonnen[348]. Die von der bremischen Verwaltung vorbereiteten Gesetze und Rechtsverordnungen werden bereits im Entwurfsstadium auf ihre maschinengerechte Ausführbarkeit hin geprüft[349]. Alle Entwürfe, die einer solchen Ausführung zugänglich erscheinen[350], werden von einer Senatskommission untersucht, die ihrerseits die später zuständigen Fachverwaltungen und Experten von außerhalb der Verwaltung hinzuzieht. Unter den gleichen Voraussetzungen geschieht dies auch für die Verwaltungsvorschriften, wobei hier die Bedeutung der Prüfung sogar noch größer sein dürfte. Die KGSt hält dieses Verfahren für „einen begrüßenswerten Anfang", bei dem zu wünschen sei, daß auch die übrigen Länder und der Bund diesem Beispiel folgten[351].

Daneben besteht natürlich immer die Möglichkeit, daß die Betroffenen zu Gesetzentwürfen „auch im Hinblick auf ihre Automationseignung Stellung nehmen"[352]. Es sind also eine Vielzahl von Einwirkungen auf Gesetzentwürfe möglich, und es scheint, daß die genannten Schwierigkeiten sich auf diesem empirischen Weg eher als auf dem über theoretische Überlegungen beseitigen lassen[353].

5. Rechtliche Bedenken

Schon oben wurden die rechtlichen Bedenken angedeutet, die aus einem automationsgerechten Zuschnitt der Gesetze erwachsen. Es wurde gesagt, daß die datenverarbeitenden Maschinen nach Vereinfachungen, Schematisierungen, nach Routine und undifferenzierter Fallbehandlung streben, weil dies dem betriebswirtschaftlichen Effekt ihres Einsatzes förderlich ist. Wenn der Gesetzgeber dem Rechnung trägt, entsteht die Gefahr, daß ungleichliegende Fälle gleich behandelt werden und damit der Gleichheitsgrundsatz des Art. 3 GG verletzt wird. Es entsteht ein Konflikt zwischen der Gerechtigkeitsforderung des Grundgesetzes und der Praktikabilitätsforderung der Computer.

Dieser Konfilkt ist jedoch nicht neu. Im Steuerrecht ist beispielsweise seit langem anerkannt, daß der Grundsatz der Praktikabilität ein wichtiges

---

348 Vgl. AWV-Mittlgn. Februar 1963, S. 10; MittKGSt 235, 62

349 Einschränkungen ergeben sich allerdings daraus, daß die größten Auswirkungen für die Verwaltungsarbeit sich aus der Bundesgesetzgebung ergeben.

350 Dies sind allerdings nur die wenigen, durch die der Verwaltung neue Aufgaben übertragen werden oder das technische Verwaltungsverfahren geändert wird.

351 MittKGSt 235, 62

352 Klug-Fiedler 1964, S. 273. Vgl. das Beispiel dort.

353 Die Praxis hat denn auch bereits eine Vielzahl der verschiedenartigsten organisatorischen Vorkehrungen getroffen, um den Forderungen automationsgerechter Normsetzung zu entsprechen, vgl. die Aufzählung der zahlreichen Gremien bei von Berg 1968, S. 68, 116 ff.

Auslegungsprinzip ist. Gestützt auf § 1 Abs. 2 StAnpG haben Reichsfinanzhof und Bundesfinanzhof in ständiger Rechtsprechung anerkannt, daß einer der Hauptzwecke eines jeden Steuergesetzes seine praktische Durchführbarkeit sei; Steuergesetze seien daher im Zweifel so auszulegen, daß sie leicht, sicher und verständlich gehandhabt werden könnten, daß eine klare Rechtslage geschaffen und Zweifeln möglichst wenig Raum gegeben werde[354].

Mit dieser Auffassung hat sich Bull[355] auseinandergesetzt und Bedenken dagegen geäußert. Er meint, daß Zweckmäßigkeitsgründe nicht als Rechtfertigung einer Einschränkung des Gleichheitssatzes dienen könnten. „Dieser Gedanke darf ... erst zu allerletzt in die Untersuchung eingeführt werden, als eine mit äußerster Vorsicht zu benutzende Korrektur eines untragbaren Ergebnisses oder wenn die sachliche Prüfung zu keinem eindeutigen Ergebnis geführt hat“[356]. Klug-Fiedler dagegen neigen diesem Gedanken eher zu und ordnen dem Gesichtspunkt der Verwaltungspraktikabilität in der Forderung nach einer automationsgerechten Gesetzgebung eine „größere Konkretheit“ und „größeres Gewicht“ zu. Sie meinen, daß der „auf den ersten Blick vielleicht etwas seltsamen Argumentation“ des BFH bei „vorsichtiger Interpretation ein durchaus vertretbarer Grundsatz“ zu entnehmen sei[357].

Bei der Lösung dieses Konfilkts, die immer nur im Einzelfall erfolgen kann, ist davon auszugehen, daß die Verwaltungstechnik nur sekundäre Bedeutung hat; insoweit ist Bull zuzustimmen[358]. Dies herauszustellen, ist besonders wichtig, weil öffentlichen Verwaltungen oftmals eine gewisse Tendenz zur Überbetonung des Verwaltungsvorganges innewohnt, die durch die datenverarbeitenden Maschinen noch verstärkt wird, und weil die Forderung nach dem automationsgerechten Gesetz sich weitgehend mit der nach dem verwaltungsgerechten Gesetz deckt[359]. Umgekehrt wohnt der Gesetzgebung aber häufig die Tendenz zur Perfektion und zur Kasuistik inne, die dann – wie etwa beim Lastenausgleichsgesetz – jede schematische Behandlung fast unmöglich

354 Vgl. das Urteil des BFH vom 28.2.1958 III 125/575 in BStBl. 1958 Teil III, S. 191 ff. (194) mit weiteren Nachweisen. Interessant ist dort der Hinweis auf den Massencharakter des Steuerrechts (jährlich nahe an 10 Millionen Bescheide), der zur „Begründung der Wichtigkeit des Grundsatzes der Einfachheit und Handlichkeit“ herangezogen wird. Hier wird besonders deutlich, daß Routine auch bei komplizierten Tatbeständen unausweichlich zum Schema führt. Das Recht muß sich dem beugen und nach einem sachgerechten Kompromiß suchen.

355 1964, S. 108 ff.

356 aaO., S. 110

357 1964, S. 273

358 Für die Durchsetzung des politischen Wollens des Gesetzgebers nimmt dieser „gelegentlich bewußt und mit Recht verwaltungsmäßige Schwierigkeiten in Kauf“, Bull aaO., S. 43, Fußn. 52. Vgl. auch Simitis 1967, S. 16 f.

359 Auf den bürokratischen Hang, dem einmal als unentbehrlich erkannten Mittel den unbedingten Vorrang einzuordnen, hat Simitis 1969, S. 289 warnend hingewiesen.

macht. Man muß also die Frage, ob die Gerechtigkeitsforderung verletzt sein kann, besonders sorgfältig prüfen, um dann allerdings da, wo das nicht der Fall ist, die Praktikabilitätsforderung zu erfüllen[360].

6. Automatisierung mit den bestehenden Gesetzen

Abschließend sei noch bemerkt, daß der experimentelle Charakter, der den Automatisierungsbestrebungen vielfach noch anhaftet, eine gewisse Zurückhaltung mit dem Ruf nach dem Gesetzgeber mit sich bringt, obwohl die de lege lata gezogenen Grenzen „vielfach sehr eng[361] erscheinen. Man will gesicherte Erkenntnisse abwarten, ehe man Gesetzesänderungen anstrebt, auch „wenn dadurch wünschenswerten Regelungen bestimmte Grenzen gesetzt" werden[362].

Für die Verwaltung ergibt sich so das Problem, ihre Bemühungen vielfach zunächst in Einklang mit den bestehenden Gesetzen zu forcieren. Das bringt eine Reihe von Problemen mit sich. Erwähnt seien nur einige Beispiele. Man denke etwa an Formvorschriften, an die Frage, ob maschinell erlassene Verwaltungsakte der Unterschrift bedürfen[363], an die Vorschriften über das Buchführungs-, Haushalts-, Kassen- und Rechnungswesen[364] oder an die Bedürfnisse einer maschinellen Dokumentation. Hier können einmal urheberrechtliche Gesichtspunkte bedeutsam werden, zum anderen Beweisfragen[365]. Wie schnell die fortschreitende Technik hier manches Problem lösen kann, zeigt die neuerdings mögliche Koppelung des – handelsrechtlich anerkannten – Mikrofilms mit dem – handelsrechtlich nicht anerkannten – Magnetspeicher des Computers, welche die Forderung nach einer Änderung der Archivierungsvorschriften gegenstandslos gemacht hat, noch ehe sie recht erhoben wurde.

---

360 Es gibt allerdings auch Fälle, in denen erst die Elektronenrechner die Voraussetzungen für eine differenzierte Fallbehandlung geschaffen haben. Darauf weist von Berg 1968, S. 74 f. hin und nennt als Beispiel die durch die dynastische Rentenformel notwendig gewordene jährliche Rentenanpassung; nur elektronische Datenverarbeitungsanlagen sind imstande, die hier erforderlichen komplizierten Berechnungen rationell durchzuführen.

361 Klug-Fiedler 1964, S. 274. Vgl. auch Bull aaO., S. 111 Anm. 581, der vor einer allzu großzügigen Anwendung von Auf- und Abrundungssystemen warnt; dagegen von Berg aaO. S. 76 Anm. 2.

362 Pappai 1964, S. 50

363 Dazu ausführlich Bull aaO., S. 119 ff.; von Berg 1968, S. 88 ff.

364 In diesem Bereich sind übrigens Änderungen der Gesetze und Verwaltungsvorschriften verhältnismäßig unproblematisch, weil „auf diesem Gebiet Wertentscheidungen und Rechtsschutzprobleme nur eine geringe Rolle spielen" (Bull aaO., S. 127).

365 Dazu erstmals ausführlich Bull aaO., S. 167 ff.

D. COMPUTER IN DER RECHTSPRECHUNG

Es ist heutzutage nicht mehr zweifelhaft, daß der Einsatz von Computern analog zur Verwaltungsautomatisierung auch den Bereich der Justiz erfassen wird[366]. Dabei sind allerdings unterschiedliche Erwägungen anzustellen. Sie betreffen einmal die Möglichkeiten der Automation in der Justizverwaltung, werfen insoweit organisatorische und betriebswirtschaftliche Probleme auf und berühren zugleich die Chancen einer verbesserten Rechts- und Justizstatistik. Zum anderen betreffen sie die Frage, ob und inwieweit kybernetische Systeme bei der Rechtsfindung selbst eine Rolle spielen können.

I. Aufgaben im Rahmen der Justizverwaltung

In der Justizverwaltung zeichnen sich gegenwärtig vor allem zwei konkrete Möglichkeiten ab[367]. Einmal ist das geplante Bundeszentralregister zu nennen, welches unter Einsatz eines Computers eine völlige Neuordnung des Strafregisters und der Erziehungskarteien für Jugendliche mit sich bringen wird[368]. Angestrebt wird damit nicht nur eine organisatorische Verbesserung, sondern vor allem eine stärkere Betonung des Resozialisierungsgedankens. In Österreich trat schon am 1. Oktober 1969 ein neues Strafregistergesetz in Kraft, das unter Mitarbeit von Fachleuten der elektronischen Datenverarbeitung geschaffen wurde und der Möglichkeit seines Vollzuges durch Computer angepaßt ist[369].

Zum anderen wurde auf Anregung des bayerischen Justizministeriums von der Siemens AG ein Vorschlag für den Einsatz von Computern im Grundbuchwesen gemacht, der bereits detaillierte Ausarbeitungen enthält[370]. Mit seiner Verwirklichung kann schon in den nächsten Jahren gerechnet werden.

---

366 Vgl. Fiedler 1968, S. 557

367 Die von Popp 1966, S. 27 ff. angesprochene Möglichkeit der automatisierten Herstellung von Schriftstücken und der Erledigung von Kontenrechnungen ist noch nicht praktisch geworden; das Bild mag sich aber mit fortschreitender Technik, vor allem der Entwicklung von Kleincomputern, ändern. Entsprechendes gilt für die Anwaltschaft und das Notariat. Zum Einsatz von Computern in den amerikanischen „law firms“ vgl. Long 1966, S. 63 ff.

368 Vgl. den Entwurf eines Gesetzes über das Zentralregister und das Erziehungsregister – BundeszentralregisterG (BZRG), BR-Drucks. 676/69 u. den Bericht in JZ 1970, S. 28 sowie den Bericht des Bundesjustizministers in BAnz. Nr. 55, 1970, S. 4 f. Das Register soll vom Generalbundesanwalt beim BGH geführt werden und seinen Sitz in Berlin haben. – Gegenwärtig bestehen 93 Strafregister bei den einzelnen Staatsanwaltschaften und das Bundesstrafregister in Berlin.

369 Vgl. Ambrosi 1969, S. 671 ff.

370 Vgl. „Einführung der elektronischen Datenverarbeitung für das Grundbuchwesen“.

Damit wird deutlich, daß auch im Rahmen der Justizverwaltung eine Reihe von Aufgaben in hervorragendem Maße der Bearbeitung durch Elektronenrechner zugänglich ist[371].

Eine besondere Rolle dürfte in Zukunft ferner die Ausnutzung der Möglichkeiten einer verbesserten Statistik spielen. Hier treten die Stärken der Maschinen – Schnelligkeit, hohe Speicherkapazitäten, Genauigkeit und jederzeitige Abfragemöglichkeit – in besonderem Maße hervor[372]. Mit einem verhältnismäßig geringen Aufwand ist es möglich, alle nur gewünschten Daten zu erfassen und jederzeit auf dem neuesten Stand in jeder gewünschten Weise ausgewertet zu erhalten[373].

Zu nennen ist einmal die Möglichkeit einer allgemeinen Justizstatistik. In ihr kann beispielsweise erfaßt werden, wieviel Fälle bestimmter Kategorien bei Gericht eingehen, in welcher Zeit sie erledigt werden, wieviel Termine erforderlich sind, welche Art von Beweisen erhoben wird, wie oft Rechtsmittel eingelegt werden, wie das Verhältnis vom Strafantrag zum Urteil ist und dergleichen mehr. Sie dient der Administration und der Gesetzgebung.

Zu nennen ist ferner die Möglichkeit, den rechtsprechenden Organen entscheidungsrelevante statistische Daten zu liefern. So können Angaben zur Bevölkerungsstruktur eines bestimmten Bezirks für Ehe-, Kindschafts- und Jugendstrafsachen von Bedeutung sein. Eine solche Statistik dient dem Richter[374].

---

371 Vgl. Fiedler 1968, S. 557. Als nächstes Gebiet ist das Mahnverfahren vorgesehen, vgl. dazu Förschler 1969, S. 104 f.

372 In der Bundesrepublik Deutschland besteht bislang noch keine aussagekräftige Justizstatistik. Erfaßt wurde im wesentlichen nur der Geschäftsausfall bei den Gerichten. Über Einzelheiten der Verfahren, z.B. Art der Erledigung, Dauer, Streitwert usw. liegen kaum Angaben vor. Allenfalls ergeben Berichte wie die Jahresberichte des BGH gewisse Aufschlüsse. Es wird jedoch an einer Umgestaltung dieser wenig ergiebigen Statistik gearbeitet. So ist für das Gebiet der Zivilsachen seit Anfang 1968 schrittweise in den einzelnen Bundesländern ein Zählkartensystem eingeführt worden, das die Aufstellung einer aktuellen, aussagekräftigen Statistik ermöglichen soll. Für das Gebiet der Strafsachen wird ein solches System seit Anfang 1970 eingeführt.

373 In den USA wurde diese Möglichkeit schon früher erkannt, vgl. Halloran 1966, S. 67 ff. Von entsprechenden Bemühungen im Zivilrecht berichten Spangenberg-Neumann 1965, S. 31 ff.; Ellenbogen 1964, S. 655 ff. und Tauro 1964, S. 342; Versuche auf dem Gebiet des Strafrechts wurden an der Columbia Universität durchgeführt, vgl. die Hinweise in M.U.L.L. 1965, S. 119.

374 Sie ist dank des Einsatzes der Datenverarbeitung in den USA schon für eine Reihe von Gerichten selbstverständliche Wirklichkeit geworden. Eine Zusammenstellung des Computereinsatzes bei Gerichten findet sich in der Broschüre „Use of Computers and Other Automated Processes By the Courts“ von Louis F. Comus, Jr., undatiert, hrsg. v. World Peace Through Law Center, Genf, Pamphlet Series Number 8. Dort sind rund 60 verschiedene Gerichte – vorwiegend in den USA – aufgezählt, die bereits Computer für die verschiedenartigsten Aufgaben verwenden.

Schließlich verdient die Möglichkeit einer Entscheidungsstatistik Beachtung[375]. In ihr können die verschiedenen Entscheidungen bei vergleichbaren rechtlichen Konfliktsituationen erfaßt werden. Damit werden Informationen bereitgestellt, welche unmittelbar der richterlichen Tätigkeit zugute kommen und welche mittelbar der gesetzgeberischen Planung Aufschlüsse geben können. Sie ermöglicht es, unterschiedliche Wertentscheidungen zu erkennen und nach ihren – vielleicht konfessionell oder landsmannschaftlich bedingten – Ursachen zu fragen oder auch einfach unterschiedliche Gerichtspraxen zu erkennen[376]. Im Ergebnis kann dies dann dazu führen, daß gleiche Fallgruppen überall gleich behandelt werden – nicht durch Zwang, sondern durch Information[377]. Das damit angesprochene Ideal ist kein geringeres als das der Rechtssicherheit.

II. Automation und Rechtsfindung

Die Frage, ob datenverarbeitende Systeme auch bei dem Vorgang der Rechtsfindung selbst eingesetzt werden können, unterscheidet sich erheblich von der Frage, inwieweit der Einsatz von Elektronenrechnern in der Justizadministration möglich ist. Sie ist auch sehr anders als die Frage nach der Informationserschließung, wie sie bei den verschiedenen Versuchen der automatisierten juristischen Dokumentation gestellt wird. Bei der Informationserschließung handelt es sich um einen der richterlichen Tätigkeit vorgeschalteten Prozeß, der mit dieser nichts zu tun hat und als „mehr oder weniger mechanische Arbeit"[378] der Rechtsanwendung im Grunde sogar wesensfremd ist. Bei der Automation in der Justizverwaltung handelt es sich um einen der richterlichen Tätigkeit neben- und nachgeschalteten Prozeß,

---

375 Vgl. Knapp 1963 a, S. 49.

376 Auf dem 6. Deutschen Verkehrsgerichtstag in Goslar berichtete Lewerenz über das Ergebnis einer mit Unterstützung der Deutschen Forschungsgemeinschaft durchgeführten Aktion zur Erfassung der Strafzumessungspraxis deutscher Gerichte bei Verkehrsdelikten. Die Auswertung von etwa 7000 von deutschen Verkehrsrichtern ausgefüllten Fragebogen ergab beträchtliche Unterschiede in der Spruchpraxis bei vergleichbaren Fällen, insbesondere bei der folgenlosen Trunkheitsfahrt; „harte" und „weiche" Oberlandesgerichtsbezirke ließen sich deutlich voneinander unterscheiden. Das ist Zufall, der als Willkür empfunden wird.

377 Besonders im Verkehrsrecht kann diese Möglichkeit praktisch werden. Hier beweist der neugeschaffene „Bußgeldkatalog", wie weit Typisierungen möglich sind. Aber auch in anderen Rechtsgebieten gibt es vergleichbare Fallgruppen. Hier Untersuchungen anzustellen, wird eine wichtige rechtssoziologische und rechtspsychologische Aufgabe der Zukunft sein. Vgl. die kritische Stellungnahme von Schmidt-Schmiedebach 1969, S. 71.

378 Simitis, 1966, S. 14 f.

welcher die Rechtsfindung und Rechtsanwendung – den Kern aller juristischen Tätigkeit – erleichtern und beschleunigen soll[379]. Bei der hier angesprochenen Problematik aber handelt es sich um eben diesen Kern[380]. Weil die mit dieser Thematik aufgerührten Emotionen besonders stark sind und weil hier leicht die Gefahr besteht, den Bezug zur Wirklichkeit zu verlieren, soll im folgenden auf einige Experimente eingegangen werden, welche geeignet sind, die Situation zu verdeutlichen.

1. Nutzungsversuche

a) Unterhaltsbestimmungen

Im Rechtsinstitut der tschechoslowakischen Akademie der Wissenschaften wurden unter der Leitung von Knapp Studien über die Möglichkeit der Anwendung kybernetischer Methoden im Recht angestellt. Im Rahmen dieser Studien wurde auch ein Versuch durchgeführt, der zum Ziel hatte, die Möglichkeit der Anwendung datenverarbeitender Maschinen im Prozeß eines minderjährigen Kindes auf Unterhalt festzustellen[381].

Knapp geht davon aus, daß es sich bei der Entscheidung über Alimente um die Festsetzung eines bestimmten Betrages handelt, der von verschiedenen, sich aus dem Gesetz ergebenden Faktoren abhängt, die meist quantitativ sind. „Die für die Festsetzung der Alimente entscheidenden Erwägungen des Gerichts stützen sich also in hohem Maße auf quantitative Beziehungen, die sich als Material für die Maschine eignen müßten“[382]. Die Zahl dieser Beziehungen ist auch verhältnismäßig groß und ihre Struktur hinreichend kompliziert, um den Einsatz elektronischer Datenverarbeitungsanlagen sinnvoll erscheinen zu lassen. So verlangt das tschechoslowakische Recht die Berücksichtigung des objektiven, statistisch feststellbaren und in Geld ausgedrückten Bedürfnissen eines Kindes in einem bestimmten Lebensalter, die Beachtung der Stellung des Kindes in der Familie, des Geschlechtes (ab

379 So können statistische Ergebnisse etwa zu einer zweckmäßigeren Geschäftsverteilung führen.

380 Vgl. dazu Fiedler 1968 a; Hammerbacher 1969, S. 666; Klug 1964; Simitis 1966, 1967; Podlech 1968; Reimer Schmidt 1966, S. 25 ff.; Wieacker 1969, S. 397 ff., jeweils mit weiteren Nachweisen, ferner Reimer Schmidt, Bühnemann 1969, S. 640 ff. Der letztere Beitrag untersucht die Möglichkeit, Computer zur Schadensbearbeitung, d.h. zur Entscheidung einfacherer Rechtsvorgänge in Versicherungsunternehmen einzusetzen.

381 Vgl. Knapp 1963 a, S. 45 ff.; 1963 b, S. 394 ff. Die Beziehungen zwischen Recht und Kybernetik stellen in der CSSR das Objekt umfangreicher Untersuchungen dar.

382 Knapp 1963 a, S. 53

einem gewissen Alter), des eigenen Einkommens des Kindes, des Einkommens der Eltern, der Zahl der übrigen unterhaltsberechtigten Personen und einiger weiterer Faktoren[383]. Die Aufgabe, das Verhältnis dieser Faktoren zueinander anhand der gesetzlichen Regelung in einem logisch-mathematischen Modell darzulegen, ist „gewiß nicht leicht", aber auch „gewiß nicht undurchführbar"[384]. So besteht, um ein Beispiel zu bringen, zwischen den Faktoren „Höhe des Einkommens des Unterhaltspflichtigen" (p) und „Höhe der Alimente" (x) eine Beziehung dergestalt, daß (x) von (p) abhängig ist, jedoch nicht linear, sondern langsamer ansteigt und ab einer bestimmten Höhe von (p) überhaupt nicht mehr zunimmt. Bezeichnet man die betreffenden Werte als p_n und x_n, dann gilt:

$$p_n < p_n + 1 < p_n + 2 \ldots < p_n + m$$

jedoch:

$$f(p_n) = f(p_n+1) = f(p_n+2) = f(p_n+3) = x_n$$

Das bedeutet, daß für $p > p_n$ gilt: $f(p) = \text{konst.}$

Die Aufgabe besteht nun darin, alle vorkommenden Beziehungen in entsprechender Weise zu untersuchen. So ist es etwa denkbar, die weitere Abhängigkeit des Faktors (x) vom Alter des unterhaltsberechtigten Kindes (v) durch die Gleichung $x = f(p) + v$ oder $x = f(p) \cdot v$ oder anders auszudrücken. Die Ergebnisse wurden hier durch Verallgemeinerung der aus der Praxis gewonnenen Erfahrungen gefunden[385].

Die Beispiele lassen bereits erkennen, daß es sich bei der Unterhaltspflicht eines Elternteiles um eine verhältnismäßig komplizierte Funktion mit mehreren Argumenten handelt. Aber bei der Untersuchung dieser Beziehungen handelt es sich um eine einmalige Arbeit, so daß ein selbst erheblicher Aufwand durchaus vertretbar erscheint.

Eine Begrenzung ist insofern vorgesehen, als atypische, selten vorkommende Faktoren nicht erfaßt werden; sie werden durch das menschliche Korrektiv berücksichtigt[386]. Die menschliche Tätigkeit besteht also nicht nur in der Ermittlung der Eingabedaten, d.h. der bestimmenden Faktoren, sondern auch

383 So kann nach Lage des Falles das Einkommen des Ehegatten des Unterhaltsberechtigten zu berücksichtigen sein.

384 Knapp aaO., S. 53

385 Eine detaillierte Beschreibung der mathematischen Durchführung findet sich bei Vrecion-Morávek, „Allgemeiner Algorithmus zur Bestimmung von Alimenten berechtigter Personen" in Stát a právo 1967. Blockdiagramm und ALGOL-Programm finden sich bei Vrecion in Právník 1966, S. 243 ff.

386 In gleicher Weise verfährt man auch beim Einsatz datenverarbeitender Maschinen in der öffentlichen Verwaltung, s.o. Abschn. B.

in der Berücksichtigung solcher ausgefallenen Beziehungen. Die Tätigkeit der Maschine besteht darin, aus den Eingabedaten in einer dem Gedankengang des „musterhaften Gerichtes" angepaßten Weise das typische Ergebnis zu ermitteln, welches zugleich – bei Fehlen atypischer Umstände – das richtige Ergebnis ist.

Nach diesem Verfahren wurden etwa 1000 rechtskräftig entschiedene Fälle überprüft. Die Ergebnisse wurden so positiv beurteilt, daß die Einführung des Verfahrens in die Praxis vorgesehen wurde. Dabei soll ein zentrales Rechenzentrum die Errechnung sämtlicher strittiger Fälle übernehmen.

Knapps Feststellung, daß das Ergebnis der Maschinentätigkeit noch nicht die Entscheidung sei, sondern nur der Ausgangspunkt für die Entscheidung, vergleichbar dem Vorschlag des Berichterstatters in einem Kollegialgericht, ist allerdings nicht unproblematisch. Denn das Gericht wird – von Stichproben abgesehen – das Ergebnis der Maschinentätigkeit übernehmen müssen, soll nicht der Effekt des Verfahrens aufgehoben werden. In den Fällen, in denen atypische Faktoren fehlen, ist dieses Ergebnis aber gleichlautend mit seinem Spruch. Auch wenn dieser Spruch Verbindlichkeit nur dadurch erlangen kann, daß das Gericht ihn fällt, und das heißt hier, sich zu eigen macht, ändert das nichts daran, daß die formallogische Deduktion in nicht ohne weiteres überschaubarer Weise durch die Maschine ausgeführt wurde. Dies wirft ein psychologisches und ein rechtliches Problem auf. In psychologischer Hinsicht dürfte die Lage dabei noch problematischer sein als bei der parallel liegenden Situation des Verwaltungsfabrikates. Beim Justizfabrikat – um die Parallele auch terminologisch fortzuführen – wird das schon erwähnte Unbehagen vieler Staatsbürger durch die Vorstellung einer als Richter tätigen Maschine noch erheblich gesteigert werden. In rechtlicher Hinsicht stellt sich bei uns die Frage, ob ein solches Verfahren mit Art. 20 Abs. II S. 2, Abs. III und Art. 92 GG vereinbar ist. Wenn die Richter einen Teil ihrer Entscheidungstätigkeit in einem abstrakten Programmierverfahren vor die Klammer des konkreten Falles ziehen, wird die Frage, ob hier nicht ein unzulässiger Verzicht auf die richterliche Unabhängigkeit vorliegt, sicher schärfer gestellt werden als beim Verzicht auf das Ermessen in der öffentlichen Verwaltung.

b) Nachlaßverteilungen

Ebenso wie das Unterhaltsrecht ist das Erbrecht ein Gebiet, in dem die bestimmenden Faktoren vielfach quantitativ sind. Hier gelang es in den Vereinigten Staaten, ein Verfahren zu entwickeln, mit dem die Beratung eines Testators unter Einsatz einer elektronischen Datenverarbeitungsanlage möglich wurde. Über die Grundzüge dieses Verfahrens, das bereits kommerziell eingesetzt wird, berichtet Paffendorf[387].

387 1963, S. 54 ff.; 1966, S. 60 ff.; vgl. auch Boucher 1964, S. 45 ff.

Das Ziel besteht darin, dem Testator sämtliche Möglichkeiten der seinem Willen entsprechenden Nachlaßverteilung aufzuzeigen und die in jeder Hinsicht günstigste Gestaltung des Testaments aufzuzeigen. Dazu zerlegt Paffendorf den Vorgang der Befragung und Beratung des Testators in sechs Schritte. Im „Client Interview" werden die Vorstellungen des Testators bezüglich der Nachlaßverteilung und die maßgeblichen Tatsachen[388] an Hand sorgfältig ausgearbeiteter Fragebogen ermittelt. In der „Analysis Procedure" wird dann der Nachlaß an Hand der ermittelten Tatsachen durch den Elektronenrechner analysiert. Zugleich werden für eine Reihe von hypothetischen Fällen[389] Entwürfe für die Nachlaßverteilung gemacht. Im dritten Schritt – „Data Retrieval" – wird durch die Maschine das einschlägige Recht ermittelt. In den folgenden beiden Schritten – „Data Processing" – werden die verschiedenen Varianten dann durchgespielt, und es werden die Folgen bestimmter Testierungen ermittelt. Sie betreffen nicht nur die Nachlaßverteilung, sondern es werden auch die steuerlichen und sonstigen Folgen[390] präzise ermittelt. Der Erblasser hat so ein klares Bild dessen vor Augen, was bei einem bestimmten Testament in einer bestimmten Situation eintritt und kann im letzten Schritt – „Solution" – den Vorschlag aussuchen, der seinen Vorstellungen am besten entspricht[391].

Der Vorteil des Systems liegt einmal darin, daß der Testator (und der beratende Jurist) u.U. auf bisher nicht erkannte Testiermöglichkeiten aufmerksam gemacht wird. Sobald eine bestimmte Tatsachenkombination vorliegt, welche ein bestimmtes erbrechtliches Problem oder eine bestimmte – z.B. steuerliche – planerische Möglichkeit mit sich bringt, druckt die Maschine einen entsprechenden Hinweis aus, den sie einer „tatsachenbezogenen" Bibliothek entnimmt[392]. Zum anderen erlaubt es das Verfahren, die Folgen eines in Aussicht genommenen Testaments bis in die letzte Konsequenz und für jede nur denkbare Entwicklung in einem Minimum an Zeit präzise vorherzubestimmen. Während die erstere Aufgabe beim manuellen Verfahren mehr oder weniger von der Qualifikation des jeweiligen Rechtsberaters abhängt, wird die letztere schon aus Zeitmangel in aller Regel undurchführbar sein. Beiden Nachteilen vermag der Einsatz der Maschine abzuhelfen. Auch bei dieser rechtsgestaltenden Aufgabe ist also der Einsatz datenverarbeitender Maschinen möglich und sinnvoll.

---

388 Angaben über Vermögenslage, Verwandtschaftsverhältnisse usw.

389 Bei verheirateten Erblassern wird z.B. der Fall des Erstversterbens variiert.

390 Insbesondere versicherungsrechtliche Folgen.

391 Der durchschnittliche Umfang eines jeden Vorschlages beträgt 10 Seiten; vgl. Paffendorf aaO.

392 Vgl. das Beispiel bei Paffendorf 1966, S. 62. Auf die Bedeutung einer „tatsachenbezogenen" Bibliothek wird unten im Abschn. F noch näher eingegangen.

c) *Tatbestandsaufnahmen*

Ein ähnliches, aber allgemeineres Verfahren, bei dem Rechtssuchende unmittelbar durch die Maschine befragt werden und der Fall auf diese Weise aufgenommen und zugleich analysiert wird, haben McCoy und Chatterton[393] entwickelt. Es soll vor allem die Beratung minderbemittelter Klienten auf rationelle Weise ermöglichen[394]. Primär für die Bedürfnisse amerikanischer Anwälte entwickelt, weist es doch auf interessante Perspektiven auch für Rechtsordnungen hin, in denen der Richter eine wesentlich intensivere Rolle bei der Aufklärung des Sachverhalts spielt als im anglo-amerikanischen Rechtskreis. Ganz allgemein dürfte es für all jene interessant sein, die sich mit der Aufgabe der Rechtsberatung befassen.

Bei dem Verfahren wurden für typische, immer wieder vorkommende Fallsituationen (z.B. Verkehrsunfälle) Frage- und Antwortschemen entwickelt, in denen alle vorstellbaren Ausgestaltungen des Falles berücksichtigt sind[395]. Der Rechtssuchende sitzt vor einem Bildschirm, auf dem die Fragen erscheinen. Er beantwortet sie, indem er auf Knöpfe mit den Aufschriften „Ja", „Nein", „Ich weiß nicht" oder „Ich verstehe die Frage nicht" drückt. Je nach seiner Antwort wird die nächste Frage gestellt, oder es werden Erläuterungen gegeben. Die Antworten werden gespeichert, und zum Schluß ist der Fall vollständig aufgenommen. Im Speicher der Maschine sind nunmehr alle erforderlichen Angaben für diesen Fall enthalten. Zugleich ist eine erste rechtliche Analyse des Falles vorgenommen worden. Die Maschine druckt nunmehr eine Zusammenfassung aus, die alle rechtlich relevanten Tatsachen in geordneter Reihenfolge enthält und als Unterlage für die weitere Behandlung des Falles dient. Der Rechtsberater kann dieses Material verwenden, um auf kürzestem Wege zu einem Entscheidungsvorschlag zu gelangen, und er vermeidet die Gefahr, aus Zeitmangel oder sonstigen Gründen von einem unvollständigen Sachverhalt auszugehen.

d) *Vektorenanalyse*

Erwähnung verdienen schließlich in diesem Zusammenhang auch die Untersuchungen, die Knapp angestellt hat, indem er die Vektorenanalyse als Methode zur logischen Analyse von Tatbeständen heranzog und dies am Beispiel des Schadensersatzrechtes demonstrierte. Dabei wurde der Sach-

393 1968. Vgl. auch den Bericht in JA 1969, Letzte Seiten 25

394 Man schätzt, daß ein Drittel der rund 35 Millionen „Armen" in den USA Rechtsprobleme haben. In den meisten Fällen sind sie sich ihrer rechtlichen Möglichkeiten gar nicht bewußt. Andererseits garantiert der amerikanische Staat den Armen Rechtshilfe, die mit sehr niedrigen Gebühren honoriert wird.

395 Die Methode geht auf ein an der Universität von Wisconsin entwickeltes Verfahren zurück, Krankengeschichten von Patienten aufzunehmen.

verhalt als Vektor (d.h. geordnete Summe von Variablen) ausgedrückt, dessen Funktion in einer Rechtsfolge besteht. Diese Analyse ist zwar nicht immer, aber doch häufig verwendbar, und zugleich „ist es unzweifelhaft, daß die Vektorenanalyse nicht nur im Zivilrecht anwendbar ist, sondern auch im Strafrecht, aber auch im Verwaltungsrecht . . . usw."[396].

2. Stellungnahme zu den Versuchen

Bei den genannten Beispielen ging es nicht darum, Vollständigkeit zu erzielen, sondern Richtung und Ziel möglicher Untersuchungen deutlich werden zu lassen. Auch wenn im Bereich der Rechtsfindung noch nicht allzuviel an Bemühungen festzustellen ist, werden doch schon solche künftige Forschungsmöglichkeiten erkennbar. Es wird schon jetzt deutlich, daß es bis zu einem gewissen Ausmaß möglich ist, das juristische Denken zu modellieren und rechtliche Regelungen durch Verwendung logisch-mathematischer Begriffe präzise zu beschreiben[397].

Knapp[398] hat darauf hingewiesen, daß das juristische Denken auf die „Dynamik der Erscheinungen und die ‚Unendlichkeit' ihrer Aspekte und Zusammenhänge" gerichtet ist.

Er hat weiter hervorgehoben, daß dieses „dialektische Denken durch die Vielheit der Tatsachen, die in Betracht gezogen werden müssen, und ihre Zusammenhänge so kompliziert" ist, „daß es durch die einfachen Regeln und Gesetze der formalen Logik nicht vollständig erfaßt werden kann".

Mit der ersten Aussage ist eine theoretische Schranke angesprochen. Sie erscheint jedoch durch die Tatsache überwindbar, daß die Anzahl der relevanten Faktoren und Beziehungen in der Praxis immer endlich ist. Die zweite Aussage dagegen berührt eine praktische Schranke. Sie kann wiederum mit einiger Aussicht auf Erfolg angegangen werden, wenn es gelingt, die große Anzahl quantitativer Faktoren in rechtlichen Regelungen auszunützen[399]. Diese Faktoren entsprechen dem Prinzip der abstrakten Identität und eignen sich daher für mathematisch-logische Operationen. Da aber, wo quantitative Faktoren fehlen, muß versucht werden, einen Ersatz durch Gruppierungen zu schaffen, welche soweit dem Prinzip der abstrakten Identität entsprechen, daß sie den quantitativen Faktoren gleichgesetzt werden können. Diese

396 Knapp 1963 b, S. 398

397 Vgl. auch Hammerbacher 1969, S. 667

398 1963 a, S. 45

399 Hierauf beruht der erfolgreiche Einsatz im Steuer- und Rentenwesen. Alter, Geschlecht, Familienstand, Einkommen usw. sind quantitative Faktoren.

letztere Möglichkeit verdeutlicht Knapp[400] am Beispiel des „wichtigen Grundes" als Tatbestandsmerkmal der Ehescheidung nach tschechoslowakischem Recht. Der Weg, der zu solchen Klassifizierungen führt, ist der der Empirie[401]. Man kann das Prinzip der abstrakten Identität anwenden, welches etwa voraussetzt, daß „Untreue gleich Untreue" ist, wenn man sich mit einem minderen Genauigkeitsgrad begnügt, nämlich „jener Genauigkeit, welche dem Abstraktionsgrad entspricht, mit welchem die einzelnen Gründe und Voraussetzungen definiert sind"[402]. Dieser Genauigkeitsgrad wird in den meisten Fällen ausreichen, wobei noch zu bemerken ist, daß sich im menschlichen Denkprozeß vielfach ein ganz entsprechender Vorgang abspielt[403a].

Erforderlich ist also eine Modellierung des juristischen Denkens. Dabei gilt auch hier das Modell, welches oben beim Verwaltungsfabrikat entworfen wurde und aus dem sich ergibt, daß das eigentlich Neue, das mit den kybernetischen Systemen gekommen ist, nicht in den technologischen Fähigkeiten der Elektronenrechner liegt, so erstaunlich diese auch sein mögen, sondern in der durch sie bedingten Überprüfung und Umorganisierung der im juristischen Entscheidungsprozeß stattfindenden Tätigkeit des menschlichen Geistes.

Für die weitere Forschung erhebt sich die Frage, inwieweit es möglich ist, durch Gruppierungen zu einer endlichen Zahl von Algorithmen zu gelangen, welche es gestatten, die rechtlichen Beziehungen mit hinreichender Genauigkeit auszudrücken. Weiter stellt sich die Frage nach der Formulierung dieser

---

400 aaO. Vgl. auch von Berg 1968, S. 29 f.; dort wird der Gedanke erwogen, für das Namensänderungsrecht eine Liste möglichst vieler Namen elektronisch zu speichern, deren Änderung aus einem „wichtigen Grund" begehrt werden kann. Ausführlich zu diesem Problemkreis auch Simitis 1969, S. 287 f., ferner Reimer Schmidt 1966, S. 25 ff.

401 Im Straßenverkehrsrecht hat die große Zahl „gleichartiger" und damit schematisierbarer Fälle längst zu einer formularmäßigen Abfertigung geführt, vgl. Simitis 1969, S. 288. Man stellt sich nur das Aufsehen vor, das ein heute alltäglicher (schwerer) Verkehrsunfall vor sechzig Jahren erregt hätte und die juristische individuelle, sorgfältige Behandlung bei seinem gerichtlichen Nachspiel. Hier wird deutlich, daß Routine zum Schema führt.

402 Knapp aaO., S. 48

403a Freilich haben solche Versuche, „das Anwendungsschema der Generalklauseln transparent zu halten", eine „nicht ungefährliche Kehrseite". Generalklauseln . . ." sichern die Anpassungsfähigkeit der Rechtsordnung . . . Diese ihre Funktion droht aber dort zu entfallen, wo man meint, die Generalklauseln mit Hilfe der elektronischen Datenverarbeitung in das Korsett einer bis ins letzte Detail formulierten abschließenden Regelung zwängen zu können", Simitis 1969, S. 288. Mit Recht weist Simitis aaO. daher darauf hin, daß das System ständig offen und weiteren Konkretisierungen und Differenzierungen zugänglich bleiben muß. Auf die Tatsache, daß die Computer auch Fehlentscheidungen niemals von selbst vergessen, wurde bereits im Zusammenhang mit dem Ermessen bei Verwaltungsakten hingewiesen, vgl. o. Abschn. B III 3 b. Vgl. dazu auch Müller 1967, S. 321 f.

Algorithmen selbst. Die letztere Frage mag ihre Antworten durch die Hilfe der modernen Mathematik und der mathematischen Logik (Logistik) finden[403b]. Die erstere Frage dagegen ist eine Frage der Praxis und der Erfahrung. Sie kann erst dann endgültig beantwortet werden, wenn ausreichende Forschungsergebnisse auf diesem Gebiet vorliegen[404]. Klug[405] weist darauf hin, daß hier manche Grenze relativ ist und sich durch den Fortschritt verschieben kann. Dieser Fortschritt kann sich etwa aus statistischen Auswertungen einer Vielzahl richterlicher Entscheidungen ergeben. Das Augenmerk wird aber auch auf eine Erforschung juristischer Verhaltensweisen gelenkt, wie sie Schubert[406] anspricht. Diese Untersuchungen treten neben die Auslegungen juristischer Meinungen und neben das logische Gerüst juristischen Denkens. „One thing that all of these questions have in common is that they direct attention away from the manifest content of judicial opinions and away from a concern for logical consistency among sets of legal norms ... a realistic understanding of judicial decision-making demands that the acts of judges be examined like any other forms of social behaviour“[407]

Damit erscheint ein neues Element in der Rechtswissenschaft, dessen Auswirkungen sicherlich beträchtlich sein werden.

403b Sie steht im Gegensatz zur klassischen Logik. Daß die Auffassung, Mathematik als die Wissenschaft von Zahl und Raum sei wie alle Naturwissenschaft Lehre vom Quantitativen und damit in den Geisteswissenschaften unbrauchbar, auf einer Unkenntnis der Eigenart und Leistungsfähigkeit moderner Mathematik beruht, hebt Podlech 1969, S. 158 f. hervor. Vgl. auch Müller 1967, S. 299 ff., der betont, die moderne Mathematik enthalte einen außerordentlichen Reichtum an Strukturen, die man in sehr vielen geistigen Gebieten wiedererkennen könne, wenn man darauf erst einmal den Blick lenke; sie könne sich einmal als die Sprache unseres Geistes, mit dem wir dann die Natur zu begreifen suchen, erweisen. Müller weist auf zwei mathematische Theorien hin (nämlich die Theorie der Cantor'schen zweiten Zahlenklasse und die Theorie der Entscheidbarkeit und Unentscheidbarkeit formaler Systeme), die u.a. in der Analyse von natürlichen Begriffssystemen, von Abstraktionsprozessen und von Beschreibungen zwischenmenschlicher Beziehungen Verwendung finden könnten. Besonders interessant ist dabei die Reduktion des Unendlichen auf hinreichend großes Endliches, d.h. Fragen, die zwar mathematisch endlich sind, relativ im Verhältnis zum menschlichen Zeitmaß aber unabsehbar und damit unendlich sind, werden durch Limesbildung begrenzt. Vgl. näher Müller aaO.; ferner Klug 1966; Simitis 1960; Allen-Caldwell 1963, S. 213 ff.; Delagrave 1964, S. 50 ff.; Knapp 1963 b, S. 397; Fiedler 1966 b, S. 93 ff.; Podlech 1968, S. 107 ff.; 1969, S. 158 ff., jeweils mit weiteren Nachweisen. Der von Müller aaO. aufgezeigte Weg könnte auch geeignet sein, die von Wieacker 1969, S. 398 ff. im Hinblick auf die Unendlichkeit der Aspekte bei der juristischen Subsumtion geäußerten Bedenken auszuräumen.

404 Dazu müssen freilich noch eine Reihe von praktischen Hürden überwunden werden, vgl. Podlech 1968, S. 107. Podlech erwähnt etwa die Kostenfrage, bestimmte verfassungsrechtliche Vorbehalte und den für eine kybernetische Anwendung nicht vorbereiteten Zustand der Rechtswissenschaft.

405 aaO., S. 172

406 1963, S. 100 ff. mit weiteren Nachweisen. Vgl. auch Berns 1963, S. 185 ff.

407 Schubert, aaO., S. 101

Als Beispiel für die bei solchen Untersuchungen vorstellbaren Ergebnissen sei hier nur die „unpräzise" Beweiswürdigung genannt. Knapp[408] will die Möglichkeit nicht a priori ausschließen, daß auch hierbei die Maschine in gewissem Maße Hilfe leisten könne. Sie könne, wenn erst einmal Maschinen im Einsatz seien, die auf das gesprochene Wort reagieren[409], Zeugenaussagen registrieren und analysieren, indem sie den Denkprozeß modellieren, den der Richter als Vorbereitung der eigenen Beweiswürdigung vornehme. Sie könne so die Aussagen etwa einordnen, systematisieren und vergleichen. Das könne wiederum die Beweiswürdigung beschleunigen, erleichtern und präzisieren. Natürlich seien derartige Erwägungen noch weitgehend utopisch, und es sei schwer, sich etwas derartiges vorzustellen. Aber Knapp führt aus: „Ich spreche ... von Skepsis, keinesfalls negiere ich diese Möglichkeit; wissenschaftlich kann sie heute nicht ausgeschlossen werden, ebensowenig wie sie nicht wissenschaftlich bewiesen werden kann"[410].

---

408 1963 b, S. 402 ff.

409 Derartige Eingabegeräte existieren bereits.

410 aaO. Vgl. auch Allen 1959, S. 955 ff. Dort wird der Gedanke einer maschinellen Überprüfung von Zeugenaussagen auf logische Widersprüche erörtert.

E. RECHTSWISSENSCHAFT UND „KYBERNETIK“

I. Rechtskybernetik – eine neue juristische Disziplin

Die Betrachtung einiger konkreter Nutzanwendungen datenverarbeitender Maschinen in den Bereichen von Exkutive, Legislative und Judikative hat das Ausmaß des bereits Erreichten gezeigt und einige Perspektiven für die Zukunft eröffnet. Dieses Ausmaß ist bereits groß genug, um alle Zweifel, ob die Kybernetik als neue juristische Hilfswissenschaft dienen kann, zu beseitigen[411]. Für die Rechtswissenschaft stellt sich damit die Aufgabe, die Ergebnisse der vielfach verstreuten Nutzanwendungen zu ordnen, zu überprüfen und nach gemeinsamen Erkenntnissen zu fragen. Denn diese Nutzanwendungen erfolgten vielfach zur Lösung einzelner, gerade anstehender Probleme, und zur Befriedigung praktischer Bedürfnisse, und sie wiesen demgemäß vorwiegend praktische Zielsetzungen auf[412]. Hier das Gemeinsame zu erkennen und nach den Grundlagen zu fragen, ist eine wichtige rechtstheoretische Aufgabe der Zukunft.

Einige allgemeine Aussagen über künftige Forschungsrichtungen erscheinen dabei schon heute möglich:

1) So wird man klären, wie groß der Bereich des Präzisen und damit quantitativ Faßbaren in rechtlichen Regelungen ist. Soweit dies der Fall ist, ist eine Automatisierung ohne weiteres möglich[413].

2) Im Zusammenhang damit wird man untersuchen, wo überall die juristische Tätigkeit Routine ist und wo schematisch vorgegangen wird; hier ist die Automatisierung besonders sinnvoll[414].

3) Von selbst wird man dann zu der Frage kommen, wieweit es möglich ist, auch im Bereich von Wertungen[415], d.h. im Bereich des Irrationalen, des unpräzisierbaren Gesamteindrucks, der Billigkeit und des Ermessens durch Hinnahme minderer, aber ausreichender Genauigkeitsgrade programmierbare

---

411 Darauf weist Simitis 1966, S. 28 hin.

412 Die Rechtswissenschaft kennt „im Gegensatz zu vielen anderen Wissenschaftszweigen noch keine gefestigte, allgemein anerkannte Anwendung kybernetischer Systeme, sondern nur eine sich ständig vergrößernde Anzahl von Nutzungsversuchen“, Simitis aaO., S. 8.

413 Die Beispiele an der Steuer- und Rentenverwaltung haben gezeigt, daß hier die Initiative in erster Linie von der Praxis kommen wird.

414 Vgl. Luhmann 1964, S. 1 ff. Im deutschen juristischen Sprachbereich ist dies wohl die erste ausführliche Untersuchung der Routine in modernen Großorganisationen.

Erfahrungen zu machen. Hier liegt ein Schwerpunkt der künftigen Forschung. Entscheidende Impulse werden von der modernen Mathematik und der mathematischen Logik kommen. „Macht man sich klar, daß manche oft als unanalysierbar angesehenen Begriffe wie Treue, Geldgier, Sicherheit usw. letztlich nur auf Grund von endlich vielen, wenn auch für den einzelnen unabsehbar vielen Einzeldaten definiert sind, dann erscheint es angesichts der Größenordnungen in der Unterscheidung von Einzelzuständen, die den Automaten zur Verfügung stehen, nicht ausgeschlossen, daß wir noch viel komplexere Strukturen, als heute bei der Weltraumfahrt behandelt werden, mit Automaten beherrschen können"[416]. Das Recht wird in einem bislang ungeahnten Ausmaß mit exakten und rationalen Methoden konfrontiert werden[417].

4) Besondere Sorgfalt wird man auf die Erforschung des juristischen Entscheidungsprozesses verwenden. Man wird die Arbeitsweise der Juristen gründlicher als bisher untersuchen, wobei eine enge Zusammenarbeit mit Psychologen unerläßlich sein wird[418]. Man wird die Struktur der Organisationen, in denen die Juristen tätig sind, unter neuen Aspekten überprüfen und

---

415 Podlech 1968, S. 107 bezeichnet als „Wert" in Rechtssätzen jede Regel des Vorziehens oder Nachsetzens von Sachverhalten. Für die Zukunft müsse erforscht werden, wieweit in der Rechtswissenschaft eine Reduktion von Werten auf Tatsächliches möglich sei. Vgl. auch Podlech 1969 passim, ferner Raisch 1970 S. 435 ff.

416 Müller 1967, S. 321. Diese Untersuchungen werden auch deshalb lohnend sein, weil das, was in ein logisches System eingefügt werden kann, den negativen Seiten des menschlichen Urteilsvermögens – Irrtum, Willkür und Unwissenheit – entzogen wird. Die an ihre Stelle tretenden „technischen" Fehlermöglichkeiten (Übertragungsfehler, technische Maschinenstörungen) lassen sich viel leichter bekämpfen. Um dieser Vorteile willen mag es angebracht sein, bis zu einem gewissen Ausmaß Schematisierungen und undifferenzierte Fallbehandlungen hinzunehmen. Natürlich muß man dann darauf achten, daß „die Übel der Indoktrination der Macht" sich nicht durch „die breite Hintertür einer manipulierten Programmierung wieder einschleichen können" (Wieacker 1969, S. 401). Aber: so undurchschaubar, unkontrollierbar und unentrinnbar, wie Wieacker es sieht, sind die Mechanismen der Automation auch wieder nicht. Das Problem sollte daher lösbar sein.

417 Diese Entwicklung ist übrigens auf anderen Gebieten festzustellen. Verwiesen sei auf die sog. „Denkfabriken" in den USA, insbesondere die Rand Corporation, die wissenschaftlich exakte Analysen auf Gebieten anstellen, auf denen – wie in der Politik oder im Militärwesen – bislang Erfahrung und Intuition dominierende Grundlage der Entscheidungen waren. Vgl. „Der Spiegel", 1967, Heft 15, S. 123 ff. Für die Rechtswissenschaft erwartet sich Podlech 1968, S. 163 f. von der Anwendung logischer Techniken die Ausscheidung zahlreicher Scheinprobleme und die Möglichkeit, sich statt mit Autoren und der anonymen „herrschenden Meinung" mit Ergebnissen auseinanderzusetzen.

418 Einen ersten – wenn auch spektakulären – Schritt in diese Richtung stellen die schon erwähnten Versuche dar, mit Hilfe sozialpsychologischer Analysen die Faktoren zu ermitteln, die das richterliche Verhalten bestimmen, vgl. Simitis 1967, S. 21.

die bislang vernachlässigten Gebiete Verwaltungslehre und Justizverwaltungslehre fördern[419]. Dabei wird man die methodischen Erfahrungen der modernen Unternehmensforschung („operations research")[420] berücksichtigen. Und man wird schließlich sozialwissenschaftliche Untersuchungen anstellen[421]. Dabei wird eine vermehrte Zusammenarbeit mit Soziologen erfolgen[422]. Ein Ergebnis dieser Untersuchungen werden bessere Kenntnisse über die soziale Beziehung der rechtlichen Tätigkeit sein; es wird in Zukunft nicht mehr möglich sein, rechtspolitische Ziele mit Mitteln und Methoden anzustreben, deren Wirkung nicht mit ausreichender Sicherheit vorher feststeht[423]. Ein weiteres Ergebnis dieser Untersuchungen werden neue – kybernetische – Gesichtspunkte in der Lehre vom Staat sein[424].

---

419 Einen ersten wichtigen Beitrag hierzu leistet die Arbeit von Luhmann 1966.

420 Darunter ist die Anwendung wissenschaftlicher – d.h. exakter – Methoden auf die Probleme der Unternehmensführung mit dem Ziel einer verstärkten Wirksamkeit dieser Unternehmensführung zu verstehen. Diese Probleme sind ebenfalls Probleme der Steuerung und Regelung; vgl. Chapin 1963, S. 95. Wenn solche Untersuchungen mit dem Ziel verbesserter Organisationssysteme in der Wirtschafts- und Sozialpolitik erfolgreich angestellt werden, muß das „ebenfalls prinzipiell für die Rechtspolitik in Frage kommen", Klug 1966, S. 169. Man wird also Verfahren, wie sie etwa bei Anwendung der verschiedenen Optimierungstheorien, der Spieltheorie, der Graphentheorie und der Netzplantechnik im Bereich der Wirtschaftswissenschaften entwickelt worden sind, auch im Bereich der Rechtswissenschaft anwenden.

421 Allerdings wird der Einsatz der Kybernetik im Bereich der Sozialwissenschaften erheblich problematischer sein als bei der Lösung genau formulierter rechtlicher Einzelprobleme. Suhr 1967, S. 219 weist daraufhin, daß Norbert Wiener davor gewarnt hat, kybernetische Ratschläge für die Sozialwissenschaften zu erteilen, da er überzeugt war, daß sie zu einer Fülle von oberflächlichen und schlecht durchdachten Arbeiten führen würden. Diese Schwierigkeiten dürfen aber nicht von entsprechenden Untersuchungen abhalten; gerade die Rechtsordnung ist ein Beispiel, an dem die Kybernetik „die Voraussetzungen und die Grenzen der Anwendbarkeit kybernetischer Systeme auf soziales Verhalten überhaupt ausmachen und erproben" kann, Simitis 1966, S. 8. Vgl. auch Podlech 1968, S. 107.

422 Hierzu vgl. Luhmann 1969, S. 1 ff. Luhmann stellt fest, daß die soziologische Methode den Erwartungen der Juristen nicht entspricht, sondern genau gegenläufig orientiert ist. „Dieses Ergebnis fordert dazu auf, sich ... sehr viel kompliziertere, damit aber auch realistischere Gedanken über Möglichkeiten einer interdisziplinären Kooperation von Soziologen und Juristen zu machen" (S. 2).

423 Vgl. Podlech 1969, S. 161 f.

424 Einen ersten Schritt in dieser Richtung stellt die Arbeit von Lang 1966 dar. Lang versucht, das Regelkreismodell der Kybernetik auch auf den Staat zu übertragen. Er begreift den Staat als einen „Regelkreiskomplex", in welchem zahlreiche Regelkreise laufen. Das Prinzip der Rückkopplung stelle die Beziehung zwischen der Wirklichkeit als Ist-Wert und der Rechtsordnung als Soll-Wert her. Damit werde ein System gewonnen, das für zahlreiche Erscheinungen in der politischen Wirklichkeit eine sachgerechte Erklärung ermögliche und auch eine neue Ordnung nahelege. Seine Vorzüge seien eine rasche Anpassungstätigkeit und eine „Versachlichungstendenz als Gegengewicht gegen ideologische oder nur wahltaktische Entscheidungen der politischen Machtträger" (S. 98). In der DDR, in der der

5) Neue und verbesserte Informationsmöglichkeiten werden erarbeitet und im Hinblick auf ihre rechtlichen Anwendungsmöglichkeiten erprobt werden. Die juristische Sprache wird in Zusammenarbeit mit der Linguistik eingehender erforscht werden als je zuvor; zugleich wird untersucht werden, wieweit eine Steigerung der Präzision durch den Gebrauch anderer Medien als der Sprache (Mathematik, Logik, graphische Modelle) möglich ist[425].

6) Schließlich wird die juristische Ausbildung verändert werden. Die Auseinandersetzung mit den neuen Gegebenheiten an den Hochschulen wird zu einer praktischen Anwendung kybernetischer Methoden auch im Bereich des Rechtsunterrichts führen, wobei zugleich eine verstärkte Kooperation mit der Pädagogik erfolgen wird[426].

Insgesamt zeichnet sich so die Entstehung einer neuen Disziplin „Rechtskybernetik"[427] ab, die der Rechtswissenschaft den Zugang zu solchen Disziplinen wie der mathematischen Logik, der Informationstheorie, der Systemtheorie und der Entscheidungstheorie eröffnet und deren rechtstheoretisches Kernstück nach Podlech[428] die „Lehre von der normativen Regelung sozialer Prozesse" ist. Es wurde bereits darauf hingewiesen, daß verschiedene juristische Fakultäten seit kurzem mit Vorlesungen und Forschungsarbeiten auf diesem Gebiet begonnen haben[429], und es kann als sicher angenommen werden, daß diese Ansätze intensiviert werden und in Zusammenarbeit mit den Vertretern anderer Fakultäten – insbesondere also mit Mathematikern, Psychologen, Soziologen, Sprachwissenschaftlern und Pädagogen – schon in naher Zukunft zu bedeutsamen Ergebnissen führen werden.

Gedanke einer staatlichen Führung der Gesellschaft besonders stark ausgeprägt ist, finden solche Modelle zunehmende Beachtung. Vgl. etwa Benjamin 1967, S. 1237 ff. und Posch 1967, S. 1700 ff., der den Staat kybernetisch modelliert und als Regler ansieht, welcher mit Hilfe von Weisungen auf das Regelsystem einwirkt, wobei die Weisungen entweder Rechtsnormen sind oder auf der Grundlage von Rechtsnormen erfolgen. Kritisch zur Arbeit von Lang: Suhr 1967, S. 197 ff.

425 Vgl. dazu u. Abschn. F.

426 Wie immer man über das Vordringen der Automation in die Rechtsordnung auch denken mag – ein Vorteil liegt unbestreitbar darin, daß Kenntnisse in elektronischer Datenverarbeitung an Juristen vermittelt werden und daß solche Kenntnisse für alle juristischen Berufe in Zukunft unerläßlich sind.

427 Dieser Ausdruck ist umfassender als der Begriff „Rechtsinformatik", freilich auch spekulativ belasteter.

428 1969, S. 163 ff.

429 Welche vielfältige Möglichkeiten hier bestehen, zeigt das Beispiel der Columbia University; dort werden römische Rechtstexte mit Hilfe eines Computers auf Interpolationen überprüft, vgl. den Bericht von Schiller in M.U.L.L. 1964, S. 119. Zu den Berührungspunkten von Recht und Kybernetik vgl. auch Suhr 1968, S. 354 ff.

II. Computer in der juristischen Ausbildung

Für die juristische Ausbildung kann das sogenannte „Programmierte Lernen" bedeutsam werden. Bei diesem Verfahren wird der Lernstoff in eine Kette von aufeinanderfolgenden Informationen, Fragen und Antworten zerlegt. Der Lernende kontrolliert sich ständig. Bei unrichtigen Antworten gibt der Elektronenrechner entweder die richtige Antwort, oder er gibt Zusatzinformationen und stellt Zusatzfragen, die Wissenslücken ausfüllen und zur richtigen Antwort führen[430]. Es tritt also ein Rückkoppelungseffekt ein. Abweichungen vom Musterwissen (Fehler) werden als neue Eingabe in das System eingeführt und führen zu neuen Operationen, um die Störung auszugleichen und eine Annäherung an das Muster herbeizuführen. Das Ziel dabei ist, den Lernprozeß zu intensivieren und zu rationalisieren, indem eine Anpassung an die individuellen Fähigkeiten des einzelnen Studierenden vorgenommen wird[431]. Eine solche Anpassung ist heute, wo die Schulvorbildung der Studenten stärker als früher differiert, von besonderer Wichtigkeit[432].

Auf juristischem Gebiet wurden entsprechende Überlegungen schon frühzeitig in den Vereinigten Staaten[433] und in der Sowjetunion[434] angestellt. So demonstriert Allen[435] ein von dem Psychologen Skinner an der Harvard University entwickeltes System für programmiertes Lernen. Der Text des von Allen verfaßten Beitrages ist zur Demonstration in entsprechender Weise verändert worden. Bei Skinner[436] ist das Lehrprogramm linear gestaltet. Demgegenüber sieht das Verfahren von Crowder[437] Verzweigungen und Schleifen vor. In Deutschland wurden entsprechende Versuche erstmals im

---

430 Vgl. näher Dilcher 1970, S. 215 f.; Berger 1964, S. 332 ff.; Pask 1964, S. 340 ff.; Correll 1965, S. 1 ff. und die weiteren Literaturhinweise dort (S. 99 ff.).

431 Dazu Fischerhof 1969, S. 1197: „Das Lernen mit programmierten Computern kann eine neue Form des Repetitoriums sein. Sie sollte entwickelt werden, ehe andere wissenschaftliche Disziplinen sie für sich monopolisiert haben". Auch Fechner 1969 weist eindringlich auf die Notwendigkeit hin, die juristische Ausbildung zu rationalisieren. Interessant ist in diesem Zusammenhang sein Vorschlag, den juristischen Lehrfilm einzuführen. Daß es angesichts einer alle 8 Jahre eintretenden Wissensverdopplung notwendiger denn je ist, statt der Anhäufung von Wissen das schöpferische Denken zu entwickeln und daß der programmierte Rechtsunterricht hierzu einen Beitrag leisten kann, hebt Kemper 1967, S. 1445 hervor. Vgl. dazu auch Correll aaO., S. 60 ff.

432 Vgl. Dilcher 1970, S. 215

433 Vgl. z.B. Mixon 1962, S. 226 ff.

434 Dazu s. Kerimov 1963 a, S. 73 f., der an den amerikanischen Bemühungen kritisiert, sie engten die Unabhängigkeit der Studierenden zu sehr ein und beeinträchtigten die schöpferische Entfaltung ihrer Fähigkeiten. Vgl. ferner Gilli 1967, S. 48; Kemper 1967, S. 1444 ff.

435 1962, S. 367 ff.

436 Vgl. näher Skinner 1954, S. 86 ff.

437 Vgl. näher Crowder 1959, S. 109 ff.

Jahre 1968 von Professor Dr. Dilcher in Bochum durchgeführt[438]. Dabei wurden gedruckte Programmtexte und Programmtonbänder verwendet. Das Verfahren wurde anhand von zwei Vorlesungsstunden aus dem Familienrecht zum Thema „Ehefähigkeit" und „Schlüsselgewalt" erprobt. Tests ergaben eine Vergrößerung des objektiven Lernerfolgs bis zu 30%. Freilich hebt Dilcher hervor, derartige Verfahren seien nur für solche Stoffquanten sinnvoll, die wegen ihrer Einfachheit und Überschaubarkeit in Alleinarbeit sinnvoll zu bewältigen seien, doch schätzt er immerhin den Umfang des im bürgerlichen Recht so erfaßbaren auf 50%. Inzwischen wurde der programmierte Rechtsunterricht in Bochum im Wintersemester 1969/70 am Stoff der Vorlesung „Sachenrecht" mit über 500 Teilnehmern erfolgreich weiter erprobt[439]. Die Erfahrungen sind so ermutigend, daß man den Einsatz von Computern für unerläßlich hält[440]. Dabei hat sich schon jetzt eine bemerkenswerte Erkenntnis ergeben. Es hat sich herausgestellt, daß die Programmierung „in Schwierigkeiten gerät . . ., wenn ein Gegenstand je nach weltanschaulicher Ausgangsposition andere Dimensionen annimmt, wie dies im Sachenrecht z.B. für die Bewertung der Eigentümerposition gilt. Deshalb wurde bei der Programmherstellung der Lernstoff auf die rechtstechnischen Materien ausgerichtet . . .[441]. Die Verlautbarung der bei der Programmherstellung ausgesparten weltanschaulichen Verschiedenheiten zu rechtspolitischen Fragen findet dann in Diskussionen ihren Platz. Damit zeigt sich auch hier die allgemein von der Einführung kybernetischer Methoden in das Recht ausgehende Tendenz, rechtstechnische und weltanschauliche Fragen deutlich voneinander zu trennen, ein Vorgang, der nur zu begrüßen ist.

Bedeutsam erscheint schließlich die Ausbildungsmöglichkeit durch sogenannte Planspiele („business games"). Dabei handelt es sich um die Darstellung einer bestimmten sozialen Situation durch ein mathematisches Modell. Der Teilnehmer am Planspiel übernimmt die Rolle eines Beteiligten an dieser sozialen Situation und fällt als solcher „Entscheidungen". Der Elektronenrechner bestimmt daraufhin die Folgen, welche diese Entscheidung in der Wirklichkeit gehabt hätte, indem er die Auswirkung dieser Entscheidung auf die vielen Tatsachen, die dabei in Frage kommen, in kürzester Zeit berechnet. Diese Planspiele sind erst durch datenverarbeitende Maschinen möglich geworden, weil allein sie die Vielzahl an Tatsachen, welche den gegenwärtigen Stand einer sozialen Situation ausmachen, so bewältigen

---

438 Vgl. Dilcher 1968, S. 391 f.

439 Vgl. Dilcher 1970, S. 214 ff. Das Studienprogramm wird Ende 1970 in Buchform beim Verlag de Gruyter veröffentlicht werden.

440 Allerdings will man erst gesicherte Erkenntnisse über die Programmierbarkeit von Rechtsstoff abwarten. Dilcher schätzt, daß hierzu noch mindestens drei Jahre Vorbereitungszeit erforderlich sind.

441 Dilcher 1970, S. 216

können, daß in kürzester Zeit Veränderungen durchgespielt werden können. Solche Planspiele werden in den Vereinigten Staaten an verschiedenen Universitäten insbesondere auf dem Gebiet der Städteplanung durchgeführt[442]. Vor allem aber bestimmen sie dort ganz maßgeblich Entscheidungen der wirtschaftlichen, politischen und militärischen Führung[443].

Es liegt auf der Hand, daß solche Planspiele auch bei der juristischen Ausbildung wertvolle Dienste leisten können. Dabei ist weniger an das Durchspielen eines fiktiven Gerichtsverfahrens gedacht, als vielmehr an die Schulung für Aufgaben der öffentlichen Verwaltung. Freilich sind entsprechende Aktivitäten bislang nur in Ansätzen sichtbar geworden[444].

Im Zusammenhang mit Ausbildungsfragen ist aber auch das bessere Verständnis zu nennen, das bei den rechtlichen Nutzanwendungen kybernetischer Systeme für die Probleme der Automation überhaupt gewonnen wird. Wenn der Jurist schon in seiner Ausbildung mit den Besonderheiten der Datenverarbeitung vertraut gemacht wird, wird ihm auch die spätere Behandlung der mannigfach durch die Automation in der Privatwirtschaft sich ergebenden Rechtsprobleme erleichtert werden. Das Recht der Automation wird wahrscheinlich in der Zukunft eine erhebliche Rolle spielen[445]. Auch wenn es dabei wohl nicht so sehr um neue Normen gehen wird, dürften angesichts des hier erfolgten Einbruches in den menschlichen Geist, dessen Ausmaß nicht mehr und vor allem nicht auf den ersten Blick erkennbar ist, die Anforderungen schon an ein Verständnis des neuen Tatbestandes beträchtlich sein[446]. In diesem Zusammenhang ist zu erwähnen, daß der Fachausschuß Rechtswissenschaft im AHD auf seiner Arbeitssitzung vom 16.1.1970 beschlossen hat, sich künftig auch mit dem durch die sich ständig erweiternden Aufgaben der elektronischen Datenverarbeitung aufgeworfenen Problembereich Recht und Automation zu beschäftigen.

---

442 Vgl. die Hinweise bei Gilli aaO.

443 Bekannt ist der große Anteil, den diese Methode an den Entscheidungen des US Department of Defense hat. Vgl. auch Zeidler 1959 a, S. 31. Der berühmteste Fall einer politischen Entscheidung durch den Computer ist wohl der im Koreakrieg vom amerikanischen Präsidenten „gefaßte" Entschluß, nicht Krieg gegen China zu führen.

444 S. Gradwohl 1966, S. 78

445 "Il existe désormais un droit aérien et un droit 'atomique' s'ébauche. Le droit de l'automation, comme celui de l'astronautique, accapera bientôt l'attention des juristes", Mehl 1960, S. 22

446 "It is believed that . . . very few new rules or major changes in rules are required because of the involvement of computers. The legal process is sufficiently dynamic and most of its rules are sufficiently elastic to absorb the new fact situation with relative ease. The problem, if there be any, is one of the adaptability of lawyers and judges to work with the very unique factual considerations so that an absolute minimum of unnecessary inconvenience will be imposed on users of the new technology", Freed 1966, S. 85.

F. JURISTISCHE DOKUMENTATION MIT COMPUTERN

I. Die Notwendigkeit einer besseren Informationserschließung[447] im Recht

1. Das Anwachsen der Literatur

Fiedler[448] hat hinsichtlich des lawinenartigen Anwachsens der Literatur von einem „notorischen Phänomen" gesprochen, und in der angelsächsischen Literatur hat sich hierfür der Ausdruck „information explosion" eingebürgert. Diese Erscheinung ist allerdings nicht ganz neu. Schon Leibniz beklagte in einem Brief an Kaiser Leopold I. vom 22. Oktober 1668 die „große Menge neuer Bücher", die jede Frankfurter Oster- und Herbstmesse erscheine und „so sich gemeiniglich auf etliche 100 belaufen". Heute vergrößert sich das Volumen aller Literatur der Welt pro Sekunde um 35.000 Wörter und pro Jahr um 1 Million Literaturstellen[449]. Was das für die in besonderem Maße Literatur erzeugende Rechtswissenschaft bedeutet, ist offensichtlich. So verfügt beispielsweise die „Law Library of Congress" in den Vereinigten Staaten über mehr als 1 Million Literaturstellen und die jährliche – ihrerseits ebenfalls zunehmende – Zuwachsrate beträgt 30.000[450].

Als Folge dieser „information explosion" wird es immer schwerer, wenn nicht gar unmöglich, selbst in eng umgrenzten Teilgebieten einen Überblick zu bekommen oder gar zu bewahren. Das führt zu einer in jeder Hinsicht verhängnisvollen Unkenntnis[451], die allenfalls durch das kaschiert wird, was Hoppenfeld[452] „secondary research" genannt hat, nämlich den faktischen Zwang, sich mit Zweitquellen und Zitaten zu begnügen.

---

447 Der Begriff ist umfassend zu verstehen. Er umschließt das Erfassen, Aufbewahren und Aufbereiten von Literaturstellen wie die Durchführung spezifischer Suchaufträge. Vgl. auch die Definition von Fiedler 1968 b, S. 274 f.; s. dort auch S. 278. Im angelsächsischen Sprachgebrauch hat sich der 1950 von Mooers eingeführte Begriff „information retrieval" eingebürgert, der den Akzent auf das Ergebnis der Suche legt und insofern irreführend ist, als nicht Informationen, sondern Dokumente, die diese enthalten, gesucht werden, vgl. Fairthorne 1958, S. 37. Im Französischen wird dagegen meist der Ausdruck „recherche documentaire" verwendet, der den Vorgang der Suche betont, vgl. Degouy 1961, S. 5 ff.; Mehl 1960, S. 24 ff.

448 1966, S. 695; vgl. auch Simitis 1967, S. 19 f.; 1969 passim.

449 Vgl. Kayton 1966, S. 6

450 Vgl. Tapper 1966, S. 315. Vgl. auch die Zahlen, die Kreuzer 1968, S. 139 nennt; ferner Fiedler 1968 b, S. 273. Die Karlsruher Juristische Bibliographie verzeichnet allein für das Jahr 1968 20.048 Beiträge. Das Bundesgesetzblatt, das 1953 8.300 Seiten umfaßte, ist von 1966 bis 1969 auf etwa 16.000 Seiten angewachsen.

Einige Zahlen zur Situation der Rechtsprechung in der Bundesrepublik Deutschland mögen dieses Bild illustrieren. Sie betreffen die Situation im Jahre 1967[453].

a) Zahl der Urteile und Vergleiche in Zivilsachen

	streitige Urteile	sonstige Urteile	Vergleiche
Amtsgericht	174.073	269.202	106.191
Landgericht (erste Instanz)	145.843	36.876	39.516
Landgericht (Berufungsinstanz)	22.275	587	5.987
Oberlandesgericht	19.014	699	7.450
Bundesgerichtshof (Revisionsinstanz)	1.273	9	37

b) Zahl der Urteile in Strafsachen

Amtsgericht	439.006	davon	Amtsrichter	282.862
		davon	Jugendrichter	80.187
		davon	Schöffengericht	57.928
		davon	Jugend-schöffengericht	18.029
Landgericht (erste Instanz)	10.995	davon	Schwurgericht	670
		davon	Große Strafkammer	8.596
		davon	Jugendkammer	1.729
Landgericht (Berufungsinstanz)	44.025	davon	Kleine Strafkammer	29.221
		davon	Große Strafkammer	11.196
		davon	Jugendkammer	3.608
Oberlandesgericht	4.663	davon	erste Instanz	103
		davon	Revisionsinstanz	4.560
Bundesgerichtshof	556	davon	erste Instanz	4
		davon	Revisionsinstanz	552

Diese Zahlen lassen den Versuch der Gerichte, sich mit den bisherigen Mitteln und Methoden erschöpfend über die Rechtsprechung zu bestimmten Fragen zu informieren, von vornherein als aussichtslos erscheinen und sie zeigen, daß auch bei einer Beschränkung auf die Judikatur der Oberlandesgerichte und des BGH eine lückenlose Information nicht mehr möglich ist. Das gilt nicht nur für Dritte, sondern auch für die Obergerichte selbst[454]. Die Erkenntnis dieses Mißstandes hat schon vor einer Reihe von Jahren zu ersten Abhilfeversuchen geführt. Eine im Jahre 1964 veranstaltete Umfrage ergab folgendes Bild[455].

a) Beim *Bundesarbeitsgericht* besteht eine „Nachschlagewerk" genannte Dokumentation, die rund 42% der eigenen Entscheidungen sowie sonstige Literatur erfaßt[465]. Erfaßt sind ferner rund 15.000 Tarifverträge. Daneben besteht ein Schnellauswertungsdienst für Fachzeitschriften. Jeder Bundesrichter hat seine eigene Leihsatzkartei zur ständigen Verfügung.

b) Beim *Bundesfinanzhof* werden alle eigenen Urteile sowie die sonstige einschlägige Literatur von einer eigenen Dokumentationsstelle erfaßt und dort selbständig ausgewertet[457]. Es werden Schlagwortkarteien verwendet, die zu Kurzbeschreibungen des Inhalts der Dokumente führen. Eine eigene Besprechungskartei erfaßt alle zu BFH-Urteilen veröffentlichten Besprechungen.

c) Der *Bundesgerichtshof* setzt mit seinem „Nachschlagewerk" eine schon vom Reichsgericht[458] begonnene Tradition fort. Erfaßt werden alle Entschei-

---

451 Zu den spezifischen Folgerungen für das Recht s.u. II. Darauf, daß auch Spezialisierung auf lange Sicht das Problem nicht löst, weist Kreuzer 1968, S. 139 hin. Daß die Informationslawine ein allgemein als brennend empfundenes Problem ist, zeigt auch die lebhafte Behandlung dieses Themas in der „Welt" vom 22.1.1970, 19.2.1970 und 5.3.1970 mit zahlreichen Beiträgen.

452 1966; S. 47

453 Nach Angaben des Bundesjustizministeriums. Neuere Angaben waren wegen der seit Anfang 1968 im Gang befindlichen Umstellung der Justizstatistik noch nicht erhältlich (vgl. o. Abschn. D I).

454 In bestimmten Fällen kollidiert dieses Unvermögen sogar mit gesetzlich normierten Pflichten. So sind beispielsweise die Oberlandesgerichte gemäß § 121 Abs. 2 GVG gehalten, bei einer dem Urteil eines anderen Oberlandesgerichts widersprechenden Meinung die Sache dem Bundesgerichtshof vorzulegen. Sie kennen aber mitunter nicht einmal die Rechtsprechung anderer Senate des eigenen Gerichts, vgl. Simitis 1967, S. 14 ff. Vgl. auch den Bericht „Juristisches Informationssystem mit Hilfe der elektronischen Datenverarbeitung".

455 Vgl. Gerstenkorn, Kirchner 1964

456 Veröffentlich in der „Arbeitsrechtlichen Praxis" (AP). Daneben werden die von den Richtern zur Veröffentlichung bestimmten Entscheidungen in der Reihe „Entscheidungen des BAvbG" veröffentlicht. Der jährliche Zugang beträgt 600 bis 700 Leitsätze. Die Fremddokumentation enthielt Ende 1963 rund 100.000 Nachweisungen.

457 Die Zahl der ausgewerteten Fachzeitschriften beträgt rund 70.

dungen der großen Senate, der Vereinigten Großen Senate und alle sonstigen Entscheidungen, die von den Senaten für wichtig gehalten werden. Die Senate selbst formulieren Kurzfassungen, die Leitsätze genannt werden[459]. Das Nachschlagewerk ist systematisch gegliedert[460]. Daneben bestehen bei den einzelnen Senaten sogenannte Senatskarteien. Ein eigenes Register wird von der Bundesanwaltschaft geführt. Fremde Literatur wird nicht erfaßt. Für die Zukunft ist die Erstellung eines alphabetischen Registers geplant.

d) Das *Bundessozialgericht* besitzt die wohl umfangreichste Dokumentation auf dem Gebiet des Sozialrechts, einem besonders unübersichtlichen und ständig im Fluß befindlichen Rechtsgebiet. Die wichtigsten Zeitschriften[461] werden von den Bundesrichtern selbst ausgewertet; daneben sind eigene Fachkräfte für diese Aufgabe eingesetzt, die in allen Fällen um die Erstellung von Kurzfassungen bemüht sind. Eine Reihe von Karteien erleichtert den Zugang zum System[462].

e) Das *Bundesverfassungsgericht* hat schon frühzeitig eine allgemeine Dokumentation eingerichtet, weil sich bei der intensiven Arbeitsweise der Verfassungsrichter das Bedürfnis nach einem problemorientierten Literaturzugang ergab. Erfaßt werden rund 280 Fachzeitschriften und jährlich rund 500 Festschriften, nicht aber Urteile[463], und Gesetze. Verwendet wird ein Sachkatalog, der nach Gruppenschlagwörtern eingeteilt ist. Daneben besteht ein Pressearchiv.

f) Beim *Bundesverwaltungsgericht* besteht sowohl eine Eigen- als auch eine Fremddokumentation. Eine eigene Abteilung wertet die Literatur aus, gliedert sie systematisch nach Sachgebieten des öffentlichen Rechts und eröffnet den Zugang mit Hilfe von Schlagwortregistern.

g) Der *Oberste Gerichtshof* in Wien hat ein „Evidenzbüro" eingerichtet, das eine systematische Rechtssatzkartei führt. Alle eingehenden Zivilrechtssachen werden dort vorweg auf die Existenz von relevanten Vorentscheidungen

---

458 Das RG hatte 1900 ein Nachschlagewerk für Zivilsachen begonnen. Seit 1924 wurden auch die Strafsachen erfaßt.

459 Die betroffenen Urteile heißen Leitsatzurteile. Erfaßt werden in Zivilsachen etwa 30% und in Strafsachen etwa 14% aller Urteile.

460 Es wird in der bekannten Loseblattsammlung von Lindenmaier-Möhring veröffentlicht. Der BGH hat die wohl größte Schlagwortsammlung entwickelt.

461 Ihre Zahl beträgt rund 50.

462 Sie enthielten Ende 1963 rund 230.000 Eintragungen. Eine systematische Gliederung (nach Paragraphen, medizinischen Gebieten, DDR, Ausland usw.) erleichtert die Benützung.

463 Auch nicht die Urteile des Verfassungsgerichts selbst. Hier werden die allgemeinen Hilfsmittel wie amtliche Sammlung und Bibliographien benützt.

geprüft, und der Berichterstatter erhält bejahendenfalls dann die Vorentscheidungen gleich mitgeliefert[464].

h) Das *Schweizerische Bundesgericht* in Lausanne hat schließlich bei den einzelnen Abteilungen bzw. Kammern Karteien eingerichtet. Die Urteilsverfasser füllen die Karteikarten selbst aus, indem sie eine zusammenfassende Inhaltsangabe einsetzen. Dies erleichtert dann der betreffenden Kammer den Überblick über ihre eigene Rechtsprechung.

Diese kurze Zusammenstellung zeigt, daß man nirgendwo mehr ohne Dokumentation auskommt, daß man aber auch nirgendwo bislang mehr als konventionelle Methoden mit all ihren Beschränkungen –Stoffauswahl, Schlagwortregister, systematische Gliederung, manuelle Verschlüsselung und Suche – anwendet[465]. Darüberhinaus ist – bedingt durch die Dezentralisation der Gerichte – eine durchaus unterschiedliche Entwicklung und Intensität der Dokumentationsbestrebungen zu verzeichnen. Dies mag noch angehen, wenn man nur die Bedürfnisse der Gerichte selbst ins Auge faßt; es scheint aber unbefriedigend, wenn man daran denkt, daß eine künftig verbesserte Dokumentation auch der Allgemeinheit zur Verfügung stehen muß[466].

Spiegelt so die Situation der obersten Gerichte besonders deutlich die gegenwärtigen Informationsschwierigkeiten wieder, so ist damit doch nicht gesagt, daß der Zugzwang, verbesserte Methoden anzuwenden, nur bei diesen liegt. Für Gesetzgeber und Verwaltung ist die Situation nicht minder ernst, und nicht weniger gilt dies für den privaten Bereich. Und es ist nicht nur die im Inland ständig zunehmende Informationslawine, die hier dazu zwingt, nach neuen Wegen Ausschau zu halten. Auch vom Ausland her kommen mit der wachsenden internationalen Integration neue Impulse. Bevölkerungsmobilität und Warenaustausch über die Grenzen hinweg bringen mehr und mehr die Notwendigkeit einer Beachtung ausländischen Rechts und internationaler Abmachungen mit sich, und das setzt voraus, diese Normen zu finden – eine Aufgabe, die gegenwärtig nur in seltenen Fällen befriedigend gelöst werden kann[467]. Auch von dieser Seite her entstehen zusätzliche Informationsprobleme und machen offensichtlich, daß ohne den Einsatz neuartiger Techniken die Informationskrise sich mehr und mehr zuspitzen wird[468].

---

464 Erfaßt wird auch Literatur aus der Bundesrepublik und aus der Schweiz.

465 Der Einsatz einer elektronischen Datenverarbeitungsanlage ist allerdings beim BSozG geplant.

466 Schon jetzt hat die Öffentlichkeit in einer Reihe von Fällen Zugang. Ausnahmen bilden BFH, BVerwG, OGH und SBG.

467 Vgl. Simitis 1969, S. 276 ff. „Die Informationskrise stellt ... eine auf breiter rechtsvergleichender Grundlage beruhende Rechtsanwendung genauso in Frage, wie den durch zahlreiche Konventionen und durch das internationale Privatrecht

2. Die Bewältigung der „information explosion“

Es ist für die heutige Situation aufschlußreich, sich kurz die historische Entwicklung zu vergegenwärtigen, die bei dem Bemühen stattgefunden hat, das schriftlich niedergelegte Wissen zu erfassen und parat zu halten. Diese Aufgabe fiel den Bibliotheken zu, die schon früh von der reinen Archivierung, d.h. Verwahrung und Erhaltung des Materials dazu übergingen, es einer interessierten Öffentlichkeit zugänglich zu machen. Das führte zu einer groben Einteilung der Bücher nach dem Inhalt und einer entsprechenden Aufstellung, so daß die Selbstbedienung ermöglicht wurde. Etwa zu Beginn des 20. Jahrhunderts war dann die Masse der Bücher so groß geworden, daß die öffentlichen Bibliotheken allgemein zum Karteisystem übergingen und das Schrifttum nach Titel und Autor erfaßten.

Die erste Äußerung, daß derartige „Register oder Catalogum“ nicht genug seien, stammt schon von Leibniz. In seinem erwähnten Brief spricht er die Notwendigkeit an, daß „alle Wissenschaften und Fakultäten“ den Überblick bewahren und schlägt ein „Protokoll oder Inventarium“ vor, in welchem „Kern, Inhalt, Abteilungen und denkwürdigste Anmerkungen“ des jeweiligen Buches „kurz herausgezogen werden . . . dadurch wird jedes Buches Güte und Wert dem Leser ohne Müh und Nachschlagen bekannt; dem Buchführer bleiben gute Bücher nicht liegen, der Käufer wird mit bösen nicht betrogen“[469].

Damit war schon eine wesentlich weitergehende Forderung gestellt als jene, die dann mit der Einführung von Schlagwortregistern und der Einteilung nach Sachgebieten erfüllt wurde.

Das weitere Anwachsen der Literatur brachte dann immer dringlicher die Notwendigkeit mit sich, nach verbesserten organisatorischen Methoden zu suchen. Es verwundert nicht, daß diese Bemühungen dort am ehesten praktisch wurden, wo die Vorurteile gegen die Verwendung technischer Hilfsmittel am geringsten waren – nämlich im technisch-naturwissenschaftlichen Bereich. Dort erwog man schon vor Jahrzehnten den Einsatz solcher Hilfsmittel, und das führte zunächst zum Einsatz von Lochkartenanlagen. In der Nachkriegszeit setzte dann im Anschluß an theoretische und grundsätzliche Überlegungen eine „Arbeitswelle“ ein, und heute ist die Dokumentation

---

gebotenen Respekt vor ausländischem Recht und internationalen Vereinbarungen“. (S. 285 f.).

468 In einem gemeinsamen unveröffentlichten Gutachten haben Fiedler, Klug, Simitis eindringlich auf die Verpflichtung des Staates hingewiesen, die Initiative zur Lösung der Informationskrise zu ergreifen und diese Aufgabe nicht Privaten zu überlassen. Der Staat müsse auch auf diesem Gebiet der sich ständig verändernden sozialen Situation Rechnung tragen.

469 Leibniz erbot sich, dieses Inventarium selbst zu errichten und erbat sich dazu ein kaiserliches Privileg.

zu einer jungen Wissenschaft geworden, welche den Bereich der Bibliothekslehre längst verlassen hat[470]. In verschiedenen Ländern wurden eigene Forschungszentren gebildet, die sich dieser Aufgabe nicht aus der Freude am geistigen Experimentieren annehmen, sondern deshalb, weil Information die „Voraussetzung für weitere Forschung, Entwicklung und Technik ist" und daher als „nationaler Rohstoff" allen „übrigen lebenswichtigen Rohstoffen" gleichrangig ist[471]. Das Resultat dieser Bemühungen ist die Schaffung sogenannter „automatischer Bibliotheken" für naturwissenschaftlich-technische Literatur[472]. Das ehrgeizigste Projekt dieser Art ist wohl das in der UdSSR geplante Informationszentrum für die gesamte naturwissenschaftlich-technische Literatur der Welt. Dazu führt Zemanek[473] aus: „In diesen Gedanken ist ein Fernziel ausgedrückt, dessen Betrachtung heute schon nicht nur lohnt, sondern ein Machtmittel von morgen vorbereitet. Daß im deutschen Sprachbereich auf diesen Gebieten so erschreckend wenig gearbeitet wird, daß dafür viel zu wenig Voraussetzungen geschaffen werden, ist nicht nur äußerst betrüblich, sondern wird sich in wenigen Jahrzehnten, vielleicht schon in wenigen Jahren rächen".

3. Rationalität und Bibliothekswesen

Im geisteswissenschaftlichen – und damit auch im juristischen – Bereich gibt es zwei weitverbreitete Irrtümer, die eine Lösung des Dokumentationsproblems mit technischen Mitteln – d.h. hier datenverarbeitenden Maschinen – hemmen. Der eine Irrtum liegt darin, daß die Suche nach relevanter Literatur als Bestandteil der geistigen Tätigkeit angesehen wird[474]. Der andere Irrtum liegt in einer in Bibliotheken verbreiteten Ansicht, wonach Rationalität bei der Informationssuche von sekundärer Bedeutung ist[475].

---

470 Pietsch 1961, S. 1338

471 Pietsch, aaO. In Deutschland ist hier vor allem die mit Unterstützung der Max-Planck-Gesellschaft in Frankfurt/Main errichtete „Zentralstelle für maschinelle Dokumentation" zu nennen, vgl. Schneider 1965 u. die Mittlgn. der Max-Planck-Gesellschaft Nr. 1, 1970; ferner die Deutsche Gesellschaft für Dokumentation e.V. in Frankfurt/Main, die ein Lehrinstitut eingerichtet hat, in welchem „Dokumentare" ausgebildet werden.

472 Vgl. Woitschach-Körner 1962; Frank 1964 d; Hiller 1965 mit weiteren Nachweisen.

473 1962, S. 51

474 Simitis, S., 1966, S. 15 weist darauf hin, daß die Literatursuche eine „der Rechtsanwendung im Grunde wesensfremde" und „mehr oder weniger mechanische Arbeit" ist. Vgl. auch Kayton 1966, S. 6: "The retrieval of case law, although necessary, is not a creative portion of the lawyers work (although because of the inherent limitations of traditional research materials . . . one must often be creative to find materials with the tools available)".

475 Vgl. Mueller, M.W., 1961, S. 1348

Diese beiden Irrtümer haben wesentlich zu jener von Mueller[476] kritisierten Haltung vieler Bibliotheken und Bibliothekare beigetragen, wonach diese ihre Aufgabe getreu der geschichtlichen Entwicklung vorwiegend darin erblicken, die ihnen anvertrauten Bücher zu verwahren, zu erhalten und ordnungsgemäß zu verwalten. Sie halten es für vordringlich, jederzeit zum Standortnachweis imstande zu sein und konzentrieren sich darauf, den Rücklauf des ausgeliehenen Schrifttums zu überwachen. Zur Unterstützung des Benützers stellen sie zwar Karteien bereit, aber damit dienen sie in Wahrheit ihren eigenen Bedürfnissen, denn die Karteien entsprechen voll den eben genannten Aufgaben, während „selbst die ausgereiftesten Karteien wenig zur Informationserschließung beitragen"[477]. Die Mängel der Stichwortkarteien sind – besonders bei komplexen Problemstellungen – evident und die Namens- und Titelregister setzen voraus, daß dem Suchenden zumindest ein Name oder Titel bereits bekannt ist. Er kann dann zwar einer so gefundenen Literaturstelle weitere Angaben entnehmen, wird aber dabei immer nur zu älterer Literatur geführt.

Mueller setzt nun in seinem Beitrag[478] die Begriffe Information und Rentabilität zueinander in Beziehung[479]. Dabei stellt er die für den Systemforscher, der gewohnt sei, den Nutzwert eines Systems gegen seine Erstellungs- und Unterhaltskosten abzuwägen, fast unglaubliche Tatsache heraus, daß trotz der lebhaften Diskussion der letzten Jahre über die Probleme der Dokumentation[480] sich noch niemand ernsthaft bemüht habe, einen Wert für Informationen festzulegen. Die wesentliche Ursache hierfür sieht er in der genannten Einstellung der Bibliothekare zum inneren Gehalt von Büchern, wenngleich auch andere Ursachen bei dieser Erscheinung mitspielen: „Information ist als Wertbegriff schwer faßbar; das derzeitige Interesse an Informationserschließungstechniken ist verhältnismäßig jung, und

476 aaO.

477 Mueller aaO., S. 1350

478 Es handelt sich um einen Vortrag, den Mueller auf der Information Retrieval Conference der IBM in Poughkeepsie, USA (21. bis 23.9.1959) gehalten hat. Darin berichtete er über seine Untersuchungen in der Operations Research Abteilung der Lockheed Werke, die zum Ziel hatten, einige für das Büchereiführungssystem eines typischen Industriewerkes bestimmende wirtschaftliche Faktoren aufzudecken.

479 Mueller untersucht das Problem da, wo das Gesetz des Wettbewerbs herrscht. Aber seine Ergebnisse sind auch dort wertvoll, wo kein Wettbewerb herrscht, der sich in einer Bilanz ausdrückt.

480 Die Literatur hierzu ist bereits unübersehbar geworden. Vgl. für die juristische Dokumentation Allen, Brooks, James 1962. Eine von der Deutschen Gesellschaft für Dokumentation veröffentlichte Bibliographie (Deutschsprachiges Schrifttum zur Dokumentation, Frankfurt/Main, 1969) weist allein für die Jahre 1960 bis 1969 550 Titel auf.

die Entwicklung von Arbeitsmethoden ist, wie immer bei neuen Forschungsgebieten, wichtiger als die Kostenfrage".

In seiner Untersuchung kommt Mueller zu dem Ergebnis, daß Information einen meßbaren Wert habe und daher als Ware angesehen werden müsse[481]. „Dieser Wert ist groß genug, um auch Skeptiker für verbesserte Methoden der Informationsrecherche zu interessieren, andererseits aber so klein, daß sich überlegtes Vorgehen empfiehlt, damit der erzielte Betrag nicht von unnötig aufgewendeten Methoden zum größten Teil oder gar vollständig aufgesogen wird"[482]. Als Ergebnis seiner Untersuchung formuliert Mueller eine Reihe von Leitsätzen für den Entwurf eines Recherche-Systems und schlägt ein Informationszentrum vor, das sich wesentlich von einer konventionellen Bücherei unterscheidet. Während diese auf Verwahrung bedacht ist (Kriterium: Alter), auf Profitlosigkeit eingestellt ist (Kriterium: Sparsamkeit), nachweisbewußt ist (Kriterium: Standortskontrolle) und insgesamt einen passiven Charakter hat, soll das vorgeschlagene Informationszentrum auf Benutzung bedacht sein (Kriterium: Nutzen), auf Gewinnerzielung eingestellt sein (Kriterium: Reingewinn), inhaltsbewußt sein (Kriterium: Informationserschließung) und insgesamt einen aktiven Charakter haben.

Diese Überlegungen können auch auf ein juristisches Informationszentrum übertragen werden, wobei nur klarzustellen ist, daß unter Gewinn der – nicht unbedingt in Geld zu messende – Gewinn des Benutzers zu verstehen ist, der durch Vermeidung von Wartezeiten, überflüssigen Gängen und Sucharbeiten an Katalogen entsteht. Wenn es gelingt, die Erkenntnis, daß Bibliotheken ausschließlich für die Benutzer da sind, in die Tat umzusetzen, wenn es erreicht wird, aktive Informationszentren zu schaffen, die sich den Bedürfnissen ihrer Benutzer anpassen statt umgekehrt eine Anpassung an ihre (benutzerfeindlichen) Systeme zu verlangen, und wenn ein Zustand geschaffen wird, in dem der Benutzer nicht mehr der geborene Störenfried der Bibliotheksordnung ist, wird dies einen bedeutsamen Fortschritt darstellen. Denn auch geistige Tätigkeit, welche unwirtschaftlich verrichtet wird, führt in der volkswirtschaftlichen Gesamtrechnung zu einem Verlustfaktor[483].

---

481 Für öffentliche Büchereien ist damit nicht die Forderung nach dem Verkauf von Informationen, sondern nach der Berücksichtigung der Rationalitätsbedürfnisse des Benutzers gestellt.

482 Das Verfahren, mit dem Mueller den Marktwert von Informationen und das Problem des Nichtbestehens einer Informations-Normeinheit untersucht, hängt natürlich weitgehend von den Besonderheiten seines Untersuchungsobjektes – eines Industrieunternehmens – ab. So orientiert er sich beispielsweise an der Nachfrage nach Informationen, stellt statistische Mittelwertberechnungen an und ermittelt, welche Konstruktionszeiten durch Informationen im Schnitt entfielen und wie stark die Produktivität dessen, der eine Information benötigt, herabgesetzt ist, bis er sie erhält. Es dürfte jedoch nicht viel schwieriger sein, entsprechende Untersuchungen im juristischen Bereich anzustellen.

II. Die Rolle der Dokumentation in Rechtsprechung, öffentlicher Verwaltung und Gesetzgebung

Je nach der Art der verschiedenen juristischen Tätigkeiten stehen bestimmte Aspekte der Dokumentation im Vordergrund, auf die im folgenden näher eingegangen werden soll.

1. Rechtsprechung

Bei der Tätigkeit des Richters handelt es sich um die Subsumtion festgestellter oder als wahr unterstellter Sachverhalte unter das geltende Recht. Der Richter muß also das jeweils geltende Recht ausmachen; dies sollte so gründlich, aber zugleich so rationell und so schnell als möglich geschehen. Zeitmangel, Arbeitsüberlastung und ein unzureichendes Bibliothekssystem stehen aber dieser Forderung im Wege. Der Einsatz von Computern kann Abhilfe schaffen, wobei die modernen Techniken der Datenfernübertragung auch kleinen und abgelegenen Gerichten den Zugang zum Informationszentrum ermöglichen. Indem die Maschinen das geltende Recht ausmachen, beschleunigen sie das Verfahren, verringern den Kenntnismangel und schaffen Raum für die schöpferische Auseinandersetzung mit den eigentlichen Rechtsfragen. Dadurch dienen sie insgesamt der Rechtssicherheit[484].

Mit der Aufgabe, das Recht auszumachen, ist zunächst die Aufgabe angesprochen, die geltenden Normen auszumachen. Das kann besonders in unübersichtlichen, oft geänderten Nebengebieten bedeutsam werden[485].

Diese Aufgabe ist übrigens auch in den Vereinigten Staaten, wo das Recht weitgehend durch Präjudizien bestimmt ist – und gerade dort – von besonderer Wichtigkeit, weil das kodifizierte Recht dort einerseits einen beträchtlichen Umfang aufweist, andererseits nur schwer überschaubar ist[486].

Bedeutsamer jedoch dürfte das Gebiet der gerichtlichen Entscheidungen sein. In den durch das Präjudizienrecht bestimmten Rechtsordnungen der Vereinigten Staaten und Großbritanniens ist es besonders dringlich, die gerichtlichen Entscheidungen zu kennen. „In diesen Fällen ist Unkenntnis der Entscheidun-

---

483 Vgl. auch Swanson 1960, S. 1099 ff.; Heinemann 1968, S. 82; Mehl 1960, S. 23 f.; Degouy 1961, S. 11.

484 Vgl. Simitis 1966, S. 12 ff. und zur Frage der dadurch geförderten Einheitlichkeit der Rechtsprechung 1967, S. 19 f.

485 Klug 1966, S. 169 weist auch auf die Möglichkeit hin, durch den Einsatz datenverarbeitender Maschinen die versehentliche Anwendung zeitlich begrenzter Normen nach Ablauf der Gültigkeitsdauer zu verhindern.

486 Vgl. u. Abschn. VI. Dabei kommt es auch zu überraschenden Ergebnissen. So ergaben Untersuchungen an der Universität Pittsburgh die Geltung britischen Admiralitätsrechtes in den Vereinigten Staaten. Auch wurde entdeckt, daß in Massachusetts Maskenbälle illegal sind.

gen gleichbedeutend mit mangelnder Kenntnis des Rechts"[487]. Dieser Kenntnis steht jedoch vielfach der gewaltige Umfang des Materials entgegen wie auch die Mangelhaftigkeit der herkömmlichen Ordnungssysteme[488]. Aber auch in den Rechtsordnungen, welche auf dem Prinzip der Kodifikation beruhen, ist die Kenntnis vor allem der höchstrichterlichen Entscheidungen für die Tätigkeit des Richters unentbehrlich. „Der positivistische Irrglaube, das Gesetz könne und müsse sämtliche denkbaren Fälle regeln, hat sich spätestens seit der Jahrhundertwende überholt. Rechtsanwendung ist Rechtsfortbildung. Mit dem Augenblick, in dem die erste Entscheidung zu einem Gesetz ergeht, ist dessen Bedeutung nur noch seiner Interpretation zu entnehmen. Das Gesetz ist das, was Lehre und Rechtsprechung aus ihm machen"[489].

Immer aber besteht bei der Informationssuche des Richters eine wichtige Besonderheit. Der Richter arbeitet gezielt. Ausgangspunkt seiner Tätigkeit ist der gegebene, feststehende Fall. Von ihm hängen Art und Ausmaß der Rechtsanwendung ab. Wirft der Fall rechtliche Zweifelsfragen auf, so sucht der Richter Stimmen, die seinen oder einen vergleichbaren Fall behandeln. Ihn interessieren nicht allgemeine Ausführungen zur gerade anstehenden Problematik und zu allen möglichen Variationen seines Falles. Er will vielmehr konkret wissen, ob und wie der BGH etwa die Frage entschieden hat, ob aus dem einem Minderjährigen gestatteten Erwerb und Besitz des Führerscheins eine allgemeine Einwilligung des gesetzlichen Vertreters in den Abschluß eines Mietvertrages über ein Kraftfahrzeug durch den Minderjährigen gefolgert werden kann. Er kennt die Prinzipien der §§ 107, 108, 110 BGB; er sucht kein Material, das sich allgemein mit ihnen befaßt; er will lediglich wissen, ob und mit welchen Argumenten sein spezifischer Fall entschieden worden ist und ob es verwandte Fälle gibt, denen Argumente für sein Problem zu entnehmen sind.

Für die automatisierte juristische Informationserschließung ergibt sich daraus eine wichtige Schlußfolgerung. Da nämlich genau festliegt, welchen Inhalt eine gesuchte Literaturstelle im Idealfall hat, kann dieser Inhalt als Maßstab der Suche genommen werden. Das Dokumentationsproblem reduziert sich weitgehend zu einem Sprachproblem[490]. Der Richter weiß, welchen Inhalt die Literaturstelle hat, die er nicht kennt.

487 Simitis, S., aaO., S. 13

488 Vgl. die Angaben bei Simitis aaO.; Kayton 1966, S. 7

489 Simitis aaO.

490 Es liegt ähnlich wie bei der Dokumentation technischer Literatur, wo die beschriebenen Tatsachen das Ordnungsprinzip ergeben. Sie sind immer gleich; nur die Beschreibung kann wechseln. Das erleichtert die Dokumentation. Vgl. u. den Abschn. über das Patentwesen.

Im Gegensatz hierzu stehen die Fälle, in denen eine Kenntnislücke besteht, die durch die Suche erst ausgefüllt werden soll. Das ist beispielsweise der Fall, wenn ein Jurist eine allgemeine Abhandlung über die im Zusammenhang mit den §§ 107 ff. BGB möglichen Probleme schreiben will. Er wird nicht von selbst auf alle hier möglichen Konfliktsituationen kommen[491]. In diesen Fällen liegt in der Suche zugleich ein extensiver Lernvorgang, der dazu führen kann, daß der Sucher am Ende vor einer veränderten Problemstellung steht. Es liegt auf der Hand, daß in diesen Fällen das Dokumentationsproblem kein reines Sprachproblem ist und erheblich schwieriger zu lösen ist.

Die richterliche Tätigkeit ist jedoch in aller Regel nicht extensiv in dem hier dargelegten Sinne[492] und daraus folgt, daß sie sich besonders gut für den Einsatz eines wirksamen Dokumentationsverfahrens eignen müßte. Neben der vollständigen, leichten und zeitnahen Erfassung höchstrichterlicher Entscheidungen könnte der besondere Vorteil des Verfahrens darin liegen, auch die Entscheidungen niederer, gleichrangiger Gerichte zu erfassen. Die Beschränkung auf den spezifischen Fall verhindert dabei, daß die Masse des Materials unübersichtlich wird. Das so gewonnene Material kann gleichzeitig für die schon angesprochene allgemeine Rechtsstatistik ausgewertet werden.

2. Öffentliche Verwaltung und Gesetzgebung

In der öffentlichen Verwaltung wird im Unterschied zur Rechtsprechung vielfach nicht der scharf konturierte Fall der rechtlichen Lösung zugeführt, sondern es werden Fälle wie rechtliche Lösungen geschaffen oder verändert, wenngleich die Grenzen natürlich fließend sind und die Verwaltung auch Fälle kennt, bei denen eine der richterlichen Tätigkeit vergleichbare Rechtsanwendung geübt wird. Häufig überwiegt hier jedoch das gestaltende und schöpferische Element. Wenn die Verwaltung aber tatsächliche Situationen erst schafft, die sie dann am Recht messen will, dann besteht vielfach jene erwähnte Kenntnislücke, die nur durch eine extensiv ausgeführte Suche

491 "An even more difficult problem occurs where the researcher knows that there is a gap in his knowledge without knowing what it is that he does not know. Here, knowledge of the labelling system serves only to suggest possible areas which might hold the information to fill the gap", Eldridge-Dennis 1963 b, S. 79 f. In solchen Fällen ist es natürlich möglich, alle zu diesem Gebiet gehörende Literatur auszumachen, aber das erbringt nichts als eine unübersichtliche Masse an Material. "It is no triumph in document retrieval to produce every relevant document, if at the same time you produce a morass of irrelevant documents", Kayton 1966, S. 22.

492 Sie kann rechtsschöpferisch sein, indem das Recht fortgebildet wird; sie kann aber nicht tatsachenschöpferisch sein, denn niemals hat der Richter die Möglichkeit, den Fall (Sachverhalt) abzuändern. Allenfalls kann er eine gedankliche Brücke zu vergleichbaren Fällen schlagen.

ausgefüllt werden kann. Daraus ergibt sich ein erhöhter Schwierigkeitsgrad der Dokumentation, dem eine geringere Bedeutung gegenüberzustehen scheint. Aber dem ist nicht so. Die für die öffentliche Verwaltung relevante Literatur ist sicherlich ebenso umfangreich wie im Bereich der Rechtsprechung, und ihre Kenntnis ist hier ebenso wichtig wie dort. Lediglich weil bei der Verwaltung die dynamische Einflußnahme auf die Tatsachen im Vordergrund steht – ein Element, das es beim Richter nicht gibt – kann der optische Eindruck minderer Wichtigkeit ausreichender Information entstehen.

Für die Gesetzgebung schließlich sei zunächst auf die Bemühungen um die Gesetzesbereinigung hingewiesen[493]. Verwandt ist damit die Aufgabe, sämtliche durch ein geplantes Gesetz bewährte Vorschriften ausfindig zu machen, um sie zu ändern, anzupassen oder aufzuheben. Bei der Schaffung des neuen Ordnungswidrigkeitengesetzes mußten beispielsweise vierhundert betroffene Gesetze und Verordnungen in langwieriger, mühevoller Arbeit „manuell" ermittelt werden. Bei der zunehmenden Kompliziertheit aller Lebensgebiete entsteht hier mehr und mehr eine Bremse für größere legislative Vorhaben; zugleich wird die Gefahr gesetzgeberischen Flickwerkes immer größer. Bereits heute ist das Stadium erreicht, in dem die bisherigen Verfahren angesichts der Unübersichtlichkeit und Kompliziertheit des Rechts nicht mehr ausreichen. Das Ergebnis ist eine Flucht in die Generalklausel, von der § 106 Abs. 1 des Berufsbildungsgesetzes vom 14.8.1969[494] ein Beispiel gibt: „Mit dem Inkrafttreten dieses Gesetzes treten alle Vorschriften und Bestimmungen, die den gleichen Gegenstand regeln oder diesem Gesetz widersprechen, außer Kraft. Dies gilt insbesondere für . . ." Deutlicher kann die Hilflosigkeit des Gesetzgebers nicht mehr zum Ausdruck kommen. Er hebt Gesetze pauschal auf, weil er sie nicht mehr finden kann. Die Folgen für die Rechtssicherheit liegen auf der Hand[495].

Schließlich sei auf das Bedürfnis hingewiesen, die Stimmen aller Betroffenen zu hören, zu ordnen und auszuwerten, ehe soziale Konfliktsituationen der gesetzlichen Regelung zugeführt werden. Dieser letzte Punkt wirft endlich die Frage auf, ob es möglich und notwendig ist, Verfahren zur Informationserschließung zu entwickeln, die nicht speziell auf juristische Bedürfnisse zugeschnitten sind, die also auch den Bezug zu anderen Fachgebieten erlauben. Diese Forderung wird von Eldridge-Dennis[496] erhoben: "A searching system . . . should be capable of superimposition on any body of

493 „Dahinter verbirgt sich die unliebsame Erkenntnis, daß eine nur annähernd lückenlose Kenntnis des geltenden Rechts eigentlich nicht mehr möglich ist", Simitis 1966. S. 14.

494 BGBl. I, S. 1112

495 Vgl. Simitis 1969, S. 294

496 1963 b, S. 79

literature. Any researcher, armed with a thorough analysis and understanding of his problem should be able to wade confidently into the literature of law, biology, sociology, anthropology, or economics (or cosmoprudence)". Sie erscheint berechtigt angesichts einer Entwicklung, die mehr und mehr dazu führt, daß die überkommenen Grenzen zwischen den verschiedenen Wissenschaftszweigen fraglich werden[497]. Wieweit es aber möglich ist, ihr zu entsprechen, kann heute noch nicht abschließend beurteilt werden.

III. Gemeinsame Probleme der verschiedenen Verfahren[498]

Es kann hier nicht der Versuch unternommen werden, sich mit den Problemen der Dokumentation im allgemeinen auseinanderzusetzen (wenngleich das letztlich auch für die Dokumentation im Recht unerläßlich sein wird). Hier können nur einige orientierende Bemerkungen erfolgen, die für das Verständnis der verschiedenen rechtlichen Nutzungsversuche notwendig sind.

Zunächst einmal läßt sich die Feststellung treffen, daß das Dokumentationsproblem von der maschinellen Seite her im wesentlichen als gelöst anzusehen ist[499]. Geeignete Computer stehen zur Verfügung. Moderne Ein- und Ausgabegeräte und leistungsfähige Großspeicher erlauben die Speicherung selbst umfangreicher Texte, und neue Techniken stehen vor der Einführung, die hier nochmals zu erheblichen Kapazitätsausweitungen führen werden[500]. Die Texte werden einfach durch Codierung mit Binärzahlen erfaßt. Der technische Vorgang der Verarbeitung und Suche beruht dann auf der Fähigkeit der Maschine, mit den binär verschlüsselten Codezeichen, welche für

497 Das beste Beispiel hierfür ist wohl die Kybernetik selbst. Wer sie als juristische Hilfswissenschaft anwenden will, kann nicht an kybernetischer – u.d. heißt vielfach technischer – Literatur vorübergehen. Wieacker 1969, S. 393 hat mit Recht betont, daß die Erfassung tatsächlicher, historischer, sozialer oder wirtschaftlicher Daten für die Zwecke der Rechtsforschung ein „prinzipielles wissenschaftliches Postulat" und die rasche und übersichtliche Weitergabe dieser Information an die an gesetzgeberischen Entscheidungen Beteiligten „auch ein praktisch-politisches Postulat ersten Ranges" ist.

498 Vgl. dazu Allen, Brooks, James, 1962; Bar-Hillel 1962, S. 408 ff.; Degouy 1961; Eldridge-Dennis 1963 b; Loevinger 1963; Mehl 1960; Simitis 1966, Seidel 1970 und für weitere Nachweise die Bibliographie von Duggan 1966.

499 Diese Feststellung wurde schon im Jahre 1959 auf der International Conference on Automatic Documentation in Action (ADIA) in Frankfurt/Main, 9.–12. Juni 1959, getroffen. Vgl. Pietsch 1961, S. 1338 ff.

500 Zu nennen sind etwa optische Lesegeräte, Mikrofilmverfahren, elektronische statt mechanische Ausgabe und Laserspeicher. Auch ist es denkbar, schon bei der Drucklegung der Quellentexte maschinenlesbare Fassungen herzustellen. Vgl. Fiedler 1968 b, S. 277.

die Wörter des Textes stehen, formal zu operieren, wobei insbesondere die Fähigkeit wichtig ist, Symbole miteinander zu vergleichen[501]. Die Zahl der auszuführenden Operationen ist theoretisch unbegrenzt. Jedes gespeicherte Wort kann so zugleich als Registerbegriff verwendet werden, und es können zahlreiche Begriffe in einem Arbeitsvorgang gesucht werden.

Ein wichtiger Beitrag wird in Zukunft von der Linguistik erwartet, die sich „mit aller Aufgeschlossenheit und Einfühlung“ dem „jeweiligen Dokumentationsproblem“ widmen muß[502]. Sie wird es vielleicht einmal ermöglichen, der Vielfalt und dem Reichtum der Sprache in einem automatisierten Verfahren für die Dokumentation ein Konzentrat zu entnehmen, welches klar und eindeutig den Informationsgehalt wiedergibt und die Schwierigkeiten zu überwinden, die sich aus eben dieser Vielfalt und diesem Reichtum für die Dokumentation ergeben. Denn alle juristische Information wird bislang über die Sprache vermittelt. Die datenverarbeitende Maschine kann daher immer nur Vergleiche zwischen Formulierungen anstellen. Die Ansätze, sich anderer Medien zu bedienen – etwa graphischer Modelle oder der Mathematik und der mathematischen Logik – bleiben als noch ferne Zukunftsvisionen hier außer Betracht. Daraus folgt, daß es zur Zeit nicht möglich ist, ein System zu konzipieren, welches unmittelbar auf eine Anfrage hin die gewünschten Informationen liefert[503]; es können nur Systeme entworfen werden, die Dokumente liefern, denen die gewünschten Informationen mit einer gewissen Wahrscheinlichkeit zu entnehmen sind[504]. Grundlage dieser Systeme ist immer eine vergleichende Behandlung der jeweiligen Formulierungen[505].

Hier hat nun die theoretische Kritik von Bar-Hillel[506] angesetzt, der darauf hinwies, daß die Zahl der Definitionsmöglichkeiten unendlich sei. Beispielsweise könne die Zahl 3 durch „2 + 1“, „1 + 2“, „1 + 1 +1“, „4 – 1“, „5 – 2“ usw. ad infinitum dargestellt werden. Diese theoretisch unendliche Zahl von Definitionsmöglichkeiten in einem automatisierten Verfahren erfassen zu

---

501 Vgl. o. Abschn. A II; ferner Furth 1965, S. 189 f. Zur automatischen Bibliothek s. Woitschach-Körner 1962, S. 1273 ff.

502 Pietsch 1961, S. 1339. Die Lage ist ähnlich wie bei der automatisierten Sprachübersetzung, vgl. dazu Fiedler 1968 b, S. 276

503 Das betont Bar-Hillel, 1962

504 Keines der zur Zeit konzipierten Systeme unternimmt etwa den Versuch, sich von den Dokumenten zu lösen und nur „das Recht“ zu speichern, d.h. den Inhalt der vielen juristischen Abhandlungen ohne Wiederholungen, nur mit Zitaten, in Art einer Superkodifikation. Ein solches Verfahren, so ideal es in der Theorie ist, wäre nur möglich, wenn man einen ausreichenden Code für die Dokumentation hätte. Die Sprache aber ist hierfür zu kompliziert, zu vielfältig und zu lebendig..

505 Mit Recht betont Reimer Schmidt 1966, S. 26 daher, daß eine *saubere juristische Begriffsbildung* des Gesetzgebers eine Rationalisierungshandlung ersten Ranges darstellt.

506 aaO.

wollen, sei nicht möglich. Daher sei es methodisch verfehlt, die Informationserschließung ohne dazwischengeschaltetes menschliches Registrieren vornehmen zu wollen. "... the only steps of the literature search process which are amenable to performance by a digital computer are those steps which follow the assignment of the Boolean function over the topic terms, up to and including the printing of the reference list"[507].

Diese Folgerungen werden aber durch die Tatsache widerlegt, daß die Zahl der Definitionen in der Praxis immer endlich ist, so wie auch die Zahl der Dokumente endlich ist[508]. Hinzu kommt die Existenz einer recht ausgereiften Standardisierung gerade der juristischen Sprache, die „dank jahrhundertelanger Kodifikationsversuche und jurisprudentieller Erfahrung" über einen „ausgefeilten Begriffsapparat" verfügt[509]. Die Lage ist vergleichbar bei den rechtlichen Beziehungen überhaupt, wie sie Knapp[510] in seinen Arbeiten untersucht hat; die Zahl dieser Beziehungen ist in der Praxis immer endlich, und der Verzicht auf absolute Genauigkeit ermöglicht Gruppierungen, welche dann operabel sind. Bar-Hillel geht von einer theoretisch in der Tat unlösbaren Problemstellung aus und beachtet darüber zu wenig, daß es in der Praxis nur um ausreichende Näherungsmethoden geht. Da das Problem somit vor allem auch ein praktisches ist, kann allerdings auch nur die praktische Erfahrung letztlich über Erfolg oder Mißerfolg entscheiden.

Natürlich ist die juristische Sprache nichts weniger als durchgängig standardisiert. Sie leidet an Synonymen, Homonymen und Widersprüchen. Es ist zwar prinzipiell möglich, hier Abhilfe zu schaffen, aber es ist fraglich, ob solche Versuche jemals unternommen werden[511]. Die gegenwärtig anzustellenden Experimente müssen jedenfalls von den vorhandenen Gegebenheiten ausgehen und das heißt, daß sie nur in geringem Maße Vorarbeiten vorfinden, welche ihnen von Nutzen sein können[512].

Die sich für die Rechtswissenschaft ergebende Aufgabe besteht also darin, den Informationsstoff in einer Weise aufzubereiten, die es erlaubt, auf bestimmte

---

507 Bar-Hillel aaO., S. 423

508 Darauf weist Kayton 1966, S. 32 hin. Vgl. auch Fels, Jacobs, 1965, S. 74 ff.

509 Simitis 1966, S. 16

510 aaO., vgl. o. Abschn. D

511 Dazu vgl. Simitis aaO. Bemerkenswert ist in diesem Zusammenhang auch ein Ausspruch von Fairthorne (1958, S. 40), der sich auf die literarischer Ambitionen viel weniger verdächtige Sprache der Techniker bezieht: "The first step is to ensure that different things are called by different names, the same things are called by the same name, only one name and, if possible, a helpful name. Storekeepers and business men, as well as the puzzled student, are all victims of technologists' baby-talk, which chooses words for glitter, not meaning."

512 Zu nennen sind beispielsweise die gerichtlichen Entscheidungen vorangestellten Leitsätze.

Anfragen hin Dokumente zu ermitteln, deren Inhalt der Anfrage möglichst weitgehend entspricht[513]. Diese Bearbeitung des Materials kann entweder bei der Eingabe oder bei der Suche erfolgen; im ersteren Fall wird der Informationsstoff vorweg bearbeitet und in einer suchgerechten Form bereitgestellt, im letzteren wird der volle Text gespeichert und ein Suchverfahren entwickelt, welches es erlaubt, diesem unbearbeiteten Material relevante Literaturstellen zu entnehmen. Beide Wege werden, wie noch zu zeigen ist, gegangen[514].

In jedem Fall liegt das zentrale Problem darin, daß eine datenverarbeitende Maschine zwar mechanisch lesen, nicht aber einen Text verstehen kann. Sie handelt nicht anders als ein Mensch, der einen Text in einer ihm unbekannten Sprache liest. Da aber die Relevanz eines juristischen Textes zu einem bestimmten Problem nur durch das Verständnis eines geschulten Juristen erkannt werden kann, scheint die Lösung des Problems darin zu liegen, an irgendeiner Stelle des Systems Juristen einzuschalten, die den Text verstehen, bewerten, ordnen, registrieren und klassifizieren. So können etwa verwandte Begriffe, Synonyme und Homonyme erfaßt werden[515] und Gruppierungen geschaffen werden, die dann ein formales Operieren durch die Maschine erlauben.

Aber der Einsatz geschulter Sachbearbeiter ist teuer und zeitraubend – ein Nachteil, der umso mehr ins Gewicht fällt, je umfangreicher der Informationsstoff ist. Schwerwiegender noch erscheint das Element der Unbeständigkeit, das damit in das System eingeführt wird. Tapper[516] stellte im Jahre 1964 fest: "It was found that the indexers were quite inconsistent in their attempts to index the same document, and that even the same indexer was liable to

513 Tapper (1966) bezeichnet "the lawyers information problem" als "a classical test case for mechanized automation retrieval. Denn ". . . legal information is the life blood of the law in a way that is true of no other discipline" (S. 315). Vgl. auch Raisch 1970, S. 436 ff.

514 Es gibt auch Stimmen, die sich gegen den Einsatz von Elektronenrechnern als Suchgeräte überhaupt wenden. Nach Doyle (1961, S. 553 f.) wird dadurch sowohl physisch als auch psychologisch die Lücke zwischen dem Leser und der Information vergrößert. Er sieht die Rolle der Maschine in der Analyse der Dokumente: "It (the computer) becomes a tool of analysis . . . is no longer searches – it arranges and labels things so that humans can search them". Vgl. auch Langevon, Owens 1964; ferner Cobb 1963; Hoffmann 1963; Breton 1969, S. 24 ff.

515 Vgl. die Beispiele bei Simitis aaO., S. 16. – Der Begriff Synonym ist übrigens nicht im strengen Sinne zu verstehen. Er umfaßt z.B. – da die Maschine ja nichts versteht – auch falsche Schreibweisen. R. Lawlor wollte daher den Begriff "Searchonym" einführen, der sich aber nicht durchgesetzt hat, vgl. Kayton aaO., S. 27.

516 1964, S. 128. Diese Erfahrung wurde auch anderswo gemacht.

517 1966, S. 315

index a document differently at different times". Und zwei Jahre später[517] stellte er fest: "It has now become clear that human indexers and librarians can no longer deal adequately or accurately with the increasing flow of information. Soon they will not be able to deal with it all". Und schließlich erscheint es auch letztlich unbefriedigend, die Fähigkeiten der Maschinen mit denen des Menschen zu koppeln. Das ist zwar möglich – insoweit ist Y. Bar-Hillel zuzustimmen – aber es erscheint nicht sinnvoll, sofern andere Möglichkeiten gegeben sind, die gleichwertige oder bessere Ergebnisse liefern.

Die Einschaltung des Menschen in das System läuft auf eine Vervollkommnung der schon seit langem bekannten Klassifizierungsbemühungen hinaus. Sie bedeutet, ein Verfahren, welches exklusiv für die Fähigkeiten und Möglichkeiten des Menschen geschaffen wurde, an die ihm in einer Hinsicht weit überlegene und in anderer Hinsicht restlos unterlegene Maschine anpassen zu wollen. Fairthorne[518] hat dafür den Ausdruck geprägt: "Direct mechanization of traditional library classification is like building locomotives to run with legs".

Diese Überlegung hat zur Entwicklung von Verfahren geführt, die einen gänzlich anderen Weg einschlagen. Sie verwenden statistische und mathematische Methoden, um die Bedeutung bestimmter Wörter und Wortverbindungen im Kontext ohne menschliche Tätigkeit zu ermitteln[519]. Sie gehen davon aus, daß es möglich ist, auf diese Weise zu objektiven Aussagen – zwar nicht über den Informationsinhalt, wohl aber über den Informationsgehalt – zu kommen[520]. Sie fragen nicht nach dem Sinn des Textes, sondern nach der Bedeutung der einzelnen Bestandteile für diesen Sinn. Sie machen sich von linguistischen Problemen wie Grammatik und Syntax frei und stellen allein auf das einzelne Wort in seiner Stellung im Kontext ab. Dabei nehmen sie empirisch ermittelte Annahmen zum Ausgangspunkt statistischer Berechnungen über die informative Rolle des Wortes und trennen so informative von nichtinformativen Wörtern oder ermitteln Synonyme und verwandte Begriffe wie Homonyme. Art, Häufigkeit, Stellung und Reihenfolge der Wörter als

---

518 1958, S. 40

519 Wieacker 1969, S. 394 hat freilich darauf hingewiesen, daß die Aufschlüsselung der Texte nach Wörtern und Wortgruppen der Notbehelf einer Rechtsordnung sei, die, wie die amerikanische, ein streng deduktives Begriffssystem nicht ausgebildet habe, das bereits gewisse Klassifikationen bereit stelle.

520 Luhn (1958, S. 160) betont die Notwendigkeit der Anpassung an die Maschinenfähigkeiten und merkt an: "Therefore, regrettable as it might appear, the intellectual aspects of writing and of meaning cannot serve as elements of such machine systems". Und Shannon-Weaver (zit. nach Loevinger 1963, S. 28) betonen: "... the semantic aspects of communication are irrelevant to the engineering aspects, but this does not mean that engineering aspects are necessarily irrelevant to the semantic aspects".

formale Kriterien werden überprüft, um Aussagen über den Sinn dieser Wörter und ihre Wichtigkeit machen zu können. Diese Arbeit kann vollständig der Maschine aufgebürdet werden und entspricht in hohem Maße ihren Fähigkeiten, während es zugleich völlig unzumutbar wäre, sie menschlichen Bearbeitern aufzubürden.

Auf diese Weise wurden Verfahren zur automatischen Registrierung von Literaturstellen und hierauf aufbauend Verfahren zur automatischen Erstellung von Kurzfassungen (sog. "automatic abstracts") entwickelt, indem einfach die Sätze mit den meisten beim "automatic indexing" ermittelten signifikanten Begriffen – u.U. nebst einem begrenzten Kontext – herausgezogen werden[521]. Auf der Grundlage dieser Erfahrungen wurden dann im juristischen Bereich durchgängig automatisierte Verfahren zur Informationserschließung entwickelt, wie sie im folgenden näher dargestellt werden.

Die Zeit ist noch weit davon entfernt, ein abschließendes Urteil über den Erfolg dieser Bemühungen fällen zu können. Allgemein gesehen erscheint Kaytons[522] Aussage zutreffend, daß nach den ersten zehn Jahren der Forschung immer noch "computers are supreme in dealing with arithmetic and logical situations and man is still king in handling his own language". Aber einige Erfolge sind doch erreicht, die für die Zukunft eine gewisse Ermutigung geben können[523]. Eine Grenze für den Computer zeichnet sich jedoch schon jetzt ab: Kein noch so weit entwickeltes automatisiertes Verfahren ist gegenwärtig dazu imstande, einen unklar oder schlecht gefaßten Text „klar" zu erfassen, etwas, was ein qualifizierter menschlicher Bearbeiter beinahe „automatisch" tut[524].

Abschließend sei noch ein psychologisches Problem erwähnt, auf das besonders Kayton[525] hingewiesen hat. Kayton stellt die Frage, ob nicht dann, wenn die Maschine auf eine Suchanfrage hin plausible Ergebnisse liefert, die Idee und Notwendigkeit der „credibility" durch die der „plausibility" ersetzt wird. "What then is the legal researcher to do when using a digital computer for case law research when the output of the machine is highly plausible? Few human pronouncements can rival the apparent authority of the precision-like print out of the electronic Goliath presented to man with the esoteric sound of whirring reels of magnetic tape and the cacaphony of

---

521 Ein solches Verfahren beschreibt Luhn aaO. u. 1961, S. 1379.

522 aaO.

523 Hier sind auch die verwandten Bemühungen zu nennen, Elektronenrechner zur Fremdsprachenübersetzung zu verwenden. Von einigen durch Woitschach erzielten Erfolgen auf diesem Gebiet berichtet Gerwin in „Süddeutsche Zeitung", 3.1.1967.

524 Vgl. Loevinger 1963, S. 30

525 aaO., S. 10 f.

high speed printers"[526]. Die Lösung dieses Problems sieht Kayton in gründlichen Vergleichen zwischen der maschinellen und der manuellen Suchmethode. Freilich räumt er ein, daß dies keine leichte Aufgabe sei.

Kayton übersieht jedoch, daß diese Erscheinung nicht neu ist. Sie ist auch beim herkömmlichen Verfahren zu beobachten, wenn eine Suche eine Fülle von Material ergeben hat. In Bezug auf die Vorstellung, damit erschöpfend informiert zu sein, hat Swanson[527] treffend von "fallacy of abundance" gesprochen. Einigermaßen bannen läßt sich diese Gefahr wahrscheinlich nur, wenn die kritische Einstellung gegenüber der Einführung der neuen Computertechnik in das Recht umgemünzt wird in eine entsprechende Haltung gegenüber den Ergebnissen dieser Technik und wenn zugleich die Kritik der Befürworter der neuen Technik an den bestehenden Arbeitsergebnissen auch unter der Herrschaft der Computer erhalten bleibt. Der Zweifel an der Autorität wird mit elektronischer Verfestigung der Autorität noch wichtiger werden als bisher.

IV. Die Verfahren

Im Folgenden sollen nun einige rechtliche Dokumentationsversuche mit Hilfe datenverarbeitender Maschinen näher behandelt werden. Dabei wird zunächst ein Verfahren beschrieben, bei dem Lochkartenmaschinen verwendet werden (1.), sodann ein Verfahren, welches sich auf eine Ausnützung der herkömmlichen juristischen Ordnungsbegriffe stützt (2.). Daran anschließend werden Credoc (3.) und Cridon (4.) behandelt, welche Experimente den Gedanken der Erfassung der Dokumente durch Deskriptoren besonders konsequent verwirklicht haben. In einem gewissen Gegensatz dazu steht das auf der Speicherung vollen Textes basierende System des Corte Suprema di Cassazione (5.) und vor allem das Verfahren der Universität Pittsburgh (6.), welches letztere eine Reihe von anderen Verfahren angeregt hat (7. bis 10.). Es folgt ein besonders linguistisch orientiertes Verfahren (11.). All diesen Verfahren ist der mehr oder weniger starke Einsatz menschlicher Sachbearbeiter – sei es bei der Eingabe der Dokumente, sei es bei der Suche – gemeinsam. Sie entsprechen insoweit der oben zuerst genannten Gruppe, wenngleich sie im einzelnen durchaus ihre besonderen Eigenheiten aufweisen.

Es folgt sodann eine zweite, statistisch orientierte Gruppe von Verfahren (12. bis 13.). Sodann wird auf die Informationserschließung im Patentrecht

---

526 aaO., S. 12. Auf die Gefahr des von den Maschinen ausgehenden „Anpassungszwanges" hat auch Fischerhof 1969, S. 1969, f. hingewiesen.

527 1960, S. 1099

eingegangen (14.), dem einzigen Gebiet, auf dem die Eigenheiten der für technische Literatur entwickelten Suchverfahren juristische Relevanz aufweisen, und abschließend werden noch einige weitere Versuche behandelt (15.).

1. Antitrust Division des amerikanischen Justizministeriums (LEX-USA)

In der amerikanischen Kartellbehörde waren Hunderte von Juristen damit beschäftigt, zu den anfallenden kartellrechtlichen Problemen Stellung zu nehmen, ohne sicher zu wissen, ob nicht zu dem gerade anstehenden Problem bereits eingehende Untersuchungen der Behörde vorlagen. Um daher die bereits geleistete Arbeit rationell auszuwerten, doppelte Arbeit zu vermeiden und die Einheitlichkeit der Entscheidung zu wahren, strebte man ein System an, welches den Überblick über das vorhandene behördeninterne Material erlaubte. Diese Aufgabe wurde immer dringlicher, je mehr dieses Material anschwoll. Darüberhinaus sollte auch sonstiges kartellrechtlich bedeutsames Material erfaßt werden. Zur Erreichung dieses Zieles gründete die Behörde eine eigene Abteilung, in der Lyons und Duggan ein im Jahre 1962 zum ersten Mal erprobtes System mit der Bezeichnung LEX entwickelten[528].

Ausgangspunkt des Verfahrens ist eine für jedes Dokument entweder vom Verfasser selbst oder von einem Bearbeiter erstellte Kurzfassung, die in gedrängter Form den wesentlichen Inhalt des Dokuments wiedergibt. Diese Kurzfassung[529] wird von eigens für diese Aufgabe ausgebildeten Juristen bearbeitet, denen die Aufgabe zufällt, sogenannte „Deskriptoren“[530] zu bestimmen. Ein objektives System für die Auswahl der Deskriptoren gibt es nicht. Die Einheitlichkeit der Begriffsbildung wird allein dadurch angestrebt, daß die Zahl der Bearbeiter möglichst gering gehalten wird. Die Dokumente werden mit Nummern versehen, die als Ordnungsmerkmal für das Mikrofilmarchiv dienen. Für jedes Dokument werden Lochkarten gestanzt, wobei die Dokumentnummer, die Deskriptoren, die Kurzfassung und einige weitere Angaben fixiert werden. Die Lochkarten dienen dann zur Erstellung einer Reihe von Listen, in welchen die auf den Lochkarten fixierten Angaben nach verschiedenen Ordnungsprinzipien sortiert wiedergegeben werden. So werden beispielsweise sämtliche verwendeten Begriffe alphabetisch sortiert, um die

528 Der Name wurde aus Legal IndEX gebildet, vgl. Loevinger 1963, S. 22 ff.; Lyons 1962, S. 260 ff.; 1964, S. 41; Dickerson 1965, S. 211 ff.; Simitis 1966, S. 23.

529 engl. "abstract".

530 Das Wort "descriptor" oder "Deskriptor" ist im Englischen wie im Deutschen eine Neuschöpfung und bezeichnet "simply terms that are thought likely to be associated in the mind of a lawyer with the contents of the document", Loevinger aaO., S. 23.

Vorbereitung eines Synonymlexikons zu ermöglichen, und es werden die Dokumente nach Sachgebieten[531] geordnet.

Ein Benutzer des Systems, der sich über ein bestimmtes Problem unterrichten will, erhält eine Liste, in welcher die Deskriptoren der Dokumente alphabetisch erfaßt und zugleich jeweils die zugehörigen Nummern der Dokumente sowie ein beschreibender Titel für das jeweilige Dokument enthalten sind. Die Deskriptoren erschließen ihm relevante Literaturstellen; dem Titel kann er einen ersten Hinweis darauf entnehmen, ob die gefundene Stelle für ihn auch interessant ist. Ist er sich hierüber im Zweifel, kann er eine weitere Liste zu Rate ziehen, in der die Kurzfassungen in der Reihenfolge der Dokumentnummern enthalten sind. Hier erhält er einen noch genaueren Aufschluß über den Inhalt des Dokumentes, und er kann sich nunmehr entscheiden, ob er es mit Hilfe des Mikrofilmgerätes im vollen Umfang lesen bzw. eine Kopie anfordern will.

Das Verfahren basiert auf dem Einsatz einer Lochkartenanlage bei der Registrierung der Dokumente. Die Registrierung wird vom Menschen vorgenommen; die Maschine übernimmt lediglich Ordnungsfunktionen. Der Sucher muß selbst die sein Problem kennzeichnenden Deskriptoren festlegen; seine Tätigkeit wird erleichtert, indem er von Kurzfassungen aus stufenweise immer vollständigere Versionen des Dokuments überprüft und auf diesem Weg offensichtlich irrelevantes Material ausscheiden kann, ehe er sich den in Frage kommenden Dokumenten intensiver zuwendet.

Der wohl größte Vorteil dieses Systems liegt in seiner Einfachheit. Sie ermöglicht den Einsatz des Systems ohne großen technischen und personellen Aufwand. Sein Hauptmangel dagegen dürfte in der subjektiven Auswahl der Deskriptoren und der subjektiven Erstellung der Kurzfassungen liegen. Der letztere Mangel ist vielleicht in den Fällen geringfügiger, in denen die Kurzfassungen von den Autoren der betreffenden Abhandlungen jeweils selbst erstellt werden. In vielen Fällen ist aber eine entsprechende Einflußnahme auf die Autoren nicht möglich, und es ist auch noch nicht abzusehen, daß sich eine entsprechende Entwicklung auf freiwilliger Basis in der juristischen Literatur abzeichnet[532].

531 Z.B. nach Verfahrensgegnern, Warengattungen, Industriearten usw.

532 Denkbar ist, daß eine solche Entwicklung durch die fortschreitende Automatisierung im Informationswesen herbeigeführt wird. In der technischen Literatur, besonders der USA, findet man solche von den Verfassern beigefügten Kurzfassungen schon häufig. Auch in juristischen Abhandlungen in Fachzeitschriften findet man zusehends eine Zusammenfassung der Ergebnisse, meist am Schluß des Beitrages. Besser (und auch für den eiligen Leser nützlicher) ist eine Inhaltsangabe am Anfang des Artikels.

2. Oklahoma State University (Point of Law – USA)[533]

Dieses Verfahren wurde von Morgan an der Oklahoma State University entwickelt und unter der Bezeichnung "Point of Law Approach" bekannt. Eine erste Einführung in die Praxis erfolgte durch die US Federal Trade Commission. Diese Behörde ist bemüht, nach Morgans Verfahren ihre eigenen Entscheidungen, einschlägige Gerichtsentscheidungen und sonstige relevante Literatur zu erfassen[534].

Morgan wurde durch die Möglichkeit angeregt, Maschinenanfragen in gewöhnlicher Sprache zu stellen. Wegen der psychologischen Barriere vor einer nicht beherrschten Disziplin war für ihn die Befreiung von der Notwendigkeit, mathematische Verschlüsselungen vorzunehmen, eine wichtige Voraussetzung der Wirksamkeit eines automatisierten Dokumentationsverfahrens im Recht. Er entwickelte daher ein System, welches Begriffe verwendet, die dem Juristen bereits vertraut sind. Dabei ging er davon aus, daß die Problematik jedes Rechtsfalles durch einen oder mehrere Punkte gekennzeichnet werden kann, die er "points of law" genannt hat[535]. Als solche kommen Wörter oder Wortverbindungen (eingebürgerte Ausdrücke) in Betracht. Sie sollen als Hilfsmittel für die Registrierung und Suche verwendet werden.

Geschulte Sachbearbeiter untersuchen bei diesem Verfahren jedes Dokument (Gesetzestexte, Entscheidungen oder Abhandlungen) und ermitteln die "points of law", d.h., sie stellen fest, welche spezifischen Rechtsprobleme das Dokument behandelt. Die "points of law" werden mit Codenummern versehen und in einer Liste durch die Maschine in alphabetischer Reihenfolge angeordnet. Jedes Dokument wird mit Codenummern der zugehörigen "points of law" versehen und auf Magnetband aufgenommen.

Wer Informationen sucht, ist gehalten, seine Probleme durch "points of law", die er der Liste entnimmt, zu kennzeichnen. Für jedes Rechtsgebiet besteht dabei eine eigene Liste. Die Maschine ermittelt dann an Hand der Codenummern die Dokumente, denen die entsprechenden "points of law" zugeordnet sind. In der Regel sind den Dokumenten mehrere Codenummern zugeordnet. Der Auftrag an die Maschine lautet dann dahin, nur die Dokumente zu suchen, denen alle (oder ein Teil der) gewünschten Codenummern zugeordnet sind. Dabei erfolgt die Suche nach mehreren Begriffen in einem Arbeitsgang.

Die Ausgabe kann variabel gestaltet werden. Die Maschine zitiert oder sie fügt einen Leitsatz oder eine Kurzfassung hinzu, oder sie druckt den vollen Text

---

533 Vgl. Morgan 1962; Eldridge-Dennis 1963 b, S. 85 f.; Loevinger 1963, S. 16; 1960, S. 56; Simitis 1966, S. 21 f.; und den Bericht: "Demonstration of Electronic Legal Research", ohne Verfasserangabe, St. Louis, Missouri, 1961.

534 Vgl. Dickerson 1965, S. 215 f.

535 "... facets or pivotal points upon which the case rests ...", Morgan aaO., S. 45

aus; es ist auch möglich, daß sämtliche einem bestimmten "point of law" zugeordneten Gesetze oder Verordnungen angegeben werden[536].

Ein gewisser Vorteil dieses Systems liegt sicher darin, daß es bemüht ist, die den Juristen vertrauten Ordnungsprinzipien der Rechtswissenschaft selbst auszunützen[537]. Aber die Unzulänglichkeit dieser Ordnungsprinzipien als Hilfsmittel für die Dokumentation sind evident. Als weiterer Mangel kommt der uneinheitliche Sprachgebrauch hinzu, der das subjektive Element der menschlichen Festlegung der "points of law" noch verstärkt. Schließlich erscheint es auch verhältnismäßig aufwendig, neues Material in das System einzuführen, und insgesamt erscheint die vom Menschen zu leistende Arbeit so groß, daß ein wirtschaftlicher Einsatz des Verfahrens in Frage gestellt sein dürfte[538].

3. Credoc (Belgien)

In Belgien wurde im Jahre 1967 durch die Anwaltschaft und das Notariat ein privates Centre de documentation juridique (CREDOC) gegründet[539]. Es soll in Zukunft allen interessierten Juristen offenstehen[540]. Verwendet wird ein System, bei dem geschulte Sachbearbeiter die vollständigen Dokumente (Gerichtsentscheidungen, Gesetze, Abhandlungen) analysieren, durch bestimmte Begriffe kennzeichnen und sie in dieser Form speichern[541]; in entsprechender Weise werden Suchanfragen durch Deskriptoren gekennzeichnet. Automatisiert ist also lediglich der Vorgang der Suche.

Als besonders hilfreich bei der Entwicklung des Klassifikationssystems erwiesen sich die linguistischen Erkenntnisse der "école de Genève"[542]. Danach gibt es in der Sprache zwei Arten von Beziehungen: die „relations

---

536 Vgl. näher Morgan aaO.

537 "The existing conceptual framework of the law itself is used for storage and retrieval . . .", Loevinger aaO., S. 16

538 Vgl. die zurückhaltende Beurteilung bei Simitis aaO., und Eldridge-Dennis aaO., S. 86.

539 Vgl. Le Credoc, Brüssel 1968; Kreuzer 1968, S. 140; Houtart 1969, S. 15 ff.; ferner den Bericht über eine Demonstration mit vielen Detailangaben in JA 1969, Letzte Seiten 22. Neben seiner eigentlichen Aufgabe fördert das Centre auch reine Forschungsvorhaben auf dem Gebiet der Rechtskybernetik.

540 Sie müssen jedoch Abonnenten werden. Zu diesen zählt auch schon der belgische Staat.

541 Der ursprüngliche Plan, vorhandene Register auszuwerten, scheiterte an der zu geringen Zahl der Deskriptoren (durchschnittlich 3–7 gegenüber 10–15, die benötigt werden). Dagen haben sich Kurzfassungen als eine brauchbare Hilfe erwiesen.

542 Ferdinand de Saussure, "Cours de linguistique générale", Paris 1968 (zit. nach Le Credoc, S. 6).

syntagmatiques ou explicites" und die "relations paradigmatiques ou implicites". Die ersteren ergeben sich aus der Satzlehre; die Aneinanderreihung von Wörtern nach feststehenden Regeln ergibt einen bestimmten „expliziten" Sinn. Die letzteren dagegen ergeben sich aus der Formenlehre; bestimmte Begriffe assoziieren sich von selbst mit anderen Begriffen. Beide Erscheinungen werden ausgenutzt; die erste bei der Verschlüsselung der Suchanfragen; die zweite bei der Erstellung eines speziell für Dokumentationszwecke gedachten juristischen Begriffslexikons (Thesaurus).

Dieser Thesaurus mag wohl als die bedeutsamste Leistung von CREDOC angesehen werden[543]. Er enthält rund 6700 Begriffe (Deskriptoren), wobei die Begriffe „normalisiert" sind; sie umfassen auch Synonyme und grammatikalische Abwandlungen des jeweiligen Wortes[544], so daß der Bearbeiter sich hierüber keine Gedanken zu machen braucht[545]. Zu den Begriffen treten sogenannte „Strukturen" durch die Beifügung verwandter Begriffe, welche dem Bearbeiter Hinweise auf mögliche Erweiterungen des Vokabulars geben. Hier sind Unter- und Oberbegriffe zu nennen, aber auch „benachbarte" Begriffe, "termes voisins", in denen beispielsweise die Begriffe „dingliches Grundstücksrecht, Hypothek, Grundschuld usw." zusammengefaßt wurden[546]. Bisher gelang es, für rund 2.600 Begriffe solche „Strukturen" zu erstellen. Sie regen den Bearbeiter bei der Auswahl der Registerbegriffe an. Daneben steht es ihm frei, selbst aufgrund seiner Erfahrung und seiner Erkenntnisse assoziierte Begriffe zu finden. Der Thesaurus wird in drei verschiedenen Ausgaben erstellt: Einmal geordnet nach Dokumentnummern, sodann alphabetisch geordnet in französischer Sprache und schließlich alphabetisch geordnet in flämischer Sprache.

Wurden so die "relations paradigmatiques" bei der Erstellung des Thesaurus ausgenützt, dienen die "relations syntagmatiques" zur Verschlüsselung der Suchanfragen. Da die gespeicherten Dokumente durch Begriffe des Thesaurus erfaßt sind, müssen die Suchanfragen ebenfalls durch solche Begriffe gekennzeichnet werden. Sobald diese Begriffe mit Hilfe des Thesaurus gefunden sind, werden sie miteinander verknüpft. Das geschieht einmal gemäß den Regeln der Booleschen Algebra (UND, ODER, ABER NICHT)[547], zum

543 "Une chose ... proprement juridique ... inutisable dans toute autre discipline ... l'élément le plus précieux ... le plus coûteux et le plus indispensable du Credoc (Le Credoc, S. 4 f.)

544 Zusammengesetzte Begriffe wurden in ihre Bestandteile zerlegt. Dadurch konnte der Umfang des Thesaurus beträchtlich (um ein Siebtel)) reduziert werden. Nur in bestimmten Fällen wurden Wortgruppierungen belassen (Beisp. ne bis in idem).

545 Homonyme werden durch einen eigenen Code gekennzeichnet.

546 Deswegen ist jedoch der Thesaurus nicht etwa hierarchisch – nach Sachgebieten – aufgeteilt.

anderen durch sogenannte “specificateurs”, die es beispielsweise erlauben, zwischen Ursache und Wirkung eine Verbindung herzustellen, die klarstellt, daß die Ursache die Wirkung hervorruft und nicht umgekehrt.

Die in das System aufzunehmenden Dokumente werden durch die Deskriptoren des Thesaurus gekennzeichnet[548]. In einem automatischen Verfahren wird dann eine Liste erstellt, in der jedem Deskriptor die zugehörigen Dokumente zugeordnet sind. Die Dokumente selbst werden durch eine Ordnungsnummer gekennzeichnet, welche zugleich einen Code für die Sprache des Dokuments (französisch oder flämisch) und die Quelle (Gesetz, Entscheidung, Abhandlung) enthält. Jeder Nummer wird ein Fundstellennachweis und eine kurze Beschreibung des Dokuments zugeordnet. In dieser Form werden die Dokumente gespeichert, während der vollständige Text auf Mikrofilm erfaßt wird.

Die Suchanfragen, die dem Centre in normaler Sprache zugehen, werden ebenfalls durch die Begriffe des Thesaurus gekennzeichnet, wobei die Begriffe in einer der Anfrage angepaßten Weise miteinander durch logische Verknüpfungen und “specificateurs” verbunden werden.

Mehrere Deskriptoren können dabei auch durch Parenthese zu einer Einheit verbunden werden. Die Maschine führt dann die Suche durch, indem sie nach Übereinstimmungen fahndet. Bleibt die Suche ergebnislos, werden die Anforderungen durch Weglassung einzelner, bei der Analyse festgelegter Elemente solange reduziert, bis eine Antwort kommt. (Der Sachbearbeiter stellt hierzu eine Rangordnung der einzelnen Deskriptoren auf; die Weglassung erfolgt dann durch Einschaltung der Exklusion ABER NICHT). Die Antwort erfolgt in Form eines Abdrucks der gespeicherten Angaben, die dem Anfragenden zur Verfügung gestellt werden. Die Ordnungsnummer eröffnet auch den Zugang zum Mikrofilmlesegerät, das auf Wunsch Kopien liefert. Damit ist die Möglichkeit eröffnet, dem Anfragenden nicht nur Fundstellennachweise zu geben, sondern auch Fotokopien der Texte zu schicken; dieser Dienst soll demnächst angeboten werden[549].

Bisher wurden von Credoc alle nach dem 1.1.1968 in Belgien veröffentlichten Gerichtsentscheidungen und Abhandlungen in den juristischen Fachzeitschriften des Landes erfaßt, außerdem die wichtigsten Gesetze, insbesondere der „Code Civil“, und Kommentare sowie einige weitere Literatur[550].

---

547 Dabei können auch bestimmte, nicht gewünschte Dokumente ausgeschlossen werden.

548 Dabei wird für jede der im Dokument behandelten Rechtsprobleme ein eigenes „Konzept“ festgelegt.

549 Daneben ist ein “diffusion sélection” genannter Dienst vorgesehen, der über Neuerscheinungen auf bestimmten interessierenden Rechtsgebieten unterrichtet. Er wird für die Abonnenten von Credoc eingerichtet.

Eine erste Demonstration des Systems wurde 1967 auf dem "Congrès de la Paix Mondiale par le Droit" in Genf vorgenommen. Danach wurde das System ständig ausgebaut. Im April 1969 ergaben 347 durchgeführte Suchaufträge folgendes Bild: 54% zutreffende Ergebnisse; 16% unbefriedigende Antworten; 30% ohne Ergebnis (der letzte Prozentsatz erklärt sich daraus, daß viele Anfragen Gebiete betrafen, die noch nicht bearbeitet waren. Die Erweiterung des Bestandes wird daher neben der Verbesserung des Thesaurus als die dringlichste Aufgabe des Centre angesehen). Die Ergebnisse verbessern sich ständig mit fortschreitenden Erfahrungen; für Anfragen, die in jüngster Zeit erfaßte Gebiete betreffen, wird ein Erfolgssatz von 80 bis 85% genannt. Insgesamt werden die Aussichten des Verfahrens sehr positiv beurteilt.

Offenkundig ist bei Credoc der große Anteil der menschlichen Arbeit[551]. Zwei Faktoren haben vor allem dazu beigetragen: wirtschaftliche Erwägungen[552] und die Zweisprachigkeit Belgiens[553]. Offen bleibt die Frage, ob dieser große Anteil auch in Zukunft bei fortschreitenden Erkenntnissen und einer ständig weiterentwickelten Technologie erforderlich sein wird.

4. CRIDON de Lyon (Frankreich)

In Frankreich wurde im Jahre 1959 eine Justizreform durchgeführt, die zur Folge hatte, daß aus zahlreichen Kleinstädten die Anwälte verschwanden. Die Folge war eine zunehmende Konsultation der Notare über Rechtsfragen, welche außerhalb ihres eigentlichen Tätigkeitsgebietes lagen. Diese Erscheinung – die mit der allgemeinen Informationskrise zusammentraf – veranlaßte die Notare, neue Methoden zur juristischen Informationserschließung anzuwenden. Zunächst in Lyon und später in anderen Städten wurden seit 1962 insgesamt fünf "Centres de Recherches d'Information et de Documentation Notarieles" (CRIDON) gegründet, die ausschließlich mit Recherchen für die Notare befaßt sind. Sämtliche Notare sind über ihre Standesorganisationen Mitglieder der Centres und können Suchaufträge durchführen lassen[554].

---

550 Rund 30.000 Dokumente. Vgl. im Einzelnen Le Credoc, S. 14. Die Zahl der durchgeführten Analysen ist rund doppelt so groß. Das zeigt, welch große Sorgfalt auf die Entwicklung brauchbarer Methoden verwandt wurde.

551 Bei Credoc hält man jedoch einen späteren Übergang auf ein "full text"-System und damit die Automation der Analyse für denkbar.

552 Die menschliche Analyse wird noch für billiger gehalten als die Eingabe vollen Textes in die Maschine.

553 Dieses Problem wurde ja über den Thesaurus gelöst. Jedem Begriff ist sein Pendant in der jeweiligen anderen Sprache zugeordnet. Bei der Analyse erfolgt keine Übersetzung. Der Anfragende kann wählen, ob er Dokumente in beiden Sprachen oder nur in einer Sprache erhalten will. – Das Beispiel von Credoc ist daher auch im Hinblick auf internationale Dokumentationen interessant.

In Lyon wurde zunächst ein manuelles System mit der Bezeichnung "Peek a Boo" eingeführt. Bei diesem System werden die Dokumente durch Schlüsselwörter gekennzeichnet. Eine Einteilung der Dokumente nach Quellen oder bestimmten Sachgebieten wird nicht vorgenommen. Für jedes Schlüsselwort wird eine Art Karteikarte angefertigt, welche mit einem Koordinatennetz überzogen ist. Das Koordinatennetz dient zur Markierung des Dokumentes; die Dokumente sind numeriert, und jede Nummer hat ihren spezifischen Platz im Koordinatensystem. An der richtigen Stelle wird die Karte dann gelocht. Die Karten werden alphabetisch geordnet. Der Benutzer legt die Schlüsselwörter fest, entnimmt die entsprechenden Karten der Kartei und hält den ganzen Stoß vor eine Lichtquelle. Da, wo das Licht hindurchscheint, ist ein Dokument markiert, das alle fraglichen Schlüsselwörter enthält; das Dokument ist einschlägig[555].

Im Jahre 1969 ging das CRIDON von Lyon dazu über, seine Tätigkeit mit Hilfe einer elektronischen Datenverarbeitungsanlage zu automatisieren[556]. Zu diesem Zweck wurde ein System mit der Bezeichnung SYDONI[557] geschaffen[558], wobei die vorhandenen Vorarbeiten ausgenützt wurden. In enger Zusammenarbeit mit Mathematikern und Sprachwissenschaftlern der Universität Grenoble wurde das vorhandene Material den neuen Erfordernissen angepaßt.

Ausgangspunkt war dabei die Liste der Deskriptoren. Diese enthielt bereits die Synonyme und verwandten bzw. assoziierten Begriffe und ermöglichte es, hierarchische Beziehungen durch Ober- und Unterbegriffe zu kennzeichnen. Hieraus wurde ein Thesaurus erstellt, der in abgekürzter Form in den Speicher des Computers aufgenommen wurde; zu diesem Zweck wurde für jeden Begriff der signifikante Teil des Begriffes in alphabetischer Reihenfolge festgelegt. Durch die Bezugnahme auf die jeweils vorangehenden bzw.

---

554 Von Anfang an stießen die Centres auf lebhaftes Interesse. In Lyon wurden im Jahre 1963 schon 879 Suchaufträge durchgeführt; im Jahre 1967 war diese Zahl auf 3630 gestiegen.

555 Das System mechanisiert also lediglich die Verbindung mehrerer Begriffe durch die Konjunktion UND. Die Operationen ODER und ABER NICHT werden manuell durch Weglassen bzw. Austausch von Karten durchgeführt. – Vgl. die detaillierte Beschreibung bei Delahodde-Mignot 1968.

556 Der Stand bei den anderen Centres ist unterschiedlich. In Nantes beispielsweise wird ein ähnliches System benützt, wie es früher in Lyon eingeführt war. In Paris wird ein Lochkartenverfahren verwendet. Ein Computer wird bislang nur in Lyon eingesetzt.

557 Die Abkürzung steht für Système de Documentation Notariale Informatisée.

558 Eine kurze Beschreibung findet sich in der Schrift: "Pour une organisation nationale de l'information juridique", S. 85. Ausführlich ist das System in der Schrift: "Etude et réalisation d'un système de traitement par ordinateur d'un fichier de documentation juridique – SYDONI" geschildert.

folgenden Begriffe konnte dabei Speicherraum in der Maschine eingespart und die Suchgeschwindigkeit erhöht werden. Folgendes Beispiel mag dies verdeutlichen:[559]

	Deskriptor	*signifikanter Teil*
1	ABANDON	ABA
2	ABATTEMENT	°°°TT
3	ABATTOIRS	°°°°°O
4	ABOLITION	°°O
5	ABROGATION	°°R
6	ABSENCE	°°S
7	ABSENCE DE	°°°⌴D
8	ABSORPTION	°°°O
9	ABSTENTION	°°°T
10	ABUS DE	°°U⌴D

Eine Schwierigkeit ergab dieses System bei der späteren Aufnahme neuer Begriffe. Man versucht, ihrer Herr zu werden, indem man Leerworte in den Thesaurus einbaut, die durch künftige Deskriptoren ersetzt werden können. An der Erstellung eines solchen „Antidictionnaire“ arbeitet gegenwärtig eine Gruppe von Sprachwissenschaftlern, wobei man sich der Hilfe eines Computers bedient[560].

Um die verschiedenartigen Beziehungen zwischen den Deskriptoren zu erfassen, wurden weiterhin sogenannte „zones descriptives" markiert. Jedem Begriff ist im Speicher der Maschine eine solche Zone zugeordnet. In ihr kann durch ein symbolisches Zeichen festgelegt werden, ob es sich um ein selbständiges Wort handelt oder ob der Deskriptor einer Begriffshierarchie angehört, ob eine einfache oder eine komplexe Synonymität vorhanden ist und ob verwandte Begriffe existieren. Einfache Synonyme erkennt die Maschine selbsttätig. Komplexe Synonyme werden dem Benutzer aufgezeigt und veranlassen ihn zu einer Veränderung seiner Fragestellung. Stellt die Maschine das Vorhandensein einer Hierarchie fest, erweitert sie die Suche automatisch um den zutreffenden Oberbegriff. Verwandte Begriffe werden dem Benutzer mitgeteilt und veranlassen ihn zu Modifikationen seines

559 Im Durchschnitt ergab dies eine Verringerung der Buchstabenzahl um 86,3%. Gleichzeitig entfiel damit die Notwendigkeit, bloß grammatikalische Abwandlungen des Begriffes als Synonyme zu erfassen.

560 Sicher handelt es sich hier nur um ein Übergangsproblem. Die Anwendung statistischer Methoden wird es lösen.

561 Hier tritt also ein regelrechter Rückkoppelungseffekt ein, der dazu führt, daß der Benützer lernt. Erwogen wird auch eine automatische Erweiterung der Suche um die verwandten Begriffe.

Suchthemas[561]. Homonyme schließlich werden dem Benutzer aufgezeigt, damit er die richtige Wahl trifft.

Noch nicht eingeführt, aber in der Diskussion sind Techniken, um die syntagmatischen[562] Beziehungen zwischen den Begriffen zu erfassen.

Die "zone descriptive" enthält schließlich noch die „Referenzen" des Deskriptors, d.h. die Nummern derjenigen Dokumente, bei deren Analyse dieser Deskriptor (neben anderen) festgelegt wurde[563].

Die Dokumente selbst wurden in einer Kurzfassung in den Magnetspeicher der Maschine aufgenommen. Dabei ging man von den bereits für das bisherige System erstellten Bearbeitungen aus. Diese wurden überarbeitet und neu eingeteilt. Dabei entstanden durch Abgrenzung bestimmter Komplexe[564] sogenannte "unités logiques de documentation"[565]. Sie bilden eine Metasprache, welche ein verbesserte Behandlung des Informationsstoffes ermöglicht. So können beispielsweise Suchanfragen auf bestimmte Arten von Dokumenten beschränkt werden; weiterhin können bestimmte Spezialthemen zusammengefaßt werden, weil jede Einheit durch einen Code gekennzeichnet ist, der auch einen direkten (und isolierten) Zugriff ermöglicht.

Die Suche spielt sich in Form eines Dialoges ab. Der Benützer stellt seine Frage im Klartext und erhält eine Liste mit den herausgezogenen Deskriptoren, die er erweitern, ändern oder verringern kann. Die Begriffe werden dann mit den Mitteln der Boole'schen Algebra verknüpft. Als nächstes bietet die Maschine verwandte Begriffe, komplexe Synonyme und Homonyme zur Auswahl und Entscheidung an. Sodann wird die Suche durchgeführt. Als Ergebnis erhält der Benützer die gefundenen Dokumente in der gewünschten Form (volle gespeicherte Fassung oder nur Auszüge). Er kann nun abermals seine Anfrage modifizieren, bis er schließlich am Ziel ist.

Ein solches System setzt zweierlei voraus: sofortige Bearbeitung der Anfragen und ein geeignetes System zur Datenfernübertragung. Außerdem kann es nur unter Einsatz großer Elektronenrechner funktionieren. Auf die Lösung dieser technischen Aufgaben ist man derzeit in Lyon konzentriert[566], und es bleibt

---

562 Dazu vgl. die Ausführungen bei Credoc. Diese Techniken sollen beispielsweise den Zusammenhang zwischen „Mann" und „Schnaps" und „betrunken" in der Weise klarstellen, daß der Mann es ist, der durch den Schnaps betrunken wird – und nicht umgekehrt.

563 Neu eingeführte Dokumente werden selbsttätig erfaßt.

564 In ihnen werden die Deskriptoren, die Kategorie, die Kurzfassung und Verweisungen des Dokuments zusammengefaßt.

565 Ein Dokument kann auch mehrere solche „logische Einheiten" derselben Klasse enthalten.

566 Gegenwärtig sind IBM-Anlagen des Typs 360–40 und 360–67 im Einsatz. Der Dialog mit der Maschine findet über Bildschirm und Schreibmaschine statt. Im Gespräch ist der Einsatz einer Control Data Anlage vom Typ 6600.

abzuwarten, inwieweit diese interessante Entwicklung auch künftige Erwartungen erfüllen wird[567].

5. Corte Suprema di Cassazione, Rom (Italien)

Der römische Kassationsgerichtshof arbeitet bereits seit einigen Jahren am Aufbau eines automatischen Dokumentationszentrums. Verwendet wird ein System, in welchem die Dokumente nach voller Texteingabe automatisch nach Konzepten klassifiziert werden. Dazu eliminiert die Maschine zunächst die unwichtigen Füllwörter und vergleicht den Rest mit einem Spezialwörterbuch (Thesaurus). Dieser Thesaurus enthält als Kern einen speziellen Index, welcher die Elementarbegriffe in normalisierter Form enthält[568]. Jedem dieser „Grundbegriffe“[569] oder „Konzepte“ sind dann alle zugehörigen Wörter zugeteilt, so daß der Thesaurus insgesamt das komplette Vokabular der italienischen Sprache enthält. Verschiedenartige grammatikalische Formen, Synonyme, verwandte Wörter, komplexe Wortverbindungen und Homonyme sind dabei berücksichtigt[570]. Die Erstellung dieses Thesaurus erforderte einen beträchtlichen Aufwand, doch wurde dies als vertretbar angesehen, weil es sich um eine einmalige Arbeit handelte.

Die Maschine vergleicht nun das nach Eliminierung der Füllwörter verbliebene Vokabular mit dem Thesaurus und ordnet jedes Wort dem zugehörigen „Konzept“ zu. Das Ergebnis ist eine Klassifizierung des Dokuments nach „Konzepten“. In entsprechender Weise werden die Suchanfragen verarbeitet[571], und die Maschine[572] sucht dann nach Übereinstimmungen.

Natürlich ergibt sich bei einem solchen System die Gefahr einer zu großen Weitschweifigkeit der Suchergebnisse; dem versucht man durch verschiedene Techniken zu begegnen. So können zusätzliche Hinweise durch Verweisungen

---

567 Die erste Demonstration des Systems fand auf dem 66. Jahreskongreß der französischen Notare im April 1969 in Grenoble statt. Dieser Kongreß stand unter dem Thema: “Le Notaire et le traitement de l'information”; vgl. dazu Delahodde-Mignot 1968 und den Bericht von Brisse in “Law and Computer Technology”, June 1969 (Vol. 2 No. 6), S. 29 ff.

568 Dieser Index enthält nur 3000 Begriffe. Diese Komprimierung ist auch interessant im Hinblick auf die Möglichkeiten, Dokumente in einer anderen Sprache zu übersetzen und nach dem System zu klassifizieren.

569 Sie werden als PK = parole chiave (Schlüsselwort) bezeichnet, sind jedoch mehr als Deskriptoren im üblichen Sinne.

570 So wird z.B. zusammengefaßt „tot“ und „nicht lebendig“, „Höhe“ und „Niveau und Steigung“; „Tiefe“ und „Niveau und Abfall“ usw. Die Gesamtzahl der Wörter im Thesaurus beträgt inzwischen 35 000.

571 Der Benutzer erhält das Verzeichnis der Grundbegriffe und drückt sein Problem durch deren logische Verknüpfung aus.

572 Es wird eine UNIVAC-Anlage vom Typ 1008 verwendet.

auf bestimmte Gesetze oder Literaturstellen gegeben und bestimmte Themen durch einen eigenen Code ein- oder ausgeschlossen werden. Außerdem ist eine Technik vorgesehen, die vom speziellen Wort des Suchers aus über den Grundbegriff diesen auf andere spezielle Wörter und damit möglicherweise andere Problemstellungen hinweist[573]; der Benutzer kann dann sein Thema modifizieren.

Die Ausgabe erfolgt dann in jeder gewünschten Form bis hin zum vollen Textausdruck.

Erfaßt wurden inzwischen schon alle Urteile des Gerichts[574] der letzten fünf Jahre; dabei wurden freilich nicht die vollständigen Texte, sondern Kurzfassungen verarbeitet[575]. Vorgesehen ist die Speicherung der Urteile des Gerichtshofes der Europäischen Gemeinschaft sowie aller im Widerspruch zur Rechtsprechung des Corte Suprema ergangenen Urteile niederer Gerichte; weiterhin sollen internationale Verträge erfaßt werden. Offen ist noch das Problem der Dokumentation allgemeiner juristischer Literatur; da hier die allgemeine Erstellung von Kurzfassungen zu aufwendig erscheint, wird gegenwärtig überlegt, nur die Titel und Verfassernamen zu speichern.

6. Universität Pittsburgh, (Horty, USA)[576]

Am Health Law Center der Universität Pittsburgh wurde unter Leitung von Horty eines der ersten Verfahren überhaupt entwickelt. Anlaß dazu gab ein bei der Bearbeitung des Gesundheitsrechtes verschiedener amerikanischer Staaten zutage tretendes praktisches Bedürfnis. Horty strebte nicht die Entwicklung eines automatisierten Dokumentationsverfahrens an. Vielmehr begann er mit seinen Bemühungen, als die Informationsprobleme des Health Law Center mit den herkömmlichen Mitteln und Methoden nicht mehr lösbar erschienen. Eine im Jahre 1956 begonnene Untersuchung des "hospital law" hatte gezeigt, daß es außerordentlich schwierig war, die einschlägigen Rechtsvorschriften[577] zu ermitteln; weder standen einheitliche Kompilatio-

573 So führt das Wort „Hund" zum Konzept „Tier" und von da aus vielleicht wieder zum Wort „Katze".

574 Zivil- und Strafsachen

575 Seit dem Jahre 1924 besteht hierfür eine eigene, Massimario genannte Dienststelle, die im Schnitt jährlich 12 000 Kurzfassungen (Maximen) mit 15 Zeilen à 70 Buchstaben erstellt. Gegebenenfalls werden für ein Dokument mehrere Kurzfassungen erstellt.

576 Vgl. insbes. Horty, Searching Statutory Law by Computer, Interim Report Nr. 1, 2 u. Final Report; Kehl, Horty, Bacon, Mitchell 1961, S. 380 ff.; Simitis 1966, S. 21 f.

577 Der Umfang des kodifizierten Rechts in den Vereinigten Staaten ist beträchtlich. Aus diesem Grunde konzentrierte man sich auf die Erfassung von Gesetzestexten.

nen noch standen einheitliche Register und Indizes zur Verfügung. Diese Schwierigkeiten vergrößerten sich, als man in andere Rechtsgebiete eindrang. Deshalb ging Horty schon im Jahre 1959 an die Aufgabe, diese Sucharbeit zu automatisieren. Das von ihm geschaffene System wurde von Anfang an bei der Lösung praktischer Aufgaben eingesetzt[578].

Bei Horty wird der volle Text des Informationsstoffes in die Maschine eingegeben[579]. Dadurch werden die mit jeder Bearbeitung verbundenen Schwierigkeiten umgangen. Auf diese Schwierigkeiten wurde bereits hingewiesen. Sie liegen einmal im erforderlichen großen Aufwand, zum anderen in der Einschaltung eines subjektiven, uneinheitlichen Elementes und schließlich darin, daß künftig möglichen Anschauungswandelungen nicht Rechnung getragen werden kann[580]. Bei der Speicherung des vollen Textes dagegen treten keine Verluste auf, und wenn in der Zukunft neue Aspekte auftreten oder neue Methoden entwickelt werden, behält das eingespeicherte Material seinen Wert.

Die erste Aufgabe war die Kennzeichnung des Informationsstoffes[581], ehe dieser im vollen Wortlaut über Lochkarten in die Maschine eingegeben wurde[582]. Damit war die menschliche Tätigkeit bei der Aufbereitung des Informationsstoffes abgeschlossen. Die folgenden Operationen wurden von

---

578 "It now sometimes appears that the child has gobbled up the mother in Pittsburgh, but that is only because the searching system has attracted more notice than thhe continuing work in health law", Eldridge-Dennis 1963 b, S. 87. Die erste Demonstration erfolgte im Jahre 1960 auf dem American Bar Association Annual Meeting in Washington, D.C. Zur weiteren Entwicklung vgl. Springer in M.U.L.L. 1965, S. 112; Horty 1966, S. 48 ff.

579 Freilich wirkte sich dabei positiv aus, daß vorwiegend Gesetze erfaßt wurden. Die „Dokumente" waren daher relativ kurz. Sie beschränkten sich jeweils auf ein bestimmtes Konzept und bedienten sich eines sorgfältigen Sprachgebrauchs und eines ausgefeilten Begriffsapparates. Die Gesetze des Staates Pennsylvania enthielten 6 230 000 Wörter in 31 000 Paragraphen, deren jeder als ein Dokument behandelt wurde.

580 "... conventional abstracting ... is not only a problem of analyzing the legal signigicance of a document, but also requires foresight as to all possible applications and implications ... that may arise in the future. Of course, such foresight can never be complete, and to that extent every abstract is likely to be inadequate", Loevinger 1963, S. 16. Ein Beispiel hierfür ist die unterschiedliche Interpretation des code civil – bei gleichem Text – in der französischen und belgischen Judikatur.

581 Diese Arbeit erforderte einen beträchtlichen Aufwand, weil keine vollständigen Gesetzessammlungen vorlagen, die benutzt werden konnten, vgl. Horty, Searching Statutory Law ..., Int.Rept.Nr. 1, S. 3 ff.

582 Für die 31 000 Gesetze des Staates Pennsylvania wurden 611 000 Lochkarten benötigt. Wegen einer detaillierten Beschreibung des Eingabeverfahrens und der erforderlichen Prüfvorgänge, die sich auch mit den praktischen und wirtschaftlichen Aspekten befaßt, s. Horty aaO. und 1962. Der auf 611 000 Lochkarten enthaltene Text wurde auf 4 Magnetspulen untergebracht.

der Maschine entsprechend den Instruktionen des Programms in einem vollautomatisierten Verfahren ausgeführt. Zunächst wurden nebensächliche Wörter wie Artikel, Konjunktionen und Präpositionen ausgeschieden. Dies geschah mit Hilfe einer entsprechenden Liste, welche insgesamt 112 sogenannte "common words" enthielt[583]. Der Rest war das für die Speicherung und Suche verwendete Vokabular.

Einige interessante Zahlen mögen diesen Vorgang illustrieren: Die Pennsylvania Gesetze enthalten insgesamt 6 230 000 Wörter. Hiervon erwiesen sich 2 715 000 als "common words". Dabei kam der Artikel "the" am häufigsten vor (113 558 mal), während das Wort "whichever" nur 50 mal erschien. Der Rest von 3 415 000 Wörtern setzt sich aus insgesamt 24 000 verschiedenen Wörtern zusammen. Da aber hierin Tausende von Eigennamen sowie verschiedene grammatikalische Formen desselben Wortes wie auch Druckfehler enthalten sind, reduziert sich diese Zahl auf etwa 9 000[584]. Man sieht, daß es auf verhältnismäßig einfache Weise möglich ist, die ungeheuer erscheinende Masse des Materials zu reduzieren.

Die für die Suche verbliebenen Wörter wurden sodann alphabetisch angeordnet, und es wurden Zahlen hinzugefügt, welche die exakte Position des Wortes (seine „Adresse") in der Sammlung angeben. Folgendes Beispiel mag das veranschaulichen:

TAX	897.009.7	4281.03. 5
	4282.016.4	4921.04. 1
TAX-FREE	22.016.8	98.02.18
	2053.011.4	2099.01. 2

Dies bedeutet, daß das Wort "tax" in Dokument (Paragraph) 897 in Satz 9 als Wort 7 erscheint und wieder in Dokument 4281 in Satz 3 als Wort 5 usw.

Zwei weitere Zahlen geben an, wie groß die absolute Häufigkeit des Wortvorkommens ist und in wieviel verschiedenen Dokumenten der Sammlung es insgesamt erscheint. Damit ist die Vorbereitung des Materials abgeschlossen[585].

583 Vgl. im einzelnen Kehl, Horty, Bacon, Mitchell 1961, S. 385.

584 Vgl. Horty, "Searching Statury Law . . ." Final Rept. S. 46 und 1962, S. 57.

585 Zur technischen Durchführung im einzelnen vgl. Kehl, Horty, Bacon, Mitchell 1961; ferner Horty, "Searching Statutory Law . . .", Int.Rept.Nr. 1, wo ein praktischer Erfahrungsbericht gegeben ist. Vgl. auch Horty 1962, S. 57. Statistische Angaben wie die hier erwähnten können nützlich sein, wenn die schon angesprochene Aufgabe, eine Standardisierung der juristischen Sprache herbeizuführen, eines Tages in Angriff genommen wird. Es ist vorstellbar, daß ein erster Anfang beim Gesetzesrecht gemacht wird, weil hier Verbindlichkeit leicht geschaffen werden kann.

Die Suche beginnt mit der Formulierung der Suchanfrage. Dabei ergeben sich eine Reihe von Begriffen, welche das Problem kennzeichnen. Würde ein Mensch, dem keinerlei Ordnungsmittel zur Verfügung stehen, eine entsprechende Suche durchführen, so müßte er alle Dokumente der Sammlung durchlesen und da, wo er auf einen oder mehrere dieser Begriffe stößt, innehalten, um festzustellen, ob das Dokument den gewünschten Inhalt hat. Dieser Vorgang wird bei der maschinell durchgeführten Suche modelliert. Die Maschine muß sämtliche Dokumente Wort für Wort „lesen" und jedes Wort daraufhin überprüfen, ob Übereinstimmung mit einem der Fragebegriffe gegeben ist[586].

Das Problem besteht nun darin, die Fragebegriffe so zu organisieren, daß zweckmäßige Kombinationen entstehen. Der einfachste Fall ist bei einem ganz ausgefallenen Informationsgegenstand gegeben. Will man sich beispielsweise über die Rechtslage bei Maskenbällen informieren, genügt es, der Maschine den Auftrag zu geben, alle Dokumente zu suchen, die das Wort „Maskenball" (bzw. eine der grammatikalisch möglichen Abwandlungen dieses Wortes) enthalten. Wenn überhaupt, wird es nur sehr wenige Dokumente geben, die dieses Wort enthalten und diese werden sich dann höchstwahrscheinlich auf die Rechtslage bei Maskenbällen beziehen[587]. Aber dieser Fall ist sehr selten. Meistens muß man mehrere Begriffe verwenden, um das Problem zu kennzeichnen und diese zweckmäßig miteinander kombinieren. Man bewegt sich dabei immer in der Gefahr, entweder alle einschlägigen Dokumente und eine Vielzahl nicht einschlägiger dazu zu erhalten – was den Effekt der Suche aufheben kann –, oder nur einschlägige, aber nicht alle einschlägigen zu bekommen – was in gleicher Weise die Wirksamkeit der Suche in Frage stellt.

Horty erläutert das am Beispiel einer Suche, die nach Gesetzen fragt, welche sich mit der Rechtsstellung des unehelichen Kindes befassen. Jedes Dokument, welches das Wort „unehelich" oder „Kind" oder „Eltern" enthält, ist mit einer gewissen Wahrscheinlichkeit einschlägig. Diese Wahrscheinlichkeit vergrößert sich, wenn die Begriffe in Kombination erscheinen[588]. Es ist bei einem Dokument, welches die Begriffe „Kind" und „unehelich" enthält, eine größere Wahrscheinlichkeit gegeben, daß es Relevanz aufweist als bei einem

586 Dabei ist es von Vorteil, daß die Maschine imstande ist, mehrere Begriffe zur gleichen Zeit zu suchen.

587 Es wurde bereits erwähnt, daß in Massachusetts eine vergessene Vorschrift gefunden wurde, wonach Maskenbälle verboten sind.

588 Aus diesem Grunde hat Horty das Verfahren "Key-Word in Combination" Approach genannt, abgekürzt KWIC. Diese Abkürzung steht auch für ein "Key Word in Context" genanntes Verfahren. Dort werden bestimmte Key Words (Schlüsselwörter) nebst einem gewissen räumlich umgebenden Kontext ausgedruckt, um einen ersten Überblick zu geben. Vgl. d. Beisp. im folgenden Abschnitt.

Dokument, welches nur einen der beiden Begriffe enthält. Zugleich muß eine Organisation gefunden werden, welche die verschiedenen grammatikalischen Formen eines Wortes[589], Synonyme und verwandte Begriffe angemessen berücksichtigt.

Zu diesem Zweck teilt Horty die Wörter in Klassen ein. Eine Klasse ist durch das Wort „Kind" bestimmt und enthält alle Begriffe, die statt dieses Wortes benutzt werden können (also z.B. Kinder, Waisenkind, Minderjähriger, Jugendlicher, usw.). Eine weitere Klasse ist durch das Wort Eltern bestimmt und enthält alle Wörter, die hierfür stehen können (wie z.B. Vater, Mutter, Erzeuger usw.). Eine dritte Klasse wiederum enthält solche Begriffe, die so kennzeichnend sind, daß ihr alleiniges Vorkommen das Dokument relevant machen würde. Dazu gehören die Wörter unehelich, Unehelichkeit usw.

Diese Klassen werden nun zueinander in Beziehung gesetzt. Dokumente, welche ein Wort der ersten Klasse (A) enthalten, reichen nicht aus, weil dann beispielsweise auch Dokumente erscheinen, die sich mit der Geschäftsfähigkeit Minderjähriger befassen. Es wird daher zusätzlich gefordert, daß auch ein Wort der zweiten Klasse (B) in dem Dokument erscheint. Dies wird durch die logische Verknüpfung UND ausgedrückt. Statt beider würde auch ein Wort der dritten Klasse (C) genügen, was durch ODER ausgedrückt wird. Der Suchauftrag würde nun lauten, alle Dokumente zu finden, in denen ein Wort der Klasse A UND ein Wort der Klasse B ODER statt dessen ein Wort der Klasse C erscheint.

Die Zahl der Klassen kann beliebig vergrößert werden. Ebenso sind weitere Kombinationsmöglichkeiten möglich. Es kann zum Beispiel gefordert werden, daß die Wörter der verschiedenen Klassen im selben Satz oder in einer bestimmten Reihenfolge oder in einem festgelegten Abstand zueinander erscheinen und dergleichen mehr[590].

Es liegt auf der Hand, daß die Zahl der gefundenen Dokumente umso geringer wird, je anspruchsvollere Kombinationen gewählt werden. Um dem Benutzer des Systems einen Fingerzeig zu geben, wie weit er dabei gehen soll, wurde eine Liste ausgedruckt, welche die absolute Häufigkeit des Wortvorkommens in der gesamten Sammlung angibt[591]. Sieht der Benutzer, daß ein bestimmtes Wort sehr häufig ist, wird er sich um Abgrenzungen durch verwickeltere Kombinationen bemühen; bei selteneren Wörtern ist dies dagegen nicht notwendig[592].

---

589 Für die Maschine bedeutet ja jede Abweichung von der Buchstabenfolge ein anderes Wort.

590 Vgl. im einzelnen Horty "Searching Statutory Law . . .", Final Rept., S. 11 ff. und Kehl, Horty, Bacon, Mitchell aaO.

591 Word Frequency List of the Statues of Pennsylvania, Pittsburgh, USA, 1962.

592 Der Liste kann er auch Hinweise auf grammatikalische Abwandlungen entnehmen.

Die Ausgabe des Suchergebnisses durch die Maschine kann dann in der Weise erfolgen, daß die gefundene Literaturstelle entweder zitiert oder im vollen Text ausgedruckt wird.

Um die Wirksamkeit des Systems zu ermitteln, wurden verschiedene Tests durchgeführt, die insgesamt zu einem positiven Urteil führten[593]. So wurden einmal Vergleiche zwischen den Sucherfolgen der Maschine und denen des Menschen angestellt, zum anderen in einem anspruchsvolleren Verfahren ein Vergleich zwischen dem Maschinensystem und einem „idealen" System angestellt, indem die Fähigkeit getestet wurde, ein bestimmtes, vorher festgelegtes Dokument zu finden[594]. Diese Tests erwiesen sich jedoch in mehrfacher Hinsicht als problematisch.

So gibt es einmal Fragestellungen, in denen die Maschine dem Menschen eindeutig überlegen ist und andere, in denen sie ebenso eindeutig unterlegen ist. Wenn es beispielsweise darum geht, einzelne, feststehende Ausdrücke zu ermitteln, kann kein Mensch mit der Maschine konkurrieren. Umgekehrt versagt die Maschine – jedenfalls bei diesem Verfahren – da, wo mit dem Suchvorgang zugleich ein Lernvorgang verbunden ist, in dessen Verlauf die Fragestellung selbst modifiziert wird[595]. Horty vergleicht daher die möglichen Fragestellungen mit einem Spektrum. Sinnvolle Vergleiche zwischen menschlicher und maschineller Leistung seien nur in der Mitte des Spektrums möglich.

Zum anderen ist es nur schwer möglich, die Ergebnisse exakt miteinander zu vergleichen, weil es keine exakten Maßstäbe dafür gibt, wann ein Dokument relevant ist und wann nicht. Horty behalf sich hier mit verschiedenen Abstufungen der Bewertung, indem er drei verschiedene Gruppen von Dokumenten festlegte: In die Gruppe A wurden Gesetze eingeordnet, die der Sucher auf jeden Fall lesen würde (und sei es auch nur, um sie auszuschließen)[596], Gruppe B enthielt die Gesetze, die der Benutzer lesen würde, wenn

---

593 Vgl. im einzelnen Horty, "Searching Statutory Law by Computer" Final Report, S. 23 ff.

594 Es handelt sich um ein von Mooers entwickeltes Verfahren, das Fels an der Universität Pittsburgh für diese Aufgabe modifiziert hat. Es ist beschrieben in Fels, "Evaluation of the Performance of an Information Retrieval System by Modified Mooers Plan", Pittsburgh, USA, 1962.

595 Horty sieht daher einen wichtigen Anwendungsbereich des Verfahrens in der Gesetzgebung, wenn es darum geht, Gesetzesbereinigungen vorzunehmen oder bestimmte Regelungen einheitlich zu gestalten. Er berichtet von einer Aufgabe, bei der es darum ging, den Beginn des Fiskaljahres für Schulen dem sonst in Pennsylvania üblichen Beginn des Fiskaljahres anzupassen. Die Maschine ermittelte mühelos alle zu ändernden Vorschriften, während der Mensch hier mangels irgendwelcher Ordnungsprinzipien hätte alle Vorschriften durchlesen müssen.

596 ". . . in legal research the process of exclusion may be equally as important as that of inclusion", Horty, "Searching Statutory Law . . .", Int.Rept. 2, S. 14.

gewisse, bei der Fragestellung nicht gewärtige Tatsachen jetzt vorhanden wären und Gruppe C enthält die eindeutig irrelevanten Gesetze. Freilich ist es offensichtlich, wie subjektiv solche Bewertungen sind.

Schließlich ist es nur schwer möglich, die Wirtschaftlichkeit beider Verfahren zu vergleichen. Auf der einen Seite wird der Erfolg der menschlichen Suchleistung von subjektiven Kenntnissen und·Erfahrungen beeinflußt; auf der anderen Seite ist es nur schwer möglich, die kostenmäßigen Vorteile der schnelleren oder umfassenderen Suche abzuwägen, wie sie durch die Maschine ermöglicht wird[597]. Doch deutet der sich ständig vergrößernde Kreis der Nutzanwendungen dieses Systems[598] darauf hin, daß hier eine deutliche Überlegenheit des maschinellen Verfahrens gegeben ist. So wurde bei einer Studie zum Fürsorgerecht, die etwa 5 000 Dollar gekostet hatte, errechnet, daß eine Suche durch menschliche Bearbeiter etwa 35 000 Dollar gekostet hätte.

Erwähnung verdient schließlich noch die von Horty begonnene Erstellung eines Thesaurus (oder Synonymlexikons). Aus dem Gefühl heraus, daß er für den erfolgreichen Einsatz des Verfahrens notwendig sei, hatte Horty schon frühzeitig mit den Vorarbeiten hierzu begonnen.Inzwischen hat sich freilich herausgestellt, daß das System auch ohne Thesaurus operabel ist. Horty zeigt sich selbst darüber überrascht, daß "ways of expressing concepts in statutory language are considerably more limited than previously imagined and that the same term ist often used again and again to mean about the same thing"[599]. Freilich ist dabei zu beachten, daß man sich auf Gesetzestexte beschränkt hatte, bei denen ein besonders sorgfältiger Sprachgebrauch gewährleistet ist[600]. Für eine Ausdehnung des Informationsstoffes auf gerichtliche Entscheidungen und sonstige Abhandlungen mag sich ein Thesaurus in Zukunft vielleicht doch noch als notwendig erweisen. In seiner vorgesehenen Form soll er nicht nur Synonyme im eigentlichen Sinn, sondern auch sonstige verwandte Begriffe enthalten. Ausgangspunkt seiner Erstellung ist die alphabetische Liste der "Key Words", welche durch menschliche Bearbeiter und unter Zuhilfenahme vorhandener Synonymlexika bearbeitet werden soll.

---

597 Für eine ausführliche Untersuchung des Zeit- und Kostenfaktors beim Einsatz der Maschinen vgl. Horty aaO. Nur in Ausnahmefällen ist ein einfacher Vergleich möglich. So stellt Brody 1962, S. 1 beim Einsatz des Systems zur Neufassung der Sozialgesetze des Staates Pennsylvania Berechnungen an, die eine deutliche Verbilligung zeigen. Vgl. auch Springer, Horty "Searching and Collating the Welfare Laws of Pennsylvania by Computer, "Pittsburgh, USA, 1962.

598 Vgl. die Aufzählung bei Horty, "Searching Statutory Law . . .", Final Report S. 24 ff.

599 Horty, "Searching Statutory Law . . .", Final Report, S. 57

600 "The statutory draftsman chooses redundancy where the poet chooses synonymity", Horty aaO.

Es ist dann vorgesehen, ihn auf Band zu nehmen. Der Sucher braucht dann nur noch einen Begriff für jede Klasse festzulegen, und die Maschine fügt die Synonyme in einem automatisierten Verfahren hinzu. Als problematisch hat sich dabei natürlich die Auswahl der „verwandten Begriffe" erwiesen, weil es hier außerordentlich schwierig ist, Grenzen zu ziehen. Man versucht das Problem dadurch zu lösen, daß der Thesaurus von Juristen bearbeitet wird, von denen eine Auswahl der Begriffe im Hinblick auf "peculiar legal connotations"[601] erwartet wird.

Horty hat als erster demonstriert, daß juristische Informationsprobleme durch den Einsatz einer datenverarbeitenden Maschine erfolgreich gelöst werden können. In dieser Weise ist das Verfahren einzigartig, und es verwundert nicht, daß eine Reihe anderer Verfahren hiervon angeregt und beeinflußt wurden[602]. Die vorliegenden Erfahrungsberichte beziehen sich jedoch vorwiegend auf Gesetzestexte. Offen bleibt die Wirksamkeit des Systems, wenn andere Texte – Entscheidungen und Abhandlungen – aufgenommen werden. Allein die Aufnahme sämtlicher Gerichtsentscheidungen des Staates Pennsylvania würde nach Schätzung 100 Magnetbänder beanspruchen; neben das Problem der geringeren sprachlichen Präzision tritt damit das der größeren Masse des Informationsstoffes. Damit tritt der Kostenfaktor weiter in den Vordergrund. Gewichtiger dürfte aber noch die Frage sein, ob angesichts eines sprachlich weniger ausgefeilten Informationsstoffes ausreichend genaue Suchergebnisse erzielt werden. Horty selbst erwähnt die Möglichkeit, Kürzungen und Straffungen vorzunehmen – sei es durch die Elimination bestimmter Wörter, sei es durch Auslassen ganzer Entscheidungen oder Teile von Entscheidungen[603]. Aber damit ergibt sich die Notwendigkeit, den Informationsstoff zu bearbeiten und der Hauptvorteil des Systems – die Speicherung des ungekürzten Textes – fällt weg.

Das von Horty entwickelte Verfahren wird inzwischen von einer eigens gegründeten Gesellschaft, der "Aspen Systems Corporation", in großem Umfang kommerziell ausgewertet[604]. Diese Gesellschaft hat inzwischen das wohl umfangreichste juristische Dokumentationsprojekt der Welt verwirklicht und alle Gesetze der 50 amerikanischen Bundesstaaten in den Magnetspeicher eines Computers übertragen[605]. Die Benützung des Systems steht jedermann

---

601 Horty aaO., S. 56

602 Vgl. die folgenden Abschnitte. Auch in der UdSSR fand das Verfahren starke Beachtung, s. Kerimov-Pokrowski 1964, S. 1227 ff.

603 aaO., S. 44

604 Die Gesellschaft hat inzwischen 130 Beschäftigte. Sie wurde im Jahre 1968 als Aktiengesellschaft gegründet. Ihre Aktien fanden auf dem Kapitalmarkt beträchtliches Interesse. Vgl. auch den Bericht in JA 1969, Letzte Seiten 27.

605 Das dauerte ein Jahr, erforderte den Einsatz von 400 Hilfspersonen und kostete 1 Million Dollar.

offen. Es werden die modernsten Methoden verwendet: die Eingabe erfolgt über optische Lesegeräte[606], und für die Ausgabe der Texte wird kein Schnelldrucker mehr, sondern ein Gerät verwendet, welches die Texte mit Hilfe einer Elektronenröhre schreibt[607]. Neue Gesetze werden sofort nach ihrer Verkündung in das System eingeführt, und regelmäßig erscheint ein "Automated Statutory Reporter" genannter Index, welcher sämtliche vorkommenden Begriffe gemeinsam mit einem begrenzten Kontext in alphabetischer Reihenfolge enthält.

7. Southwestern Legal Foundation (USA)[608]

Im Zusammenhang mit dem Verfahren von Horty sind die Experimente von Wilson an der Southwestern Legal Foundation in Dallas zu betrachten. Wilson ging es darum, Hortys Verfahren an einem erweiterten Informationsgegenstand zu erproben. Er wählte eine Reihe von Gerichtsentscheidungen aus, welche Steuerfälle der Erdölindustrie betrafen und übertrug sie über Lochkarten im vollen Wortlaut auf Band. Jeder Fall und innerhalb jeden Falles jeder Satz wurde mit einer Nummer versehen. Die Maschine erstellte sodann eine Liste sämtlicher vorkommenden Wörter in alphabetischer Reihenfolge[609]. Menschliche Bearbeiter ermittelten sodann die verschiedenen Formen jedes Wortes und faßten sie unter einem einheitlichen „Wurzelbegriff"[610] zusammen, der durch eine fünfstellige Zahl gekennzeichnet wurde. Nicht signifikante Begriffe erhielten die Nummer 00 000 und schieden aus. Am Ende der Prozedur waren im Speicher des Elektronenrechners nur mehr Zahlen enthalten, welche die „Wurzelbegriffe", Sätze und Dokumente kennzeichneten.

Die Suche geschieht in gleicher Weise wie bei Horty, nur mit dem Unterschied, daß die Maschine für jeden Begriff zunächst die entsprechende Wurzelbegriff-Zahl ermittelt und dann diese Zahl sucht. Am Ende der Suche zitiert sie dann die Nummern der gefundenen Dokumente. Die Dokumente selbst sind auf Mikrofilm gespeichert und können über ein Lesegerät eingesehen werden.

606 Freilich geht man dabei noch nicht von den Originalunterlagen aus, sondern überträgt die Texte mit Spezialschreibmaschinen in eine computernormierte Schrift.

607 Das dadurch erzeugte Schriftbild ist so scharf, daß es als Grundlage für Vervielfältigungen im Offset-Verfahren dienen kann.

608 Vgl. Wilson 1962 a, S. 409 ff.; 1962 b, S. 40 ff.; 1966, S. 55 ff.; Eldridge-Dennis 1963 b, S. 90; Simitis 1966, S. 21. Die Experimente von Wilson wurden im Jahre 1963 eingestellt.

609 Ihre Zahl betrug etwa 14 500

610 "root term".

Die Erleichterung für den Sucher ist gering[611]. Eher ins Gewicht fallen dürfte die Tatsache, daß auf diese Weise Speicherraum in der Maschine eingespart wird und damit das maschinelle Verfahren rationalisiert und beschleunigt wird. Wilsons Versuche stehen offensichtlich im Zeichen des bei Gerichtsentscheidungen erheblich angeschwollenen Informationsstoffes. In der entscheidenden Frage der Synonyme und vor allem der synonymähnlichen Begriffe wurde jedoch kein Fortschritt erzielt, denn Wilson beschränkte sich ausschließlich auf die Erfassung der verschiedenen grammatikalischen und orthographischen Formen eines Wortes. Es hat sich jedoch inzwischen erwiesen, daß hier die eigentlichen Probleme einer wirksamen Dokumentation liegen.

8. LITE (USA)[612]

Im Jahre 1962 entschloß sich die amerikanische Luftwaffe zur Einführung eines automatisierten Dokumentationsverfahrens für die im Department of the Air Force tätigen Juristen. Aufgrund eines Vertrages mit Horty wurde ein den Bedürfnissen der Luftwaffe angepaßtes Verfahren zunächst probeweise eingerichtet, welches bei Erfolg – man ist optimistisch – die gesamte juristische Literatur erfassen soll, die für die Luftwaffe bedeutungsvoll ist. Diese Erfassung soll dann an einem zentralen Ort erfolgen[613].

Die Behandlung des Informationsstoffes entspricht der bei Horty. Der Informationsstoff weist jedoch eine Besonderheit auf. Zum ersten Mal wurde hier eine „vertikal" angelegte Datenbank aufgebaut, die ohne Rücksicht auf hierarchische Ordnungen alle Gesetze, Verordnungen, Entscheidungen, Dienstanweisungen und anderes Material (wie beispielsweise internationale Militärabkommen) erfaßt, soweit sie nur für die fiskalische Betätigung der amerikanischen Luftwaffe von Bedeutung sind[614]. Der für Ende Juni 1966 errechnete Bestand wies eine Summe von 40 Millionen Wörtern auf, und es wird erwartet, daß sich diese Zahl auf etwa 100 Millionen vergrößert.

Neben der Fähigkeit des Systems, individuelle Suchanfragen zu beantworten, sind verschiedene weitere Nutzanwendungen zu nennen, die bisher noch nicht erwähnt wurden.

---

611 Er braucht bei der Formulierung seiner Suche nicht mehr die verschiedenen grammatikalisch möglichen Formen eines Wortes zu berücksichtigen; sonst muß er dieselbe Prozedur wie bei Horty vornehmen.

612 Vgl. "Legal Information Thru Electronics", Denver, Col., USA, undatiert (nach dieser Bezeichnung wurde die Abkürzung LITE geschaffen); Davis 1965, S. 198 ff.; Dickerson 1965, S. 191 ff.

613 Im "Air Force Accounting and Finance Center", Denver, Col., USA.

614 Insbesondere sind die zahlreichen Vorschriften, welche das Beschaffungs-, Rechnungs- und Buchführungswesen betreffen, zu nennen.

So kann die Maschine einen sogenannten KWIC-Index[615] erstellen, bei dem für jedes signifikante Schlüsselwort ein bestimmter Kontext ausgedruckt wird. Er ermöglicht es, die verschiedenen Zusammenhänge, in denen ein Wort benutzt wird, leicht zu übersehen, was etwa bei der Erstellung und Reorganisierung von Registern von Nutzen ist. Meist wird der Kontext dabei auf eine Zeile beschränkt. Ein Beispiel für das englische Wort APPOINTMENT sieht etwa so aus:[616]

"Navy Dental Corps	Appointment	Grade Pay Medical
Temporary Higher Grade	Appointment	Satisfactory Service" usw.

Eine andere Möglichkeit betrifft die automatisierte Erfassung von Verweisungen auf andere Normen. Dadurch wird verhindert, daß einschlägige Vorschriften übersehen werden – ein Vorteil, der besonders auf dem unübersichtlichen Verordnungssektor von Bedeutung ist[617].

Weiter kann die Maschine Material aus verschiedenen Quellen in jeder gewünschten Weise aussortieren, indem ihr etwa der Auftrag erteilt wird, zu einem bestimmten Problem alle Gesetze, Verordnungen und Entscheidungen, nicht aber Abhandlungen zu erfassen. Diese Möglichkeit kann beispielsweise bei legislativen Maßnahmen bedeutsam werden.

Schließlich ist ein Literaturdienst in der Weise vorgesehen, daß für einzelne Sachbearbeiter alle auf ihrem Spezialgebiet neu erscheindenden Literaturstellen ständig erfaßt und diesen zugeleitet werden.

9. London School of Economics and Political Science, (Großbritannien)

Die englischen Bemühungen auf dem Gebiet der automatisierten Informationserschließung im Recht wurden durch amerikanische Erfahrungen, insbesondere durch die Berichte von Horty, angeregt. Mit eine Rolle dabei spielte die Verwandtschaft der Rechtsordnungen[618]. Der Umfang des Materials ist in England zwar geringer, doch trifft auch hier Tapper[619] die Feststellung: "... there is no doubt that the volume of materials is too large to be handled by conventional methods for very much longer".

Die ersten Arbeiten wurden im Jahre 1961 am Law Department der London School of Economics and Political Science aufgenommen. Sie betrafen

615 Hier steht die Abkürzung für "Key Word in Context.

616 Vgl. "Legal Information ...", S. 6

617 Vgl. Davis aaO., S. 139

618 Sie erlaubt beispielsweise einen unmittelbaren Vergleich des englischen mit dem amerikanischen Gesundheitsrecht. Von einem entsprechenden Experiment berichtet Tapper 1964, S. 130.

619 aaO., S. 127

zunächst die Auswahl des zu erfassenden Informationsstoffes und dessen Vorbehandlung. Die ursprünglichen Vorstellungen gingen dahin, ein bestimmtes, möglichst eng abgegrenztes Rechtsgebiet auszuwählen und dieses sowohl nach rechtlichen Begriffen als auch nach Fallgestaltungen zu registrieren. Sehr bald stellte sich heraus, daß diese Registrierung nicht zufriedenstellen zu bewältigen war. Die verschiedenen Sachbearbeiter zeigten eine zu große Unbeständigkeit bei der Registrierung, als daß einheitliche Ergebnisse erzielt werden konnten.

Im Anschluß an Horty ging man daher dazu über, vollen Text zu speichern. Da man weitgehend dem Verfahren von Horty folgte, sind hier nur mehr einige ergänzende Anmerkungen notwendig.

So ist hervorzuheben, daß in England "case law" bearbeitet wurde und daß man sowohl Entscheidungen aus einem eng umgrenzten Rechtsgebiet als auch solche allgemeiner Natur bearbeitete, um durch einen Vergleich festzustellen, ob solche Abgrenzungen sinnvoll sind. Im ersteren Fall will man eine möglichst große Zahl von mehrdeutigen Begriffen erfassen, um festzustellen, in welchem Ausmaß das zum Auffinden nicht relevanter Literatur führt. Im letzteren Fall will man dagegen feststellen, ob (eindeutige) Begriffe genügend präzise für das Auffinden der relevanten Literatur sind[620]

Die Versuche werden inzwischen an der Universität Oxford fortgeführt. In neuerer Zeit ist man mehr und mehr dazu übergegangen, die vorgegebenen Texte um einige für die Beurteilung wichtige Stichworte zu ergänzen. Es hat sich nämlich gezeigt, daß in vielen Fällen der Wortlaut nicht ausreichte, um alle Zusammenhänge, in denen ein Dokument relevant werden konnte, ersichtlich zu machen.

Die ersten Erfahrungsberichte lauten positiv[621]. Vergleiche ergaben denselben Wirkungsgrad wie bei konventionellen Methoden, und Tapper erwartet eine deutliche Überlegenheit des neuen Verfahrens, wenn dieses erst einmal besser beherrscht und substantiell verfeinert sein wird[622].

Auf jeden Fall erhofft man sich wertvolle Informationen durch statistische Angaben über die Semantik juristischer Texte. "Whatever other results the experiments may have, it is anticipated that these results will justify the work"[623].

---

620 Vgl. näher Tapper 1966, S. 316

621 "Results, so far obtained, while incomplete, are encouraging", Tapper aaO., S. 317.

622 "Clearly, much still remains to be done . . ., but it is already apparent that the law library and legal research methods of the 21st century will be very different from those of the 20th", Tapper aaO.

623 Tapper 1964, S. 132

10. Universität Montpellier, Frankreich[624]

In Frankreich wurde im Jahre 1964 an der Universität Montpellier ein Centre d'Etudes pour le Traitement de l'Information Juridique gegründet, dem Mitglieder der juristischen wie der naturwissenschaftlichen Fakultät angehören. Die enge Zusammenarbeit zwischen Naturwissenschaftlern und Juristen wurde dabei als wesentliche Voraussetzung des Erfolges angesehen[625]. Man entwickelte ein Verfahren, wobei man sich durch die Versuche von Horty anregen ließ, und erprobte es an einem begrenzten Informationsgegenstand.

Als Informationsstoff wählte man sämtliche in den Jahren 1963 bis 1966 ergangene Entscheidungen der Zivilsenate der Cour de Cassation aus[626], weil man von den Kurzfassungen profitieren wollte, die ihnen leitsatzähnlich vorangestellt wurden. Sie ersparen die Analyse der Dokumente – ein Umstand, der angesichts der beschränkten Mittel in Montpellier besonders ins Gewicht fiel. Hinzu kam die besondere Autorität dieser Entscheidungen des obersten Gerichtes von Frankreich, ihr verhältnismäßig begrenzter Umfang und die Annahme eines besonders disziplinierten und klaren Sprachgebrauchs. Eine Ausweitung des Verfahrens auf andere Informationsgegenstände ist vorgesehen.

Das Verfahren spielt sich in folgender Weise ab: Die in den Leitsätzen enthaltenen Schlüsselwörter werden zusammen mit einer Reihe von Daten über Lochkarten in die elektronische Datenverarbeitungsanlage eingegeben. Die Maschine führt sodann eine Reihe von Operationen aus; sie zählt die Wörter, bestimmt ihren Standort und ordnet sie in einer alphabetischen Liste, wobei die entsprechenden Daten jeweils zugeordnet sind. Außerdem werden die Begriffe numeriert und in dieser Reihenfolge gespeichert, um für Suchzwecke verfügbar zu sein.

In Angriff genommen, aber noch nicht abgeschlossen, ist auch die Erstellung eines Synonymlexikons (Thesaurus)[627]. Auch hier hat sich eine Erweiterung des Synonymbegriffes auf die Erfassung aller verwandten Begriffe ("mots-clés voisins") als notwendig erwiesen. Die Synonyme in diesem Sinne werden unter einer gemeinsamen Begriffsnummer zusammengefaßt, welche – gespeichert – jedes der zugehörigen Wörter ersetzt.

Der Suchende muß seine Frage mit Begriffen des Vokabulars formulieren. Die Begriffe werden dann in entsprechender Weise wie bei Horty durch die

624 Vgl. Catala, Falgueirettes 1967, S. 165 ff.; Löhr 1969, S. 1840.

625 "Telle apparaît, rétrospectivement, la condition première du succès", Catala-Falgueirettes aaO., S. 166.

626 Ihre Zahl beträgt 12.688

627 Er enthält bislang 13 000 Begriffe, die sich jedoch auf 3 000 Grundformen reduzieren lassen.

logischen Verknüpfungen UND, ODER und ABER NICHT miteinander kombiniert. Die Maschine ermittelt sodann alle Dokumente, welche die gewünschten Schlüsselwörter in der angegebenen Kombination enthalten und druckt das Ergebnis in Form eines Zitates aus.

Das vorliegende Material erlaubt noch keine abschließende Stellungnahme zur Brauchbarkeit des Verfahrens. Als nachteilig erscheint jedoch auch hier der große Anteil menschlicher Tätigkeit, wobei man allerdings wesentlich von der Vorarbeit profitiert, die bereits durch die Erstellung der Leitsätze geleistet wurde.

11. Western Reserve University (USA)[628]

Im Jahre 1955 wurde der School of Library Science an der Western Reserve University (Cleveland, Ohio) ein Center for Documentation and Communication angegliedert, dessen Aufgabe die Informationserschließung zunächst auf technischem Gebiet war[629]; weitere Versuche betrafen medizinische Literatur. Das dabei entwickelte Verfahren wurde sodann auf juristische Literatur übertragen. Man wollte die Wirksamkeit des Verfahrens sowohl für Gesetzestexte als auch für gerichtliche Entscheidungen erproben und wählte daher Kaufrechtsvorschriften sowie dazu einschlägige Gerichtsentscheidungen für ein Experiment aus. Bei positiven Erfahrungen soll dann dieser beschränkte Informationsgegenstand erweitert werden. Leider wurde über die Erfahrungen mit diesem System, soweit ersichtlich, bislang nur wenig mitgeteilt. Obwohl Melton-Bensing[630] sich auf durchgeführte Tests beziehen, beschreiben sie nur eine Suche und geben deren Resultate wieder. Mit Recht weist O'Connors[631] darauf hin, daß nur ein Vergleich der Durchführung einer größeren Anzahl von Suchen in herkömmlicher wie in maschineller Weise es erlauben würde, die Brauchbarkeit des Systems zu beurteilen. Erst dann auch ließe sich die Frage beantworten, ob das System auch bei einem umfangreichen Informationsgegenstand zuverlässig funktioniert.

Dem Verfahren liegt der Gedanke zugrunde, daß die natürliche Sprache für Zwecke der Dokumentation einer gewissen Normalisierung bedarf. Diese Normalisierung wird dadurch erreicht, daß geschulte Sachbearbeiter sowohl

---

628 Vgl. Melton, Bensing 1960, S. 229 ff. und die Besprechung von O'Connor 1962, S. 18 ff.; ferner Eldridge, Dennis 1963 b, S. 90 f.; Loevinger 1963, S. 13 ff.; Melton 1962, S. 48 ff.; Simitis 1966, S. 22 f.

629 Die ersten Versuche betragen Literatur auf dem Gebiet der Metallurgie. 1960 wurden täglich 150 Dokumente (Bücher, Abhandlungen, Patentschriften usw.) in das System eingeführt, vgl. Melton, Bensing aaO., S. 231.

630 aaO., S. 232

631 aaO., S. 18 ff.

die in die Sammlung aufzunehmenden Dokumente als auch die gestellten Fragen in eine eigens entwickelte, normalisierte Sprache übersetzen. Diese Sprache hat ihre eigenen Wörter, ihre eigene Grammatik und ihre eigene Zeichensetzung, wobei jeweils eine starke Vereinfachung vorgenommen wurde. Aus dem jeweiligen Dokument werden nur die signifikanten Begriffe herausgezogen und die Syntax der Sprache wird insoweit übernommen, als dies für Dokumentationszwecke erforderlich erscheint. Formuliert wird diese Sprache in einem komplizierten semantischen Code, der sowohl Thesaurus als auch vieldimensionale Klassifikation wissenschaftlicher Terminologien ist[632] und der durch eine symbolische Grammatik ergänzt wird, die weit über die Möglichkeiten anderer Verfahren hinausgeht. In dieser Hinsicht ist das Verfahren in Cleveland sehr eigenartig und mit keinem der anderen hier beschriebenen Verfahren zu vergleichen[633].

Die Übersetzung der vom Sachbearbeiter herausgezogenen signifikanten Begriffe in den semantischen Code erfolgt in einem automatisierten Verfahren. Dieser semantische Code, der gewissermaßen das Wörterbuch des Verfahrens enthält, ist das „Herz des Systems"[634]. Er besteht aus Kombinationen von jeweils vier Buchstaben und vier Zahlen, welche die logischen Elemente der zu verschlüsselnden Begriffe kennzeichnen; sie werden semantische Faktoren genannt.

Eine Vierbuchstaben-Kombination steht dabei immer für ein „logisches Element" des zu codierenden Begriffes. Als solche werden generalisierende Grundbegriffe angesehen, durch die ein Begriff definiert werden kann; so enthält der Begriff „Schwimmen" die logischen Elemente „Bewegung" und „Wasser". Allein für sich ergeben diese beiden Elemente jedoch noch nicht den Begriff des Schwimmens, weshalb es notwendig ist, auch noch die Beziehungen zwischen ihnen festzulegen. Es muß etwa festgelegt werden, daß es sich um eine Art von Bewegung handelt, die im Wasser geschieht. Das geschieht in der Weise, daß die Grundbegriffe oder logischen Elemente durch drei Buchstaben und die Art der Beziehung durch einen vierten Buchstaben ausgedrückt wird, wobei letzterer in der Rangordnung jeweils an zweiter Position steht. So steht beispielsweise für Bewegung die Kombination M( )TN[635] und für Wasser H( )DR. Soll nun festgelegt werden, daß es sich um eine Art von Bewegung handelt, die im Wasser geschieht, so wird das

---

632 Hiernach wird das Verfahren auch als "Semantic Coded Abstract Approach" bezeichnet.

633 Es ist das einzige Verfahren, das auf den Sinnzusammenhang der Dokumente abstellt.

634 Melton-Bensing aaO., S. 234.

635 Die Kombinationen sind häufig an den Wortlaut angelehnt: Motion wird zu M( )TN, die Anfangssilbe Hydro- zu H( )DR, Construction zu C( )NS usw.

erstere durch das Infix A ausgedrückt, das letztere durch das Infix V. Die Kombination heißt nun vollständig MATN HVDR. Das Infix A heißt also allgemein, daß es sich um „eine Art" des Grundbegriffes handelt. V besagt, daß „eine Einwirkung auf" den Grundbegriff erfolgt. Andere Infixes besagen, daß der Grundbegriff „benutzt" oder „charakterisiert" wird.

Auf diese Weise lassen sich Synonyme und verwandte Begriffe gemeinsam erfassen, indem sie auf ihre logischen Grundelemente zurückgeführt werden. Schwimmen, tauchen, crawlen, plantschen, baden – all dies läßt sich durch die Kombination MATN HVDR ausdrücken. Natürlich ist es dann noch erforderlich, auch die einzelnen Begriffe eindeutig zu kennzeichnen. Das geschieht durch einen angehängten numerischen Vierziffernfaktor, wobei jede Zahl immer nur einem Begriff – etwa Schwimmen – zugeordnet ist. Dies gestattet dann, eine Suche eng oder weit auszuführen, entweder das allgemeine Konzept „Bewegung im Wasser" oder den spezifischen Begriff „schwimmen" zu suchen, wobei häufig das allgemeine Konzept ausreichen wird.

Melton-Bensing ließen sich bei diesem System durch jene Wörter mit lateinischen oder griechischen Wurzeln inspirieren, die – wie etwa Thermometer – sich selbst definieren und klassifizieren. Sie gehen davon aus, daß ein System zur Informationserschließung verhältnismäßig leicht zu schaffen wäre, wenn die Sprache durchgehend mit solchen Begriffen aufgebaut wäre. Überall wo die Silbe „Thermo-" erscheint, kann man davon ausgehen, daß die Idee der Wärme eine Rolle spielt, gerade wie die Silbe „-meter" auf die Idee des Messens hinweist. Da aber die Sprache nicht so beständig aufgebaut ist, versuchen sie, ein entsprechendes System künstlich zu schaffen, welches zugleich den Bedürfnissen der Maschine angepaßt ist.

Es ist gewiß kein Zufall, daß dieses System ursprünglich für technische Literatur geschaffen wurde, denn dort ist eine Klassifikation besonders gut möglich[636]. Ob es auch im geisteswissenschaftlichen Bereich möglich ist, ein solches System zur vollen Wirksamkeit zu entfalten, bleibt dahingestellt; dies erscheint zumindest fraglich, weil es hier eine Vielzahl von abstrakten, gedanklichen Konstruktionen gibt, die nicht so leicht zu definieren und klassifizieren sind.

636 Vgl. das Beispiel bei Melton 1962, S. 48 ff. Der englische Begriff "unionmelt process" wird im semantischen Code zum "process of joining or fastening, specifically welding by mean of electricity and heat". Das ist zugleich Definition und Klassifizierung. Der Begriff würde gefunden, wenn der Sucher lediglich nach "electric welding" oder "welding" oder "welding" oder "joining" oder "fastening" fragte. Will der Sucher nur den Begriff "unionmelt process" suchen, ermöglicht ihm dies der numerische Faktor. Der semantische Code ist also einmal Thesaurus, indem er Synonyme erfaßt, und zum anderen vieldimensionales – d.h. nicht hierarchisches – Klassifikationsschema.

Der semantische Code wird, einmal erstellt, in die Maschine eingegeben, so daß die Begriffe dann später in einem automatisierten Verfahren übersetzt werden.

Um die Beziehungen zwischen den einzelnen signifikanten Begriffen zu verdeutlichen, wurde außerdem eine stark vereinfachte symbolische Grammatik geschaffen. Eine begrenzte Anzahl von Symbolen, welche durch Drei-Buchstaben-Kombinationen[637] gebildet wurden, dienst dazu, diese Funktion zu übernehmen. Dabei hat es sich als ausreichend erwiesen, nur die fundamentalen Beziehungen darzustellen. So bedeutet etwa der Rollenindikator KEJ, daß eine Sache oder eine Person das Objekt eines Vorganges oder einer Transaktion ist, KAM, daß ein Prozeß oder eine Transaktion vorkommt, KQJ, daß ein Ursprung gegeben ist und KVJ, daß etwas zu einem Ziel gelangt. Der Abschluß eines Kaufvertrages kann mit diesen vier Rollenindikatoren dargestellt werden. Dem semantischen Code für „Sache" wird der Rollenindikator „KEJ" zugeordnet, dem für „Kauf" KAM, „Verkäufer" KQJ und „Käufer" KVJ. Dies besagt dann, daß „Sachen" das Objekt eines Vorganges oder einer Transaktion sind, welche von einem Verkäufer zu einem Käufer führt[638].

Die Satzzeichen werden beibehalten. Sie erfüllen darüberhinaus weitere Funktionen. So zeigt beispielsweise ein Komma das Ende der Rollenindikator-Information und den Beginn der Wort-Information an, ein Schrägstrich gibt der Maschine die Anweisung, einen bestimmten Ausdruck vorzunehmen usw.

Der technische Ablauf des Verfahrens geschieht nun in der Weise, daß ein geschulter Sachbearbeiter (Analysator) den Text liest und die signifikanten Begriffe herauszieht. Er versieht sie mit Rollenindikatoren, welche die Beziehungen zwischen ihnen klarstellen, und fügt die Satzzeichen ein. Sodann wird das Resultat in die Datenverarbeitungsanlage eingegeben, wo in einem automatisierten Verfahren die Übersetzung der signifikanten Begriffe in den semantischen Code erfolgt. In der endgültigen Form erscheinen so auf dem Magnetband die bibliographischen Daten für jedes Dokument, die semantischen Faktoren (Vier-Buchstaben-Einheiten und numerische Faktoren), die Rollenindikatoren und die Satzzeichen.

Die Suche wird in entsprechender Weise durchgeführt, wobei – wie schon erwähnt – die Frage eng oder weit gestellt werden kann. Will sich der Benutzer beispielsweise über seine Gewährleistungsansprüche beim Kauf schadhafter Maschinenteile unterrichten, so kann er die Frage allgemein auf Gewährleistungsansprüche richten oder eng nach Entscheidungen fragen, die

637 Da sie die Rolle der Begriffe anzeigen, werden sie Rollenindikatoren (role indicators) genannt.

638 Vgl. das detaillierte Beispiel bei Melton-Bensing aaO., S. 241, welches sich mit Gewährleistungsansprüchen beim Kauf befaßt.

sich speziell mit schadhaften Maschinenteilen befassen; im ersteren Teil genügt eine Übereinstimmung des generischen Teiles der Codezeichen, während im letzteren Fall durch Verwendung des numerischen Faktors eine nähere Festlegung vorgenommen werden muß. Da die Maschine imstande ist, verschiedene Frageversionen zur gleichen Zeit zu bearbeiten, können beide Möglichkeiten zur gleichen Zeit wahrgenommen werden. Damit erhält der Benutzer nach dem Grade der wahrscheinlichen Relevanz abgestufte Antworten.

Es wurde schon erwähnt, daß nur in geringem Umfang Erfahrungsberichte bekannt sind, so daß zur Frage der Wirksamkeit des Systems nur einige grundsätzliche Bemerkungen erfolgen können.

Das Verfahren beruht letztlich auf der menschlichen Registrierung und sein Erfolg hängt damit in seiner Wirksamkeit weitgehend von den subjektiven Fähigkeiten des Bearbeiters ab; auf die daraus resultierenden Bedenken wurde bereits hingewiesen. Auf der anderen Seite eröffnet die neugeschaffene Sprache und Grammatik dem Bearbeiter wesentlich größere Möglichkeiten. Er braucht sich nicht um Synonyme und synonymähnliche Begriffe zu bekümmern, weil diese Arbeit schon einmal – bei der Erstellung des semantischen Code – geleistet worden ist. Und er ist nicht auf die Verknüpfung der ermittelten Begriffe durch die rudimentären Operatoren UND, ODER und ABER NICHT beschränkt, sondern ihm steht eine Grammatik zur Verfügung, welche es wirklich erlaubt, Beziehungen zwischen den einzelnen Begriffen herzustellen. Der semantische Code stellt zwischen den Begriffen Collie–Hund–Tier ebenso eine Beziehung her wie zwischen „gewohnheitsmäßiger Trunksucht" und dem „täglichen Genuß einer Flasche Gin". Und die Grammatik erlaubt es, klarzustellen, daß zwischen den Begriffen „Hund", „Mensch" und „beißen" eine Beziehung in der Weise besteht, daß es der Hund ist, der den Menschen beißt, und nicht umgekehrt.

Melton-Bensing[639] heben hervor, daß die Zahl der Rollenindikatoren verhältnismäßig klein ist, so daß das System verhältnismäßig schnell zu beherrschen ist. Trotzdem dürfte der von O'Connors[640] erwogene Gedanke, daß die Benutzer des Systems ihre Anfragen selbst verschlüsseln, angesichts der Kompliziertheit des Systems kaum zu verwirklichen sein. Diese Aufgabe wird dem geschulten Sachbearbeiter verbleiben, und damit stellt sich in verstärktem Maße die Frage, ob angesichts des hohen Einsatzes menschlicher Tätigkeit die Wirtschaftlichkeit des Verfahrens gewährleistet werden kann.

Von großer Bedeutung dürfte bei diesem Verfahren auch die von Melton selbst gestellte Frage nach der Bereitschaft des Juristen sein, ein solches

639 aaO.
640 aaO., S. 21

System überhaupt anzuerkennen[641]. Für den Naturwissenschaftler oder den Mediziner stellt sich diese Frage nicht. Für ihn hat die Sprache nicht dieselbe Bedeutung wie für den Juristen. Es wurde bereits das Thema „Standardisierung der juristischen Sprache" angeschlagen. Aber was hier geschieht, ist mehr. Verfahren wie dieses dürften in ganz besonderem Maße zur Errichtung jener geistigen Abwehrbarriere beitragen, die das geistige Werk eines in juristischer Sprache beschriebenen Rechtsproblemes vor den zerstörenden Angriffen einer ihre Grenzen verlassenden Technik zu schützen errichtet werden. Die Sprache ist für den Juristen eben nicht nur ein Träger von Informationen, sondern sie ist zugleich „das Gesetz!" Wer bei einem solchen Verfahren die Juristen zur Mitarbeit aufruft, wird nur Erfolg haben, wenn die Vorteile evident sind.

12. George Washington University (USA)[642]

Dieses Verfahren beruht auf einer von Stiles[643] entwickelten Formel, welche den Grad der Assoziation verschiedener Begriffe zueinander feststellt. Es wurde von Lyons an der George Washington Universität in Zusammenarbeit mit der Datatrol Corporation entwickelt und erstmals im Jahre 1962 demonstriert.

Im Gegensatz zu den bisher beschriebenen Verfahren ist man bei diesem System nicht bemüht, konventionelle Methoden des Registrierens und Verschlüsselns zu automatisieren. Lyons' Verfahren beruht vielmehr auf einer statistischen Methode und schaltet damit das menschliche Element bei der Behandlung des Informationsstoffes aus. Es ist dies ein radikaler, an den spezifischen Fähigkeiten des Elektronenrechners orientierter Versuch, die Methode und den Denkprozeß eines bei der Lösung eines Falles mit Suchaufgaben befaßten Juristen durch eine neuartige Technik zu modellieren.

Vieles spricht dafür, daß dies der Weg der Zukunft sein wird. In der völligen Ausschaltung des menschlichen Bearbeiters liegt ein doppelter Vorteil: Sowohl der Aufwand als auch die Fehlermöglichkeiten durch subjektive

---

641 "For the lawyer, however, the literature is the 'stuff' of his profession. Words on paper, therefore, must be closer to lawyers reality than they are to an engineer's. The words of a statute are the 'law'. However, the words of an article about titanium are not even remotely titanium", Melton 1962, S. 54.

642 Vgl. "A Search Strategy for Retrieving Legal Information", Datatrol Corporation, Silver Spring, Maryland, USA, 1962; Eldridge-Dennis 1963 b, S. 92 ff.; Loevinger 1963, S. 17; Lyons 1962, S. 262 ff.; Simitis 1966, S. 23. An der George Washington University gibt es inzwischen ein eigenes Institut für die Probleme der elektronischen Datenverarbeitung im Recht, insbesondere auch der Dokumentation, vgl. Fiedler 1968 b, S. 278.

643 1961, S. 271 ff.

Fehleinschätzungen werden geringer. Außerdem liegt in der Anwendung statistischer Methoden eine wirksame Ausnutzung der besonderen Fähigkeiten datenverarbeitender Maschinen. Bei den Systemen, die konventionelle Suchmethoden automatisieren, wird immer Identität zwischen den Frage- und Suchbegriffen verlangt[644]. Das Verfahren von Lyons dagegen nützt die Fähigkeit der Maschine aus, logische Entscheidungen zu treffen und Rückkoppelungen vorzunehmen. Es verändert während der Suche den Suchumfang selbst. Es verhält sich ebenso wie ein Mensch, der während der Suche Informationen erhält, die ihn zu Modifikationen seiner Fragestellung veranlassen. Denn häufig ist ja mit dem Informationsprozeß ein extensiver Lernprozeß verbunden. Der Suchende beginnt mit einer Frage, erhält Antworten, die über seine Frage hinausgehen oder danebenliegen und wird durch diese Informationen zu neuen Fragen oder zu Modifikationen seiner ursprünglichen Frage veranlaßt. Dieser Kreislauf wiederholt sich, theoretisch unendlich oft und praktisch solange, als auswertbares Quellenmaterial vorhanden ist und Fragen bestehen, die offen sind. Bei der Automatisierung konventioneller Suchmethoden ist es nur durch Einschaltung des Benützers in das System möglich, diesen Vorgang zu modellieren. Anders verhält es sich dagegen bei den statistischen Verfahren. Dort wird der zunächst durch die eingegebenen Begriffe festgelegte Suchumfang in einem durchgängig automatisierten Verfahren um solche Begriffe erweitert, die in einer statistisch errechneten Beziehung zu den vorgegebenen Begriffen stehen. Beim Menschen vollzieht sich dieser Vorgang mehr oder weniger unbewußt. Er wird ausgelöst durch Assoziation und deshalb hat Stiles den statistischen Faktor, der den Grad der Beziehungen einzelner Begriffe zueinander kennzeichnet, Assoziationsfaktor genannt, damit zugleich zum Ausdruck bringend, daß es sich um Beziehungen zwischen Begriffen handelt, die durch nichts sonst ermittelt werden können.

Lyons geht in seinem Verfahren zunächst von Indexbegriffen aus, die durch menschliche Analyse aus den einzelnen Dokumenten gewonnen und für den Inhalt des Dokuments als repräsentativ erachtet werden[645]. Diese Begriffe werden in zwei Listen erfaßt. Einmal werden sie nach Dokumenten geordnet, d.h. es wird angegeben, welche Begriffe dem jeweiligen Dokument zugeordnet sind, zum anderen werden sie nach Begriffen geordnet, und es wird für jeden Begriff angegeben, in welchen Dokumenten er erscheint. Die Dokumentenliste enthält dabei zugleich alle notwendigen bibliographischen Angaben über das Dokument, also Titel, Verfasser, Kurzfassung usw.

Sodann errechnet der Elektronenrechner für jeden Begriff die Assoziation zu sämtlichen anderen Begriffen der Sammlung. Dabei wird von der Überlegung

644 Erweiterungen sind nur möglich, wenn sie vorher vom Menschen – etwa in einem Synonymlexikon – vorgenommen worden sind.

645 Insofern ist ein menschliches Element noch eingeschaltet.

ausgegangen, daß zwei (oder mehr) Begriffe, die gemeinsam in einem Dokument erscheinen, in einer gewissen Beziehung zueinander stehen und daß diese Beziehungen umso stärker und die Begriffe umso „assoziierter" sind, je häufiger diese Konstellation gegeben ist.

Dies wird durch eine von Stiles entwickelte, von Lyons geringfügige modifizierte statistische Formel zum Ausdruck gebracht. Sie lautet:

$$\ln \frac{(|fN - AB| - N/2)^2 N}{AB(N-A)\ (N-B)} = \text{Ass. Faktor}$$

Dabei bedeuten:

A die Anzahl der Dokumente, in denen ein bestimmter Begriff vorkommt,

B die Anzahl der Dokumente, in denen ein anderer Begriff vorkommt,

f die Anzahl der Dokumente, in denen beide Begriffe vorkommen und

N die absolute Zahl der Dokumente überhaupt in der Sammlung.

Das Ergebnis dieser Berechnungen, die von der Maschine aufgrund des eingegebenen Materials selbsttätig durchgeführt werden, ist eine Zahl, die in einer weiteren Liste niedergelegt wird, sofern sie einen bestimmten, empirisch ermittelten Grenzwert überschreitet, also Assoziation gegeben ist[646]. Diese Liste ist nach folgendem Muster aufgebaut:

Mutterbegriff	Verwandter Begriff	Assoz. Faktor
x	a	3,45
	d	4,08
	f	1,96
	g	2,07
y	b	1,88
	c	4,17
	d	3,05

usw. Damit sind die Beziehungen aller Begriffe zueinander statistisch gekennzeichnet.

Für die Durchführung einer Suche wird zunächst die Fragestellung genau formuliert. Dieser Formulierung wird dann eine bestimmte Anzahl von Begriffen – Lyons entschied sich für die Zahl 5 – entnommen, welche möglichst repräsentativ für das jeweils anstehende Problem sind. Diese fünf Begriffe werden durch die logische Verknüpfung UND miteinander verbunden[647].

646 Lyons wählte den Wert 1,6, während Stiles sich für den Wert 1,0 entschied.

647 Jedem dieser Begriffe kann durch den Sucher eine beliebige Zahl verwandter Begriffe beigeordnet werden, wobei die Verbindung dann durch die logische Verknüpfung ODER geschieht.

Nunmehr wird mit Hilfe der eben beschriebenen Liste ermittelt, welche Begriffe zu jedem dieser fünf Fragebegriffe Assoziation aufweisen und jeder Begriff des Vokabulars der Sammlung, bei dem dies für mindestens drei Fragebegriffe der Fall ist, wird festgehalten. Diese Begriffe haben einen besonders hohen Grad an Koinzidenz, und sie werden als Begriffe der „ersten Generation" in einer Liste festgehalten.

Der nächste Schritt befaßt sich mit der Erfassung von Synonymen. Da Synonyme in einem „Entweder-Oder" Verhältnis zueinander stehen, werden sie bei der Registrierung eines Dokumentes nicht gemeinsam erscheinen. Sie weisen also keine unmittelbare Assoziation zueinander auf. Die Verwandtschaft kann nur über die Begriffe aufgedeckt werden, die mit jeweils mehreren synonymen Begriffen gemeinsam assoziiert sind. Dies geschieht in der Weise, daß die Begriffe der „ersten Generation" in gleicher Weise wie die originalen Fragebegriffe behandelt werden und ihrerseits ermittelt wird, welche Begriffe mit ihnen Assoziation aufweisen. Die Anforderungen sind jedoch jetzt gemildert. Wenn ein solcherarts gefundener Begriff des Vokabulars nur mit 1/6 der Fragebegriffe plus der Begriffe der „ersten Generation" Assoziation aufweist, wird er in einer Liste der „zweiten Generation" erfaßt[648]. Bei diesem Schritt werden also heimliche Verwandtschaftsverhältnisse über gemeinsame Verwandte aufgedeckt.

Das Ergebnis wird in einer erweiterten Liste festgehalten, welche die originalen Fragebegriffe sowie die Begriffe der ersten und zweiten Generation enthält. Aus dieser erweiterten Liste werden wiederum diejenigen Begriffe ausgesucht, die am sachverwandtesten zu dem Problem des Suchers sind. Dazu wird das „Relevanzgewicht" eines jeden Begriffes ermittelt. Dieses wurde definiert als die Summe der Assoziationsfaktoren des Begriffes zu jedem der anderen Begriffe der erweiterten Liste, wobei davon ausgegangen wird, daß Begriffe mit einem hohen Relevanzgewicht am ehesten zu dem gestellten Problem sachverwandt sind. Begriffe, deren Relevanzgewicht ein bestimmtes Minimum nicht erreichen, werden ausgeschieden[649].

Es ergibt sich somit eine Auswahl aus der erweiterten Liste, welche die endgültige, für die Suche verwendete Liste darstellt. Sie enthält Begriffe, die der Sucher nicht gefunden oder benutzt hat, die aber in der Sammlung vorkommen und die zu dem Problem des Besuchers eine enge Beziehung aufweisen.

---

648 "Step two . . . projects us beyond the purely statistical relationships and into the realm of meaningful association", Stiles, aaO., S. 274. Es ist also bei diesem Verfahren möglich, Synonyme zu erfassen.

649 Dieses Minimum wurde auf N/2 festgesetzt, wobei N die Zahl der Begriffe in der erweiterten Liste bedeutet. Vgl. das Beispiel in "A Search Strategy . . ." aaO.

Die Suche kann nun durchgeführt werden, indem die in der endgültigen Liste enthaltenen Begriffe in der Begriffsliste gesucht werden. Es werden damit alle Dokumente ermittelt, in denen mindestens einer dieser Begriffe vorkommt. Nunmehr wird der Grad der Relevanz des jeweiligen Dokumentes ermittelt. Das geschieht in der Weise, daß die Relevanzgewichte aller in einem Dokument erscheinenden Begriffe addiert werden. Das Ergebnis ist eine Zahl[650], welche es ermöglicht, die Dokumente nach ihrer wahrscheinlichen Relevanz zu ordnen. An der Spitze steht dabei jeweils das Dokument, bei dem diese Zahl den höchsten Wert erreicht. In dieser Reihenfolge wird nun die Liste der Dokumente angerufen, und die Maschine liefert entsprechend der Eingabe entweder den vollen Text, eine Kurzfassung oder nur das Zitat.

Leider liegen Erfahrungsberichte über das System, soweit ersichtlich, nur in geringem Umfang vor[651]. Immerhin berichten sie von einigen bemerkenswerten Vergleichen. So wurden die Begriffe, die ein Analysator einem Dokument entnommen hatte, mit denen verglichen, die für eine Suchanfrage zu dem betreffenden Problem formuliert wurden , und es wurde die Liste der Begriffe hinzugefügt, die nach dem Verfahren von Lyons dann gewonnen wurde. Dabei ergab sich etwa folgendes Verhältnis:

	A	B	C
Dokument 1	25	5	21
Dokument 2	14	6	11
Dokument 3	18	5	11
Dokument 4	13	4	8
Dokument 5	9	4	8
Dokument 6	11	4	10

(A = Anzahl der Begriffe, die der Analysator einem Dokument zuordnete, B = Anzahl der Begriffe, die in einer Suchanfrage formuliert wurden, soweit sie mit Begriffen zu A übereinstimmten, C = Anzahl der Begriffe in der maschinell erstellten Liste).

Man sieht, daß der Analysator immer mehr Begriffe festgelegt hatte als der Sucher, und das ist kein Wunder, denn dieser mußte seine Phantasie bemühen, während jener aus dem vorliegenden Fundus schöpfte. Man sieht aber auch, wie nahe die Erweiterung durch die Maschine in jedem Fall an das originale Vokabular heranführte.

Der Vorteil des Systems liegt also einmal darin, daß Begriffe gefunden wurden, die der Sucher nicht präsent hat, daß er nicht wissen muß, was es ist,

---

650 "document relevance number".

651 Vgl. die Angaben in "A Search Strategy . . ." aaO.

das er nicht weiß[652]. Er liegt weiter darin, daß die Wirksamkeit der Suche nicht davon abhängt, daß Fragebegriffe und Vokabularbegriffe in entsprechender Weise jeweils durch logische Verknüpfungen miteinander verbunden sind. Bei den bisher behandelten Verfahren war dies notwendig, um die Frage einigermaßen gezielt zu stellen. Es mußte beispielsweise der Auftrag gegeben werden, Dokumente zu ermitteln, in denen die Begriffe A UND B / ODER C / ABER NICHT D erschienen. Bei Lyons fällt das weg. Der Benutzer muß weder die im Vokabular vorhandenen Begriffe sämtlich kennen noch logische Verknüpfungen zwischen ihnen angeben; selbst wenn nur einer der Fragebegriffe in dem Dokument erscheint, ist es relevant, wenn auch vielleicht nur in geringem Maße.

Damit ist ein weiterer Vorzug des Systems angesprochen, nämlich die Ordnung des Ergebnisses nach dem Grade der wahrscheinlichen Relevanz. Das kann besonders bei einem sehr umfangreichen Informationsgegenstand Bedeutung gewinnen. Bei Horty wird der Effekt einer Suche praktisch aufgehoben, wenn diese Tausende von Dokumenten zutage fördert, bei Lyons nicht, weil innerhalb dieser Dokumente eine Rangordnung besteht, die es dem Sucher erlaubt, sich auf die Dokumente an der Spitze der Liste zu beschränken.

Der offensichtlichste Nachteil des Systems liegt andererseits darin, daß es noch an die menschliche Analyse gekoppelt ist. Dieser Nachteil erscheint grundsätzlich jedoch überwindbar[653]. Insgesamt scheint daher Loevingers[654] Urteil berechtigt zu sein, daß dieses Verfahren verspricht, ". . . to provide one of the most powerful tools for data searching and retrieval that has yet been devised".

Zukünftige Pläne sehen vor, nicht nur den Assoziationsfaktor eines Begriffes mit einem anderen Begriff, sondern auch den eines Begriffes mit einer Gruppe von Begriffen zu ermitteln[655]. Ebenso wird erwogen, den Suchenden in das Verfahren einzuschalten, indem ihm die erweiterte Liste – vor der Beschränkung auf die endgültige Liste – vorgelegt wird. Er, der er den Sinn der Begriffe versteht, wird vielleicht das statistische Ergebnis der Maschine korrigieren, indem er die Rangfolge verändert oder Begriffe eliminiert. Dies erfordert wenig Aufwand und mag dazu beitragen, die Effektivität der Suche zu steigern[656].

---

652 "Because conventional systems depend too heavily on the relatively unpredictable presence or absence of any given term, desired references tend to fall by the wayside as the specificity of the search increases through the levels", A Search Strategy . . . aaO., S. 17.

653 Vgl. das im folgenden Abschnitt (13.) besprochene Verfahren.

654 aaO., S. 19

655 Man spricht hier von "factor analysis study". Vgl. A Search Strategy . . . S. 17: "From this we could learn how terms cluster when related to some concept".

13. American Bar Foundation (ABF-IBM, USA)[657]

Die American Bar Foundation ist in einem umfangreichen Projekt mit der Analyse verschiedener Registriersysteme befaßt. Im Rahmen dieses Projektes wurde in enger Zusammenarbeit mit der IBMCorporation auch ein Verfahren zur automatisierten Informationserschließung entwickelt[658]. Das Verfahren entspricht in mancher Hinsicht dem Assoziationsfaktorverfahren, geht jedoch noch weiter als dieses. Bei ihm entfällt nämlich jegliche Analyse der eingegebenen Dokumente durch menschliche Sachbearbeiter. Ausgangspunkt der statistischen Auswertung ist vielmehr der vollständige, unbearbeitete Text, so daß man hier von einer nahezu vollständigen Automatisierung sprechen kann. Lediglich bei der Eingabe der Texte wird noch menschliche Arbeit geleistet, aber es wurde bereits darauf hingewiesen, daß hier die Technik schon einen Wandel mit sich gebracht hat.

Eldridge-Dennis, die Schöpfer des ABF-IBM-Verfahrens, entschieden sich aus mehreren Gründen für die Anwendung statistischer Methoden. Diese erlauben es zunächst, die Suchen breiter durchzuführen. Daß dabei eine Fülle irrelevanten Materials mit zu Tage gefördert wird, schadet nicht, denn die Dokumente können ihrer wahrscheinlichen Relevanz nach geordnet werden, eine Möglichkeit, die bei den Index-Verfahren nicht gegeben ist[659]. Dazu kommt die eigentümliche Beobachtung, daß ein gewisser Prozentsatz an nicht relevanter Literatur dem Benutzer das Gefühl vermittelt, Vollständigkeit erzielt zu haben – eine Beobachtung, die schon Horty gemacht hat.

Der Anwendung statistischer Methoden wurde noch aus einem weiteren Grunde der Vorzug gegeben. Eldridge-Dennis gehen davon aus, daß in der Kommunikation zwischen Menschen durch Wörter etwas Fundamentales liege, das von der Grammatik unabhängig sei. Sie weisen darauf hin, daß es möglich sei, Menschen zu verstehen, die die Grammatik fehlerhaft anwenden, solange es nur möglich sei, die Worte zu verstehen, die sie benutzen. Kinder würden eine Sprache erlernen, ehe sie etwas über ihre Grammatik wüßten. Die Methode, die sie extensiv übten, sei "interference from context", und dieses

---

656 Interessant ist in diesem Zusammenhang der Vorschlag von Maron und Kuhns 1960, S. 216 ff., bei der Registrierung von Dokumenten den "semantic noise" zwischen Dokument und Registerbegriff durch eine 8-Punkt-Skala statt der sonst üblichen JA-NEIN-Methode zu bekämpfen. Vgl. auch Maron 1961, S. 404 ff. und den Vorschlag von Baker 1962, S. 512 ff., hierbei mathematische Berechnungen vorzunehmen.

657 Vgl. insbes. Eldridge-Dennis 1963 a, S. 27 ff.; 1963 b, S. 95 ff.; Dennis 1964; Eldridge 1965, S. 129 ff.

658 Anregungen wurden dabei den Arbeiten von Luhn (1958, S. 159 ff.); Maron (1961, S. 404 ff.); Maron-Kuhns (1961, S. 553 ff.) und Baker (1962, S. 512 ff.) entnommen.

659 Dort muß daher die Suche enger durchgeführt werden, was die Gefahr in sich birgt, nicht alle einschlägige Literatur zu ermitteln.

Verfahren gelte es zu modellieren[660]. Natürlich sei ein solches Modell nicht vollkommen, aber: "... statistical procedures are a handy aid for seperating error from (probable) truth ... I have come to the point of view that the rules are a finicky ritual, the knowledge of which admits one to certain in-groups, but not the meat of meaning. Really, the superstrcuture of grammar arises only after language already exists in fact"[661].

Der Versuch, die Maschine Grammatik zu lehren, wäre nach dieser Auffassung ein unnützes Unterfangen, solange genügend Kontext vorhanden ist, dem der Sinn der Wörter unter Verwendung statistischer Methoden zu entnehmen ist.

Dem Verfahren liegt demgemäß die Idee zugrunde, zunächst die wichtigen von den unwichtigen Wörtern zu trennen, sodann bei den wichtigen Wörtern zu errechnen, wie stark sie zu anderen Begriffen assoziiert sind und das Vokabular einer Suchanfrage in entsprechender Weise zu erweitern. Der Thesaurus (d.h. das Verzeichnis der Begriffe, die Assoziation zueinander aufweisen) wird zunächst in einem einmaligen Verfahren aus einem begrenzten Grundstock an Material errechnet. Neues Material wird dann einfach eingefügt, so daß Berechnungen nur mehr für diejenigen Begriffe erforderlich sind, die bislang noch nicht in der Sammlung enthalten sind.

Als Informationsgegenstand wurden zunächst 5 800 Gerichtsentscheidungen ausgewählt[662]. Sie wurden im vollen Wortlaut in eine elektronische Datenverarbeitungsanlage eingegeben[663]. Dabei wurde eine Vereinfachung in der Weise vorgenommen, daß als Wort eine ununterbrochene Reihe von mindestens drei und höchstens sechs Buchstaben definiert wurde. Damit wurden alle Wörter, die nur aus einem oder zwei Buchstaben bestehen (und die in ihrer großen Mehrheit für Dokumentationszwecke unwichtig sind) von vornherein ausgeschieden[664]. Alle Wörter, die mehr als sechs Buchstaben haben, wurden dadurch zwar verstümmelt, aber angesichts der dadurch erzielten Vereinfachung erscheint dies vertretbar. Soweit dadurch künstlich Homonyme erzeugt werden, mag dies ein Nachteil sein, aber: "Since I propose to deal with homonyms through their relationships with other words anyway, I have shrugged off that problem for the moment"[665]. Dem steht

---

660 Dennis, aaO., S. 9 ("I see the thesaurus-building program in one sense as simulating learning from context").

661 Dennis aaO.

662 Man wählte Entscheidungen, weil sie eine Mittelstellung zwischen Gesetzen und anderer Literatur – z.B. Aufsätzen – einnehmen. Die Entscheidungen wurden dem Northeastern Reporter St. Paul, Minn., USA entnommen; vgl. Eldridge-Dennis 1962 b, S. 96.

663 Diese Arbeit wurde an der Universität Pittsburgh ausgeführt; Vergleiche mit dem KWIC-Verfahren von Horty sind vorgesehen.

664 Der Wortschatz verringert sich dadurch im Englischen um rund 1/4.

665 Dennis aaO., S. 14

der Vorteil gegenüber, daß Wörter zusammengefaßt werden, die sich nur durch ihre grammatikalisch verschiedenen Endungen unterscheiden.

Nach der Eingabe des Materials werden die unwichtigen Wörter ausgeschieden; das Vokabular soll auf diejenigen Wörter beschränkt werden, denen ein gewisses Minimum an spezifischer Information eigen ist. Um dieses Ziel zu erreichen, gehen Eldridge-Dennis von der Überlegung aus, daß Wörter, welche mit annähernd gleicher Häufigkeit in allen Dokumenten der Sammlung erscheinen, keinen spezifischen Informationsgehalt aufweisen, während Wörter, die mit ungleichmäßiger Häufigkeit vorkommen, einen solchen haben. Ein typisches Beispiel für die erste Kategorie wäre der Artikel „der", während man für die zweite Kategorie etwa das Wort „Wechselbürgschaft" setzen könnte. Es geht also darum, die Wörter, welche symmetrisch über die Sammlung verteilt sind, von denen zu trennen, die eine schiefe Verteilung aufweisen.

Um diese Trennung durchzuführen, wurden Berechnungen angestellt, welche die Anzahl der Wörter und der Dokumente und die Häufigkeit des Vorkommens der Wörter zueinander in Beziehung setzten[666]. An einer bestimmten, empirisch ermittelten Grenzstelle wurde ein Schnitt gemacht und alle Wörter, deren Verteilung diese Grenze nicht erreichte, wurden als nicht-informierend aus der Sammlung ausgeschieden (Typ I Wörter).

Die informierenden (Typ II) Wörter wurden in einer Liste erfaßt. Sodann wurde für jedes dieser Wörter der Assoziationsfaktor für jedes andere Typ-II-Wort errechnet, mit dem es gemeinsam im selben Dokument erscheint. Dies geschah, indem gefragt wurde, wie groß die Wahrscheinlichkeit ist, daß Wort A im selben Abstand zu Wort B erscheint, wenn man die ganze Sammlung in Betracht zieht. Es wurden also die gemeinsam in einem Dokument erscheinenden Wörter daraufhin überprüft, ob diese Gemeinsamkeit zufällig ist oder nicht; im ersteren Falle wird sie sich nicht wiederholen, während sie dies im zweiten Fall tut. Geschieht das, erscheint die Kombination signifikant. Das Verfahren entspricht weitgehend der von Stiles entwickelten Methode, berücksichtigt jedoch nicht nur die Gemeinsamkeit des Erscheinens zweier Wörter in einem Dokument, sondern auch den Abstand der Wörter zueinander innerhalb des Dokumentes selbst[667]. Die hierbei gewonnenen Informationen dienen zur Erstellung des Thesaurus. Das ist einfach eine Liste, in welcher festgehalten ist, welche Wörter zueinander Assoziation aufweisen und wie groß diese Assoziation ist. Dazu dient eine sechsstellige Zahl, welche gemeinsam mit dem betreffenden Wort auf Magnetband gespeichert wird. Daß die hierfür erforderlichen Berechnungen

---

666 Vgl. wegen der Durchführung im einzelnen Dennis aaO., S. 14 ff.

667 Vgl. Dennis aaO., S. 26 ff.; Eldridge-Dennis 1963 b, S. 97.

einen Umfang haben, der in sinnvoller Weise nur durch einen Elektronenrechner bewältigt werden kann, liegt auf der Hand. Die Bewältigung einer solch umfangreichen Aufgabe wirft auch beim Einsatz einer elektronischen Datenverarbeitungsanlage das Problem des wirtschaftlichen Aufwandes auf. Aber es handelt sich um eine einmalige Arbeit. Wenn der Thesaurus einmal erstellt ist, brauchen neue Berechnungen nur mehr bei den wenigen Begriffen zu erfolgen, die bislang nicht im Vokabular enthalten sind Die übrigen Wörter werden einfach in das System eingefügt. Gehören sie dem Typ I an, werden sie mit Hilfe der entsprechenden Liste ausgeschieden; gehören sie zum Typ II, werden sie an der richtigen Stelle eingefügt. Die Suche geschieht dann in der Weise, daß der Suchanfrage die Typ II-Wörter entnommen und die jeweils zugehörigen assoziierten Begriffe ermittelt werden. Dies ermöglicht den Zugang zu den entsprechenden Dokumenten. Von diesen werden zunächst nur die zugehörigen Typ II-Wörter ausgedruckt. Auf diese Weise verfügt der Benutzer über eine grobe Inhaltsangabe des ermittelten Dokumentes und kann vielleicht schon aufgrund dieser Angaben beurteilen, ob das Dokument für ihn brauchbar ist oder nicht. Die Verwendung statistischer Methoden erlaubt es im übrigen, die Dokumente nach dem Grade ihrer wahrscheinlichen Relevanz zu ordnen.

"A conceptual analogy can be drawn between the proposed system and a learning human"[668]. Die Maschine weiß nichts über ein Wort, welches sie nur einmal gesehen hat. Aber indem sie das Wort immer wieder in anderem Kontext liest, beginnt sie, seine Bedeutung zu erfassen. Je mehr sie liest, desto besser werden ihre Kenntnisse. "It will become an expert in its field, although it may prove quite ignorant when first turned loose in another's field"[669].

Vom Ansatz her dürfte das ABF-IBM-Projekt den wohl fortschrittlichsten Versuch zur Lösung des Informationsproblems darstellen. Es weist alle Vorteile des Assoziationsfaktorverfahrens auf und vermeidet dessen Nachteil, der in der menschlichen Analyse liegt. Wenn das Verfahren zufriedenstellende Resultate liefert, dürfte seiner Einführung nichts im Wege stehen. Aber das ist natürlich die entscheidende Frage. Die bisherigen Erfahrungen haben noch zu keinem eindeutigen Ergebnis für oder gegen das Verfahren geführt[670].

---

668 Eldridge-Dennis 1963 b, S. 99

669 Eldridge-Dennis aaO.

670 Im Zusammenhang mit dem ABF-IBM Projekt ist auf die Untersuchungen von Kayton (1966) hinzuweisen. Es handelt sich dabei um den zweiten Teil einer Dissertation, die sich mit der Theorie und Anwendung digitaler Elektronenrechner im Recht befaßt und an der Columbia University erarbeitet wurde. Der erste Teil erschien unter dem Titel "Can Jurimetrics Be of Value to Jurisprudence? " in 33 George Washington Law Review 287, 1964. Kayton ging davon aus, daß Synonyme wegen der Entweder-Oder Relation ihres Erscheinens durch statistische Verfahren nur schwer faßbar seien und daß hier die Einschaltung menschlicher Sachbearbeiter erforderlich sei. Im Rahmen eines Versuches wählte er 73

14. Patentwesen[671]

Im Patentwesen ist das Informationsproblem von zentraler Bedeutung. Für die Beurteilung des Tatbestandsmerkmales der Neuheit gemäß §§ 1 Abs. 1 und 2 PatG sind häufig umfangreiche Recherchen notwendig, deren Erfolg nur dann gewährleistet ist, wenn die Fähigkeit besteht, Informationen so zu speichern, daß im Bedarfsfall ein schneller und gezielter Zugriff möglich ist[672]. Die Patentverwaltung ist die einzige öffentliche Verwaltung, bei der die Dokumentation unmittelbare Voraussetzung der Entscheidung (und nicht bloße Unterstützung für die Entscheidung) ist; das Patent ist zu erteilen – sofern die übrigen Voraussetzungen vorliegen – wenn nicht die Erfindung in einer Druckschrift der letzten hundert Jahre bereits so beschrieben ist, daß danach die Benutzung durch andere Sachverständige möglich erscheint. Die Patentverwaltung weist weiterhin die Besonderheit auf, daß sie die einzige öffentliche Verwaltung ist, bei der technische Literatur die Grundlage der juristischen Entscheidung ist.

Auf die letztere Besonderheit wurde bereits hingewiesen, und es wurde gesagt, daß dies für die Dokumentation eine wesentliche Rolle spielt. Es gibt zwar Stimmen, die es ablehnen, einen Unterschied zwischen technischer und juristischer Literatur zu sehen[673]. Aber dabei wird übersehen, daß die technische Literatur sich Ordnungsprinzipien aus den von ihr beschriebenen Realitäten entnehmen kann, eine Möglichkeit, die bei juristischer Literatur nicht im selben Maße gegeben ist, weil hier rein gedankliche Konstruktionen beschrieben werden. Es ist zwar möglich, auch hierbei bis zu einem gewissen Ausmaß hierarchisch aufgebaute Ordnungsprinzipien aus der Rechtswissenschaft selbst herzuleiten und etwa nach Rechtsgebieten oder Paragraphen

---

Entscheidungen aus der von ABF-IBM bearbeiteten Sammlung aus (40 000 Typ II Wörter) und setzte menschliche Sachbearbeiter ein, die die Aufgabe hatten, die Bedeutung des Wortes im jeweiligen Kontext festzulegen. Bemerkenswert ist bei Kayton die Idee, "to work in senior partnership with computers" (S. 32), vgl. jedoch die Methode, mit der Lyons dieses Problem lösen will, s.o. unter 12.

671 Vgl. Erben 1966, S. 9 ff; Gehring 1969, S. 109 f.

672 In erster Linie wird hier nach Patenten selbst gefragt, da im Regelfall erfinderische Gedanken erst zum Patent angemeldet werden, ehe sie anderweitig publiziert werden. Aber daneben ist auch die allgemeine Literatur insofern neuheitsschädlich, als sie einen bestimmten erfinderischen Gedanken erstmals erkennen läßt, vgl. Erben aaO., S. 9.

673 So etwa Dennis 1964, S. 2 ff. ("In either case the customer wants to know what is there", S. 4). Freilich wird der Unterschied bei einem statistischen, sprachorientierten Verfahren nicht bedeutsam. Hammerbacher 1969, S. 665 hält es wegen der Ähnlichkeit der Grundstruktur der beiden Gebiete für möglich, die im Patentwesen entwickelte Dokumentationsmethode auch für die juristische Dokumentation anzuwenden; man müsse nur von den vorhandenen Sachregistern, Karteien usw. ausgehen, denen eine umfangreiche Vorarbeit für das Schlüsselsystem für den Computer zu entnehmen sei. Die bisherigen Erfahrungen widersprechen jedoch dieser Ansicht.

eines Gesetzes zu gliedern. Aber letztlich wird eine solche Gliederung für ein umfassendes Dokumentationsverfahren nicht möglich sein, weil einerseits die Einteilung der Rechtswissenschaft selbst nicht „exakt“ genug ist und andererseits die betroffenen Schriftstücke häufig zu vielschichtig sind. Die Technik hat solche Einteilungsschwierigkeiten kaum, denn sie ist immer „endlich“ und immer überschaubar.Hinzu kommt, daß in der juristischen Literatur häufig genug die Meinung zur Tatsache und die rechtliche Entscheidung zum Präzedenzfall wird. Die Lösung eines Rechtsfalles, die an einer kurz zuvor ergangenen Grundsatzentscheidung des BGH zu diesem Problem achtlos vorbeiginge, wäre unvollständig, auch wenn sie sachlich vertretbar wäre; die Beschreibung einer technischen Gegebenheit, die an der gesamten Literatur zu diesem Gegenstand vorbeiginge, wäre vollständig, wenn sie nur sachlich richtig wäre[674].

Am Beispiel des Deutschen Patentamtes wird dieser Unterschied deutlich. Das Patentamt hat sich für seine besondere Art der Rechtsanwendung ein hierarchisches System geschaffen, in welchem die gesamte Technik in etwa 80 Klassen eingeteilt wurde, die ihrerseits wieder in Gruppen, Untergruppen usw. geordnet sind[675]. So entstehen eng umgrenzte Sachgebiete, für die jeweils ein sachverständiger Prüfer zuständig ist. Diese Einteilung soll auch für das vorgesehene automatisierte Dokumentationsverfahren verwertet werden.

Nach dem bisherigen Verfahren blieb es dem Prüfer und seiner individuellen Erfahrung überlassen, den Überblick über die für sein Sachgebiet relevante Literatur zu bewahren. Das ungeheure Anwachsen der technischen Literatur in der Welt hat aber die Wirksamkeit dieses Verfahrens ebenso in Frage gestellt wie die Schwierigkeiten, die sich ergeben, wenn der Prüfer eines Gebietes wechselt. Der Wunsch nach verbesserten Informationsmöglichkeiten auf diesem Gebiet entsprang aber nicht nur den Arbeitsbedingungen des Patentamtes. Wirtschaft, Industrie, Handel und Handwerk müssen die patentrechtlichen Gebote kennen, die sie respektieren sollen. Sie müssen ferner in der Lage sein, unberechtigte Patentbegehren zu bekämpfen und Fehlentwicklungen auf bereits geschützten Gebieten zu vermeiden[676]. Ein

---

674 Natürlich kann es notwendig sein, sich mit naturwissenschaftlichen Hypothesen und Theorien auseinanderzusetzen – aber diese Theorien existieren als solche nur solange, als nicht bewiesene Ergebnisse vorliegen. Ist das der Fall, sind sie nur noch von historischem Interesse.

675 Dieses System ist ständig in Bewegung wegen des Zwanges, jede Anmeldung, gleich, welches Gebiet sie betrifft, zu prüfen. Aber es funktioniert – ein Beweis dafür, daß die Technik vollständig eingeteilt werden kann.

676 Vgl. Erben aaO. In einigen Industriezweigen – so namentlich der chemischen Großindustrie – wurden wirksame automatisierte Dokumentationsverfahren speziell für patentrechtliche Zwecke entwickelt. IBM, der bedeutendste Hersteller von Computern, hat ein besonders weit entwickeltes Dokumentationsverfahren mit der Bezeichnung PSS entwickelt, das allein für die Patentbearbeitung eingesetzt wird.

wirksames Dokumentationsverfahren bringt so den doppelten Vorteil mit sich, daß es einerseits die Tätigkeit des Patentamtes rationalisiert und andererseits dazu beiträgt, daß weniger oder besser abgegrenzte Anmeldungen beim Patentamt eingehen[677]. Diese Überlegungen haben zu internationalen Bemühungen geführt, ein automatisiertes Dokumentationsverfahren für das Patentwesen zu schaffen[678]. Die beteiligten Länder haben dabei die verschiedenen Gebiete der Technik untereinander aufgeteilt; die Gebiete werden nach einem gemeinsamen System registriert, und die Ergebnisse werden sodann ausgetauscht[679]. Für jedes Gebiet der Technik wird dabei eine Liste aufgestellt, in der möglichst alle Begriffe enthalten sind, welche in dem betreffenden Gebiet vorkommen können. Synonyme werden in der Weise erfaßt, daß jeweils ein bestimmter Begriff als allein maßgeblich festgelegt wird. Aus technischen Gründen wird jeweils die Zahl von etwa 1000 Begriffen angestrebt; wird diese Zahl überschritten, wird das Gebiet weiter unterteilt[680]. Zur Analyse aller in Frage kommenden Druckschriften werden menschliche Sachbearbeiter eingesetzt. Ihre Aufgabe besteht darin, den Inhalt jedes Dokuments durch Wörter der Begriffsliste zu kennzeichnen, gleichgültig, welche Begriffe im Dokument selbst vorkommen. Jedem Begriff ist eine Nummer zugeordnet, so daß das Dokument dann durch eine Reihe von Zahlen gekennzeichnet ist, die sämtlich auf einer Lochkarte festgehalten werden.

Der Sucher ist gehalten, sein Problem durch Begriffe zu kennzeichnen, die er dem Vokabular der Begriffsliste entnimmt. Er wird also beispielsweise zehn Begriffe herausgreifen und der Maschine den Auftrag erteilen, alle Dokumente zu ermitteln, welche durch diese zehn Begriffe gekennzeichnet wurden. Erhält er auf diese Weise auch nur ein relevantes Dokument, genügt dies wahrscheinlich schon, um die Neuheit der betreffenden Anmeldung zu verneinen. Bleibt die Suche ohne Resultat, wird der Bearbeiter die Anforderungen verringern, indem er einen oder mehrere Begriffe bei der Suchanfrage ausläßt. Dies setzt er solange fort, bis die Maschinensuche ein Resultat erbringt. Es wird dabei angenommen, daß die Relevanz mehr und mehr abnimmt, während die Streuung immer breiter wird, so daß einerseits die Wahrscheinlichkeit größer

677 Auch die bekannte Überlastung des Patentamtes ist ein Grund für diese Bemühungen.

678 Vorausgegangen war die Schaffung der Internationalen Patentklassifikation. Vorgesehen ist ein Weltpatentindex, der mit Hilfe elektronischer Datenverarbeitungsanlagen aus den Patentblättern der ganzen Welt zusammengestellt werden und wöchentlich erscheinen soll.

679 Vgl. Pfeffer 1964, S. 23 ff. An dieser Zusammenarbeit sind die Länder mit den prüfenden Patentämtern beteiligt. Für die bloß registrierenden Patentverwaltungen stellt sich das Problem nicht mit gleicher Dringlichkeit.

680 Diese Zahl ist durch die Kapazität einer Lochkarte bedingt.

wird, Dokumente zu erhalten, während sie zugleich geringer wird, daß diese für das spezifische Problem des Suchers relevant sind[681].

Es ist noch nicht das Stadium erreicht, um die Wirksamkeit dieses Verfahrens ausreichend beurteilen zu können. Aber aus den schon dargelegten Gründen dürfte es für die Erfassung juristischer Literatur kaum in Frage kommen.

15. Sonstige Verfahren

Das bei der Darstellung der verschiedenen Verfahren angestrebte Ziel bestand nicht darin, Vollständigkeit zu erreichen. Es sollte vielmehr aufgezeigt werden, welche grundsätzlich gangbaren Wege auf diesem Gebiet sich nach heutigem Erkenntnisstand abzeichnen und welche Erfahrungen bei Anwendung einiger besonders fortgeschrittener Methoden gemacht wurden. Im folgenden soll nun noch ein Überblick über weitere Projekte gegeben werden. Dabei soll auch auf verwandte Bemühungen hingewiesen werden[682].

a) Anwaltschaft von Paris (Frankreich)

Im Dezember 1968 wurde im Justizpalast von Paris ein Dokumentationsverfahren vorgeführt, das von der Anwaltschaft in Zusammenarbeit mit Bull General Electric entwickelt worden war[683]. Es arbeitet auf Indexbasis. Für jedes Schlüsselwort existiert eine Liste von Synonymen und „benachbarten" Begriffen[684]. Die logische Verknüpfung der Suchbegriffe führt dann zu dem gewünschten Ergebnis. Besonders interessant ist bei diesem System das Zusammenspiel von kleinen, dezentral eingesetzten Computern mit einer großen, zentralen Datenverarbeitungsanlage. Die Kleincomputer können

---

681 Die ersten Arbeiten wurden mit Hilfe der Zentralstelle für maschinelle Dokumentation in Frankfurt a.M. durchgeführt. Die Installierung eines eigenen Siemens-Computers im Deutschen Patentamt ist vorgesehen. Auch das Max-Planck-Institut für ausländisches und internationales Patent-, Urheber- und Wettbewerbsrecht forscht auf diesem Gebiet. Die Firma Agfa-Gevaert hat im März 1970 einen COPEX genannten Dienst eingerichtet, über den in Lochkarten einmontierte Mikrofilmkopien aller vom Deutschen Patentamt veröffentlichten Auslege-, Offenlegungs- und Patentschriften bezogen werden können.

682 Die Gesamtzahl der Experimente in den verschiedenen Ländern beträgt inzwischen schon über fünfzig. Dabei ist nur die juristische Dokumentation im engeren Sinne erfaßt. Schon heute läßt sich absehen, daß in Zukunft die automatisierte Dokumentation auch – und gerade – im Recht eine erhebliche Rolle spielen wird. Ein deutliches Signal in dieser Richtung ist die Tatsache, daß in einer Reihe von Fällen – teilweise mit Erfolg – versucht wurde, juristische Dokumentationsverfahren auf kommerzieller Basis zu installieren.

683 Vgl. "Nul n'est ceusé ignorer la loi", 1969; Kreuzer 1968, S. 140 sowie die Beschreibung in "Pour une organisation nationale de l'information juridique", S. 88 f.

684 Das Verfahren entspricht also insoweit dem des Credoc (vgl. o. unter 3.); mit Credoc wurde auch zusammengearbeitet.

überall im Land verstreut bei Gerichten, Anwaltskanzleien, Wirtschaftsunternehmen usw. eingesetzt werden. Sie dienen zur numerischen Verschlüsselung der vom Anfragenden selbst festgelegten Deskriptoren (und können außerdem sonstige Aufgaben wie Buchhaltung, Berechnungen usw. durchführen). Die verschlüsselten Anfragen gehen über Telefonkabel an die zentrale Anlage; diese führt die Suche durch und gibt die Antwort – verschlüsselt – ebenfalls über Telefonleitung an den Kleincomputer, der sie dann wieder in Klartext übersetzt[685].

In das System wurden bisher die Vorschriften des Gesetzes über die Handelsgesellschaften[686] mit Ausführungsbestimmungen und Rechtsprechung[687] eingeführt. Vorgesehen ist die Erweiterung auf andere Rechtsgebiete, wobei auch erst in der Planung befindliche Gesetzesvorhaben unter bestimmten Voraussetzungen erfaßt werden sollen. Das System soll allen interessierten Benützern offenstehen.

b) „Treu und Glauben" (Niederlande)

In den Niederlanden besteht ein "Adviesraad Automatisering Juristische Documentatie", der im Jahre 1967 beschloß, einen Dokumentationsversuch zu dem Thema "Goede trouw" (Treu und Glauben) zu machen[688]. Hierzu wurde die gesamte nach dem 1.1.1930 publizierte Rechtsprechung erfaßt, soweit sie Bezug zu „Treu und Glauben" aufweist[689]. Die Urteile wurden mit Schlüsselwörtern gekennzeichnet und in dieser Form gespeichert; den Benützern wurde eine "lijst van sleutelwoorden" zur Verfügung gestellt, mit deren Hilfe sie die Anfragen formulierten[690]. Dieses System hat letztlich nicht zu befriedigenden Ergebnissen geführt[691]. Man hat daher inzwischen ein anderes Experiment begonnen, bei dem die Zwischenschaltung eines

---

685 Demonstriert wurde der Einsatz eines Bull Kleincomputers vom Typ GE-55, der in der Bibliothek des "Ordre des Avocats du Barreau de Paris" im Pariser Justizpalast aufgestellt war und der mit einer Großrechenanlage vom Typ Bull GE-400 im Rechenzentrum der Bull General Electric zusammenspielte.

686 Loi de juillet 1966 sur les sociétés commerciales

687 Rund 10 000 Fundstellen. Diese Arbeit nahm mehr als ein Jahr in Anspruch.

688 Vgl. Palstra 1969, S. 997 ff. Das zunehmende Interesse an den rechtlichen Anwendungsmöglichkeiten der Computertechnik in den Niederlanden zeigt auch die dem Thema "Jurimetrie" gewidmete Sondernummer der Zeitschrift "Ars Aequi" vom Dezember 1969, in welcher zahlreiche Beiträge sich mit dem Verhältnis Recht und Datenverarbeitung auseinandersetzen. Dort findet sich auch eine Bibliographie.

689 Etwa 1200 Urteile.

690 Die Liste ist hierarchisch – vom Allgemeinen zum Besonderen – aufgebaut.

691 Es wurden Tests durchgeführt, bei denen 45 Juristen verschiedener Berufe insgesamt 125 Fragen stellten. Dabei erwies sich, daß in den meisten Fällen eine Überarbeitung der Fragekodierung und -kennzeichnung erforderlich war.

„Übersetzers“ vermieden werden soll: Sämtliche im Jahre 1969 in der “Nederlandse Jurisprudentie”[692] veröffentlichte Gerichtsentscheidungen werden von nur drei Juristen nach Stichworten kodifiziert, wobei als Stichworte alle subjektiv für wichtig gehaltenen Wörter verwendet werden. Auf diese Weise hofft man, zu einer repräsentativen Stichwortliste zu gelangen. Angestrebt wird eine „Full-Text-Methode“, mit der man experimentieren will, sobald ein für 1971 vorgesehenes neuartiges Druckverfahren realisiert ist, bei dem der Satz unter Verwendung von Lochstreifen geschieht. Schon jetzt haben sich dabei zwei Probleme ergeben, die nur schwer lösbar sein werden: die Reduzierung von Konjugationen und Deklinationen auf ein „Stammwort“ und die Zusammenführung „getrennter“ Wörter wie „gibt ... an“ und „hört ... auf“ zu einheitlichen Begriffen wie „angeben“ und „aufhören“[693]. Synonyme und Assoziationen sollen bei der Speicherung nicht berücksichtigt werden; man will sie vielmehr bei der Suche erfassen und hat daher eine entsprechende Anleitung für den Benützer vorgesehen.

c) *Internationale Union für die Erhaltung der natürlichen Hilfsquellen IUCN (Deutschland)*[694]

Die IUCN-Kommission für Gesetzgebungsfragen[695] hat ein automatisiertes Dokumentationsverfahren entwickelt, welches eine Fortentwicklung des bisher dort verwendeten manuellen Karteiverfahrens darstellt[696]. Das Verfahren arbeitet auf Indexbasis. Es verwendet einen hierarchisch aufgebauten „Stichwort-Thesaurus“. Juristisch geschulte Mitarbeiter der Kommission legen für jedes Dokument die Deskriptoren fest; die logische Verknüpfung der Deskriptoren führt dann bei der Suche zum gewünschten Ergebnis. Eine interessante Besonderheit des Systems ist die Lösung des Sprachenproblems[697]. Die Deskriptoren werden nicht in natürlicher Sprache erfaßt,

692 In dieser wöchentlich erscheinenden Publikation werden sowohl Kassationsurteile als auch Urteile niederer Gerichte veröffentlicht. Der Jahresumfang beträgt rund 1500 Seiten.

693 Diese Probleme würden sich im Deutschen in gleicher Weise stellen.

694 Das ist eine internationale Organisation mit Sitz in Morges (Schweiz), der Staaten, Regierungsstellen und private Institutionen angehören. Sie arbeitet mit den Vereinten Nationen zusammen.

695 Aufgabe der Kommission ist die Beratung und Information der Mitglieder auf dem Gebiet des einschlägigen staatlichen und zwischenstaatlichen Rechts. Ihr Sitz ist in Bonn.

696 Vgl. Burhenne 1968, S. 2 ff. Das Verfahren wurde in Zusammenarbeit mit IBM entwickelt.

697 Dieses Problem stellt sich angesichts der weltweit ausgerichteten Arbeit der IUCN in besonderem Maße. Ein Schwerpunkt der Arbeit der Kommission liegt in der Rechtsvergleichung; ein weiterer Schwerpunkt liegt in der Beratung beim Abschluß internationaler Vereinigungen.

sondern numerisch verschlüsselt. Dadurch ist es jedem Benützer – gleich, welche Sprache er spricht – möglich, ohne Übersetzung Zugang zu den gewünschten Dokumenten zu finden. Das System wurde an einem beschränkten Informationsgegenstand[698] erprobt. Die Beurteilung ist positiv, und der weitere Ausbau ist vorgesehen.

d) International Labour Organisation (Schweiz)

Die „International Labour Organisation" in Genf[699] hat als erste der großen, internationalen Organisationen im Jahre 1965 mit der Einrichtung eines automatisierten Dokumentationssystems begonnen. Dieses ISIS[700] genannte System arbeitet auf Indexbasis. Von den in Frage kommenden Dokumenten[701] werden Kurzfassungen erstellt, welche die Deskriptoren enthalten. Die Kurzfassungen werden zusammen mit den bibliographischen Angaben auf Band genommen. Wöchentlich einmal werden alle Kurzfassungen zusammen ausgedruckt. Spezielle Anfragen werden bisher noch von geschulten Sachbearbeitern verschlüsselt, doch ist künftig ein unmittelbarer „Dialog" zwischen dem Anfragenden und dem Computer vorgesehen, wobei als Mittler ein Fernsehbildschirm dient. Dieser Gedanke wird besonders im Hinblick auf die weltweite Ausrichtung derILO verfolgt; man denkt daran, Anfragen beispielsweise über Nachrichtensatelliten an das zentrale System durchzugeben. Bemerkenswert ist ferner auch die Erstellung eines speziell auf die Bedürfnisse der ILO zugeschnittenen Thesaurus, der mittlerweile in drei Sprachen vorliegt[702].

e) Golem–Siemens (Deutschland)

Die Siemens AG hat ein allgemeinverwendbares Informationssystem mit der Bezeichnung Golem[703] konzipiert, das seit dem Jahre 1969 auch im Hinblick auf die juristische Dokumentation erprobt wird. Das System arbeitet mit Hilfe von manuell erstellten Deskriptoren[704]. In einem ersten Testversuch wurden rund 80 Literaturstellen zum versicherungsrechtlichen Begriff des

---

698 Er umfaßte 110 Dokumente.

699 Dieser internationalen, mit der UNO verbundenen Organisation gehören 121 Mitgliedstaaten an.

700 die Abkürzung steht für "Integrated Scientific Information Service".

701 Aus der Fülle des eingehenden Materials – pro Tag rund 300 Kilogramm – werden 30 bis 40 Dokumente ausgesucht.

702 Englisch, französisch und deutsch. Eine spanische Ausgabe ist in Vorbereitung.

703 Abkürzung von „*G*roßspeicher*o*rientierte, *l*istenorganisierte *E*ntwicklungs*m*ethode". Vgl. die Informationsschrift Golem in der Siemens Schriftenreihe „data praxis".

704 Man strebt jedoch hier eine Automatisierung an.

„Repräsentanten"[705] und rund 60 Leitsätze von Gerichtsentscheidungen zum Problem der „entgangenen Dienste" (§ 845 BGB) nach dem System analysiert. Die ersten Erfahrungen sind gut, und die Versuche sollen fortgesetzt werden[706].

f) Presse- und Informationsamt der Bundesregierung (Deutschland)

Im Bundespresseamt existiert seit 1967 eine Gruppe „Datenverarbeitung" die in einem Großversuch mit etwa 20 000 bis 25 000 Dokumenten eine praktikable Dokumentationsmethode erprobt hat[707]. Ausgangspunkt des Verfahrens ist eine manuelle Bearbeitung der Dokumente, die nach dem Siemens-Verfahren Golem klassifiziert[708] und durch Deskriptoren gekennzeichnet werden. Die Speicherung erfolgt in Form einer Kurzfassung. Der Benutzer kann aufgrund seiner Anfrage zunächst die Kurzfassung über Bildschirm einsehen. Hält er das gefundene Dokument danach für relevant, kann er den vollständigen Text über ein Mikrofilmlesegerät einsehen und sich im Bedarfsfalle eine Kopie fertigen lassen. Das Experiment ist insofern interessant, als es zeigt, welche Anwendungsmöglichkeiten für die Dokumentation sich in einer eminent politischen Behörde abzeichnen. Ende 1970 soll die Aufbereitung und Einspeicherung des Datenpools soweit abgeschlossen sein, daß ein echter Parallelbetrieb zu dem gegenwärtigen konventionellen Suchbetrieb möglich sein wird.

g) Law Research Service, Incorporated (USA)

Das wohl erste kommerziell arbeitende juristische Dokumentationsverfahren wurde im Jahre 1964 in New York eingerichtet[709]. Es arbeitete auf Indexbasis. Geschulte Sachbearbeiter analysierten die Dokumente und kennzeichneten sie durch Deskriptoren, die zusammen mit den bibliographischen Angaben auf Band genommen wurden. Die Dokumente selbst wurden auf Mikrofilm aufgenommen. Für die Kunden[710] wurden Listen mit den Deskriptoren ausgegeben, welche es diesen ermöglichten, ihre Anfragen selbst

---

705 Die gesamte Literatur zu diesem Spezialproblem, soweit sie bis 31.8.1969 veröffentlicht war.

706 Auf dem Juristentag 1970 soll eine Demonstration stattfinden.

707 Ausgewählt wurde das Handarchiv des „Chef vom Dienst". Vgl. den Bericht von Kohnen in „Die Welt" vom 19.2.1970; ferner Seidel 1970, S. 116 ff.

708 Dabei wird zunächst festgelegt, ob sich das Dokument mit Innen-, Außen-, Wirtschaftspolitik usw. befaßt. Sodann wird die Quelle = (Zeitungs-, Agenturmeldung usw.) erfaßt und der Typ (Gesetz, Vertrag, Rede usw.) festgelegt. Schließlich folgen bibliographische und sonstige Angaben. Insgesamt gibt es hier etwa 30 verschiedene Aspekte. Der Schwerpunkt der erfaßten Dokumente liegt auf dem Gebiet der DPA-Meldungen.

709 Vgl. Hoppenfeld 1966, S. 46 ff. Verwendet wurde eine UNIVAC 418.

710 Vorwiegend Rechtsanwälte.

zu verschlüsseln; die Fragen wurden über Telefon oder Fernschreiber gestellt und konnten sofort beantwortet werden. Innerhalb eines Jahres wurden mehr als 5 000 Abonnenten gewonnen[711]. Die Gesellschaft war erfolgreich, hat jedoch dem Vernehmen nach wegen urheberrechtlicher Schwierigkeiten ihre Tätigkeit eingestellt[712].

h) Juradat (Deutschland)

In Berlin stellte sich im März 1970 auf einer Pressekonferenz ein privatwirtschaftliches Unternehmen mit der Firma Juradat GmbH & Co. KG vor. Das Unternehmen will in erster Linie Dokumentationsaufgaben lösen; daneben sollen die sonstigen Anwendungsmöglichkeiten der elektronischen Datenverarbeitung im Recht erforscht sowie Schulungskurse abgehalten werden. Für die Dokumentation ist ein eigenes, wohl ohne Vorbild entwickeltes System vorgesehen. Es beruht auf einer Bearbeitung der zu erfassenden Dokumente, wobei diese ohne Veränderung der Formulierung „auf das Wesentliche" zurückgeführt werden. Dies geschieht durch Streichungen. Auf diese Weise werden tatsächliche Angaben, für das Verständnis nicht erforderliche Verfahrensangaben, veraltete Zitate, obiter dicta, überholte Ausführungen usw. eliminiert; der Rest wird gespeichert. Dem Anfragenden wird eine „Abfrageinstruktion" [713] zur Verfügung gestellt, die es ihm ermöglichen soll, ohne Hilfsmittel wie Schlagwortkataloge die Dienste des Unternehmens in Anspruch zu nehmen[714]. Besonderer Wert soll auf einen raschen Abruf gelegt werden; es soll beispielsweise ermöglicht werden, daß ein Anwalt aus der Telefonzelle des Gerichtsgebäudes Auskünfte anfordert und sofort erhält[715]. Verarbeitet werden zunächst Entscheidungen und Aufsätze. Mit der Speicherung des Materials wurde Ende 1969 begonnen; die ersten Suchanfragen sollen im Frühjahr 1971 beantwortet werden[716].

---

711 Der Kunde mußte pro Rechtsgebiet 75 Dollar für den Thesaurus bezahlen, ferner 35 Dollar für die Benutzung eines Fernschreibers, 10 Dollar für eine Antwort (vier Zitate) und 2 Dollar für je zwei Zeilen der Antwort.

712 Dieser Gesichtspunkt wird überhaupt bei der Dokumentation eine wichtige Rolle spielen. (So ist zu beachten, daß auch Register urheberrechtlich geschützt sind). Vgl. zu diesem Fragenkreis Brutschke 1969, S. 889 ff. In den USA soll eine "National Commission on New Technological Uses of Copyrighted Works" sich mit der Verwertung urheberrechtlich geschützter Werke in Computern befassen und Vorschläge für die künftige Gesetzgebung auf diesem Gebiet erarbeiten, vgl. Spindler 1970, S. 184 f.

713 Eine Art Gebrauchsanweisung.

714 Vgl. den Bericht in JA 1970, Letzte Seiten 10, sowie in NJW 1970, S. 891. Leider liegen noch keine detaillierten Angaben über das System vor.

715 Das Unternehmen verwendet eine Großrechenanlage vom Typ UNIVAC 418–III.

716 Zur Kostenfrage vgl. den Bericht in JA aaO. Fragen und Antworten sollen zunächst brieflich übermittelt werden.

i) Dokumenta (Deutschland)

Die Installierung eines Dokumentationsverfahrens auf dem Gebiet des Steuerrechts ist das Ziel einer Arbeitsgruppe, die mehrere deutsche juristische Fachverlage zusammen mit dem Deutschen wissenschaftlichen Institut der Steuerbevollmächtigten e.V. (Bonn) gegründet haben[717]. Das verwendete Verfahren entspricht im Prinzip dem von Horty an der Universität Pittsburgh entwickelten System. Es wird ein von der IBM-Gesellschaft entwickeltes Programm verwendet[718]. Erste Tests werden in Bälde erfolgen. Bei Bewährung ist eine Erweiterung auf andere Rechtsgebiete vorgesehen.

k) Compu-Mark (Belgien)

In Belgien hat die Compu-Mark S.P.R.L. ein kommerziell arbeitendes Dokumentationssystem speziell für das Warenzeichenrecht installiert. Rund 2 Millionen Warenzeichen wurden bisher in den Speicher einer elektronischen Datenverarbeitungsanlage aufgenommen. Das Unternehmen veröffentlicht regelmäßig Übersichten über neue Warenzeichen in nahezu allen Ländern der Welt und überwacht neue Anmeldungen im Hinblick auf unerwünschte Ähnlichkeiten. Außerdem führt es gezielte Suchaufträge durch. Dabei sind drei Spezifikationen möglich: Mit einer "Search for Availability" kann festgestellt werden, ob ein in Aussicht genommenes Warenzeichen möglicherweise frühere Anmeldungen verletzt; mit einer "Defensive Search" werden die Ähnlichkeiten zweier bestehenden Warenzeichen untersucht und zugleich werden andere Warenzeichen mit demselben Ähnlichkeitsgrad ermittelt; mit einer "Creation Search" schließlich werden die Möglichkeiten der Schaffung eines neuen Warenzeichens überprüft, indem beispielsweise Wortelemente (Vorsilben, Nachsilben, Vokale, Wortstämme usw.) im Hinblick auf „freie Zonen" überprüft werden.

l) Interdoc (Belgien)

Eine Art „Informationssammlung von Informationen über die Informationskrise" ist das erste Ziel einer im Jahre 1969 in Brüssel auf Initiative von Credoc gegründeten internationalen wissenschaftlichen Gesellschaft, die allen an der juristischen Informatik interessierten Juristen der Welt offensteht[719]. Besonders bemerkenswert ist die erklärte Bereitschaft von Interdoc, dieje-

---

717 Partner sind C.H. Beck; Neue Wirtschaftsbriefe, Dr. Otto Schmidt und die Datev eGmbH, eine von den Steuerbevollmächtigten getragene Genossenschaft in Nürnberg, welche zur Bewältigung von Buchhaltungsaufgaben eine große Datenverarbeitungsanlage installiert hat. Die Arbeitsgruppe ist in Form einer BGB-Gesellschaft zusammengeschlossen.

718 Das sogenannte DPS-Programm. Die Arbeiten werden mit Hilfe der Datenverarbeitungsanlage der Datev eGmbH durchgeführt.

719 Vgl. JA 1969, Letzte Seiten 23 und 34.

nigen, die in ihren Ländern eigene Dokumentationszentren errichten wollen, psychologisch zu unterstützen; bemerkenswert auch im Hinblick darauf, daß die Bundesrepublik – anders als alle übrigen beteiligten Länder – nur aufgrund privater Initiative bei der Gründungsversammlung vertreten war.

m) INFAR 1 (Deutschland)

Am Institut für ausländisches und internationales Privat- und Wirtschaftsrecht der Universität Heidelberg wurde ein Programm mit der Bezeichnung INFAR 1 entwickelt, welches die automatisierte Erstellung von Registern bei der Herstellung von Büchern ermöglicht. Der Autor braucht lediglich noch auf den Umbruchseiten die für das Register bestimmten Begriffe zu kennzeichnen; die Maschine übernimmt dann die alphabetische Ordnung und liefert eine Vorlage für den Setzer. Das Verfahren wurde bereits beim Druck einer juristischen Habilitationsschrift angewendet[720].

n) Verlegervereinigung Rechtsinformatik (Deutschland)

Eine Reihe von juristischen Verlagen[721] hat sich im Jahre 1970 zu einer Zusammenarbeit auf dem Gebiet „Elektronische Datenverarbeitung und Recht" zusammengeschlossen. Man will neue Formen der Informationsfixierung und -übermittlung durch Computereinsatz erforschen, wobei jedoch nicht an die Gründung einer eigenen Datenbank gedacht ist. In diesem Rahmen will man mit Dritten im Bereich der Rechtsinformatik zusammenarbeiten[722]. Außerdem will man als Vermittlungsstelle fungieren und die zahlreichen im Zusammenhang mit der Dokumentation auftretenden urheber- und verlagsrechtlichen Fragen einer Klärung zuführen.

o) Forschungsstelle für juristische Dokumentation (Deutschland)

Mit Unterstützung des Instituts für Dokumentationswesen bei der Max-Planck-Gesellschaft wurde unter Leitung von Professor Dr. Simitis eine Forschungsstelle für juristische Dokumentation gegründet, die im April 1970 ihre Arbeit aufgenommen hat. Ihre Hauptaufgabe besteht zunächst darin, einen detaillierten Bericht über die verschiedenen Versuche vorzubereiten, Computer im Rahmen der Rechtsordnung zu verwenden.

---

720 Es handelt sich um die Arbeit „Vermögensanteil, Kapitalanteil und Gesellschaftsanteil an Personalgesellschaften des Handelsrechts" von Huber, Heidelberger rechtsvergleichende und wirtschaftsrechtliche Studien, Bd. 2, Heidelberg 1970.

721 Vgl. die Angaben im Anhang.

722 Interesse hieran hat beispielsweise der Gesamtverband der Versicherungswirtschaft gezeigt. Die Zusammenarbeit mit anderen Organisationen, Instituten und Behörden ist vorgesehen.

p) EWG-Projekt (Europa)

Die verschiedenen nationalen Projekte haben auch zu entsprechenden Überlegungen im Rahmen der EWG geführt. Nach verschiedenen Vorstudien trafen sich im Juli 1969 auf europäisches Recht spezialisierte Juristen zu einer Sitzung beim Gerichtshof der europäischen Gemeinschaften in Luxemburg und riefen einen „Gründerausschuß für eine europäische Zentrale der automatisierten Rechtsdokumentation" ins Leben. Diese Zentrale soll eines Tages die gesamte Dokumentation über das Recht der europäischen Gemeinschaften mit einem Computer sammeln und auswerten, wobei auch nationales Recht erfaßt werden soll, soweit es Bezug zum Europarecht hat. Die Dokumentation soll in den vier Amtssprachen der Gemeinschaft sowie in Englisch und eventuell auch in Spanisch errichtet werden. Ein mehrsprachiger Thesaurus soll die Konkordanz herstellen. Geplant ist dazu zunächst die Gründung eines Idealvereins nach luxemburgischem Recht, der im Endstadium durch eine Erwerbsgesellschaft abgelöst werden soll, die dann die Daten aller Interessenten gegen Gebühren zur Verfügung stellt[723].

q) Unidata (Schweiz)

Eine radikale Abwendung von allen codifizierenden Dokumentationssystemen haben Vischer und Julius in Zürich mit ihrer „Dokumentfeld-Methode" vorgenommen[723a]. Sie gingen von der Überlegung aus, daß die Verbindung der klassifizierenden Betrachtungsweise im Bibliothekswesen mit der logifizierenden Methode der Computerfachleute in eine bedenkliche Richtung führe. Sie führe einmal zu Deskriptoren und Thesauri und damit zu einem Informationsverlust, und sie führe weiterhin zu dem Zwang, Ja-Nein-Entscheidungen zu fällen und logische Verknüpfungen (UND, ODER, ABER NICHT ALLES) vorzunehmen, was nicht der typisch juristischen Denkweise (Ja – aber; sowohl – als auch) entspräche. Konsequent lehnte man die Codifizierung der Dokumente ab und sah ein System vor, welches dem Benutzer eine ständige Einschaltung in den Suchvorgang ermöglicht.

Bei Unidata werden Dokumente im vollen Wortlaut erfaßt. Jedes Dokument wird in Gestalt eines Vektors in einem n-dimensionalen Raum abgebildet und gespeichert; dabei entspricht die Größe n dem zahlenmäßigen Umfang des insgesamt in der Sammlung verwendeten Wortschatzes. Die einzelnen Wörter, aus denen sich ein Dokument zusammensetzt, bilden Komponenten seines

---

723 Gegenwärtig bemüht man sich vor allem um die Finanzierung dieses Projekts.

723a Anregungen wurden dabei den Arbeiten von Salton (Harvard University, USA) entnommen. Das Verfahren soll von einer Gesellschaft namens Unidata AG in Zürich ausgewertet werden. Vgl. auch Vischer in JA 1970, Letzte Seiten 9.

Vektors. In dieser Form – also ohne jede menschliche Bearbeitung – werden die Dokumente bereitgestellt.

Der Sucher ist gehalten, sein Problem mit möglichst vielen Wörtern in natürlicher Sprache zu beschreiben. Diese Beschreibung wird dann in entsprechender Weise als Vektor in den Dokument-Vektorraum projeziert. Dokumente, deren Vektor gemessen am Fragevektor eine jeweils vorzugebende Winkelgröße nicht überschreitet, sind relevant und werden dem Benutzer mitgeteilt. Er bewertet sie und richtet danach seine weitere Suchstrategie aus, indem er entweder seine Frage verändert und neu eingibt oder eines der gefundenen Dokumente als Fragedokument behandelt. Eine vereinfachte bildliche Darstellung dieses Vorgangs ist die eines Feldes, auf welchem die Dokumente als Punkte angesiedelt sind; der Sucher steuert andere Punkte an und überliest auf diese Weise das Dokumentfeld.

Das System berücksichtigt nicht den Sinn der einzelnen Wörter. Es berücksichtigt auch nicht die Struktur des Dokumentes, das ja seinen Sinn erst durch eine bestimmte Anordnung der verschiedenen Wörter erhält. Dem Benutzer werden lediglich Dokumente mitgeteilt, die eine bestimmte Zahl von Wörtern enthalten, welche mit Fragewörtern identisch sind. In dieser Beschränkung liegt freilich auch ein Vorteil, weil der Benutzer ständig in das System eingeschaltet ist und entscheidet, ob und in welcher Richtung er die Suche fortsetzen will[723b]. Allerdings ist eine solche Technik nur beim Einsatz modernster Maschinen möglich und sinnvoll. Der Computer muß über einen sehr großen Speicherraum verfügen, und der Benutzer muß auch über Entfernungen hinweg ohne Zeitverlust mit dem System kommunizieren können. Es wurde aber bereits darauf hingewiesen, daß die Technik diese Möglichkeiten heute schon bietet.

Erste praktische Experimente nach dieser Methode sind im Gange. So wurde die gesamte veröffentlichte deutsche Rechtssprechung zu § 1747 BGB erfaßt und gespeichert[723c]. Für die Zukunft ist man optimistisch. Auf dem Deutschen Juristentag 1970 soll eine Demonstration stattfinden, und es bleibt abzuwarten, zu welchen Ergebnissen diese interessanten Bemühungen führen werden.

723b Der Verzicht auf jegliche Bearbeitung des Materials dürfte auch geeignet sein, das wegen solcher Bearbeitungen vielfach bestehende Mißtrauen von Juristen gegen automatisierte Dokumentationssysteme zu beheben; so hatten Tests ergeben, daß viele Juristen ihre Sucharbeit nicht delegieren wollen, weil hierbei zugleich ein schöpferischer Lernprozeß stattfände, auf den sie nicht verzichten wollten. Das System dürfte auch billiger als Indexsysteme sein.

723c Dies geschah im Rahmen einer Doktorarbeit, welche von Bernhard M. Prestel, einem Doktoranden von Professor Dr. H. Engler, Freiburg, verfaßt wird. Dabei ist ein Vergleich mit dem Indexsystem des Credoc in Brüssel vorgesehen.

r) Quic/Law (Kanada)

In Kanada ist man an der Queen's University in Kingston, Ontario mit dem Aufbau eines automatisierten Dokumentationssystems für juristische Literatur befaßt. Ausgangspunkt war ein im Jahre 1961 begonnenes Projekt zur Erfassung völkerrechtlicher Verträge des britischen Commonwealth. Bei der Aufbereitung des unübersichtlichen Materiales kam man auf den Gedanken, einen Computer einzusetzen. Die Ergebnisse waren so ermutigend, daß man beschloß, ein nationales juristisches Informationssystem aufzubauen. In Zusammenarbeit mit IBM Kanada wurde ein Verfahren konzipiert, das statistisch orientiert ist und sich an das IBM-ABF-Projekt [723d] anlehnt. Als Informationsgegenstand wählte man für die ersten Versuche den vollen Text von Entscheidungen des kanadischen Supreme Court. Das System soll zügig und unter Einsatz modernster technischer Hilfsmittel aufgebaut werden; so sollen bis September 1970 in einer Reihe von kanadischen Universitäten Bildschirmgeräte aufgestellt werden, über die ein unmittelbarer Zugriff zum Computer möglich ist. Erwähnt sei auch noch, daß Gespräche mit einem großen juristischen Fachverlag im Gange sind, mit dem Ziel, computerlesbare Texte juristischer Entscheidungen schon beim Druckvorgang als Nebenprodukt zu erhalten.

s) Das Responsa Projekt (Israel)

In Israel haben sich Angehörige des Weizmann-Instituts, der hebräischen Universität und der Bar Ilan Universität unter Leitung von Aviezri S. Fraenkel zu einer Arbeitsgruppe mit dem Ziel einer automatisierten Dokumentation juristischer Texte zusammengeschlossen, der sogenannten Responsa[723e]. Das ist eine dem jüdischen Recht eigentümliche Sammlung von Rechtsfällen, welche im Laufe des vergangenen Jahrtausends entstanden ist. Jedes Responsum besteht aus der Antwort eines Rechtsgelehrten auf eine bestimmte Frage. Die Zahl der Gelehrten, die sich so äußerten, wird auf 3000–5000 geschätzt, die Zahl der Responsa auf eine viertel bis halbe Million. Bislang existiert noch kein brauchbares Registriersystem für diesen umfänglichen Gegenstand, so daß es sehr schwer ist, zu einem bestimmten Thema die zugehörigen Responsa ausfindig zu machen. Man entschied sich für ein Full-Text-System nach dem Vorbild von Horty, wobei man besondere Probleme zu lösen hatte, die aus der Art der verwendeten Literatur resultierten. So kennen die Responsa keine Interpunktion und sind die Wörter ohne Vokale gedruckt. Das eine erschwert Satzanalysen, das andere erzeugt eine Vielzahl von Homonymen. Die Sprache, die nicht mit dem heutigen Hebräisch identisch ist, ist eine Kombination aus

723d Vgl. Abschn. F IV 13
723e Vgl. Fraenkel 1968b, S. 3 ff.; der Beschreibung liegen außerdem verschiedene unveröffentlichte Tagesberichte zugrunde.

Hebräisch und Aramäisch, was besondere sprachliche Probleme mit sich bringt. Es erwies sich daher als unumgänglich, die Dokumente vor der Aufnahme in den Computer zu bearbeiten; außerdem muß die Suche in mehreren Arbeitsgängen durchgeführt werden. Im ersten Durchgang erweitert die Maschine jeden Begriff um sämtliche vorkommenden grammatikalischen Varianten, wobei sie jeweils einen begrenzten Kontext mit ausgibt. Der Benutzer kennzeichnet dann die Begriffe, die er als Suchbegriffe verwendet haben möchte. Im zweiten Durchgang findet dann die eigentliche Suche statt.

Das System wird an einem begrenzten Gegenstand von etwa 500 Responsa aus der zweiten Hälfte des 14. Jahrhunderts erprobt. Auf der Grundlage der gewonnenen Erfahrungen will man dann entscheiden, welche Verbesserungen möglich sind; man denkt insbesondere an die Erstellung eines Thesaurus zur Lösung des Synonymproblems.

t) Weitere Hinweise

In *Großbritannien* werden an der Universität Nottingham bibliographische Register auf Magnetband genommen. An der Universität Cambridge wird die automatisierte Vorbereitung von Katalogen für juristische Büchereien erprobt.

In *Italien* befaßt sich das Centro dei Giuscibernetica dell'Universite di Torino mit dem Verhältnis zwischen Kybernetik und Recht.

In *Kanada* hat man an der Universität Manitoba damit begonnen, sämtliche Bundes- und einzelstaatliche Gesetze zu erfassen.

In *Polen* bemüht man sich an der Universität Wroclaw um eine Dokumentation internationaler Vereinbarungen.

In *Schweden* wird seit 1968 an der Schaffung eines Informationssystems für die Justiz gearbeitet. Nachdem ein Indexverfahren nicht zu befriedigenden Ergebnissen führte, bemüht man sich gegenwärtig um Volltextspeicherungen.

In den *USA* werden an verschiedenen Stellen völkerrechtliche Verträge erfaßt. An der Universität Berkeley werden sämtliche im Zusammenhang mit dem General Agreement on Tariffs and Trade getroffenen Vereinbarungen erfaßt. An den Universitäten Washington (Seattle) und Stanford arbeitet man an der Aufnahme sämtlicher von den Vereinten Nationen publizierter Verträge in Datenbanken.

In Deutschland sind verschiedene Max-Planck-Institute für ausländisches Recht in Zusammenarbeit mit dem Institut für Dokumentationswesen an Fragen der Dokumentation interessiert und haben teilweise schon mit eigenen Arbeiten dazu begonnen[724].

Der Ministerrat des Europarates hat im Jahre 1969 eine Kommission mit dem Auftrag der Überprüfung der verschiedenen juristischen Dokumentationsverfahren und dem Ziel der Ausarbeitung von Empfehlungen eingesetzt.

Die *Weltgesundheitsorganisation* der Vereinten Nationen hat einschlägiges Recht in Computern erfaßt.

Die internationale Juristenvereinigung "World Peace Through Law Center" mißt der modernen Computertechnik bei ihrer Zielsetzung, durch mehr Rechtskenntnis dem Weltfrieden zu dienen, besondere Bedeutung bei. Sie will daher ein "Center" für die "Computerization of Law Internationally" errichten. Angestrebt wird damit die Errichtung einer Welt-Zentral-Kartei für Gesetzgebung, Rechtsprechung und juristisches Schrifttum zur raschesten Ausführung von Informationsaufträgen[725].

Damit soll dieser Überblick abgeschlossen werden. Ohne Anspruch auf Vollständigkeit zu erheben[726], zeigt er doch, daß das Bemühen um verbesserte Information im juristischen Bereich weltweit ist.

16. Schlußfolgerungen

Betrachtet man das Ausmaß des in aller Welt praktizierten, und vergegenwärtigt man sich nochmals die Feststellung, daß Information ein lebenswichtiger Rohstoff ist, dann muß man feststellen, daß in der Bundesrepublik Deutschland ein besorgniserregender Rückstand auch auf diesem Gebiet zu verzeichnen ist. Auch wenn hier ein politisch greifbarer Nutzen nicht auf Anhieb zu erzielen ist, darf der Staat sich nicht länger auf das Verantwortungsbewußtsein und (oder) die Initiative einzelner verlassen[727]. Was not tut, ist eine staatliche Initiative, bei der ein großzügiger organisato-

---

724 Im Institut für ausländisches öffentliches Recht und Völkerrecht (Heidelberg) werden völkerrechtliche Verträge auf Randlochkarten erfaßt. Im Institut für ausländisches und internationales Privatrecht (Hamburg) werden Beiträge zum internationalen Privatrecht auf Lochstreifen gespeichert. Im Institut für ausländisches und internationales Patent-, Urheber- und Wettbewerbsrecht (München) wird auf dem Gebiet des gewerblichen Rechtsschutzes unter Einsatz eines Computers dokumentiert; außerdem untersucht man dort die dabei auftauchenden patent-, urheber- und wettbewerbsrechtlichen Probleme.

725 Eine nähere Beschreibung dieses sehr ehrgeizigen Projektes findet sich in einer vom World Peace Through Law Center herausgegebenen Broschüre "Proposal for the Computerization of Law Internationally", Genf (undatiert), Pamphlet Series Number 9. Vgl. auch den Bericht von Scholz in NJW 1967, S. 1847; ferner Fiedler 1968 b, S. 273.

726 Hinweise auf weitere Verfahren finden sich etwa noch bei Dickerson 1965, S. 191 ff.; Wilson 1966, S. 58; Kreuzer 1968, S. 140; Rhyne 1966. Erwähnt sei, daß man auch in der DDR auf dem Gebiet der juristischen Dokumentation tätig ist. So berichten Grieger, Nehmer 1967, S. 365 ff. von der Errichtung einer „Zentralstelle für Staats- und rechtswissenschaftliche Information und Dokumentation"; vgl. dazu auch Seifart 1968, S. 13 f.

727 Daß private Anstrengungen im Bemühen um kommerzielle Erfolge mitunter recht spektakulären Charakter aufweisen, zeigt das in der Zeitschrift „Capitel" 1969, Nr. 12, S. 187 unter dem Titel „Der Datenfänger von München" geschilderte Vorhaben.

rischer und finanzieller Einsatz unbedingt und in nächster Zukunft erforderlich ist. In dieser Forderung sind sich alle mit der Materie befaßten Fachleute einig, und es ist zu hoffen, daß die öffentliche Hand ihre Aufmerksamkeit diesem Thema verstärkt zuwendet und entsprechende, dem Allgemeinwohl verpflichtete Forschungsvorhaben durchführen wird.

Welche Impulse von einer staatlichen Erkenntnis des Notwendigen ausgehen können, zeigt das Beispiel unseres Nachbarlandes Frankreich. Dort wurde im Jahre 1965 ein nationaler Entwicklungsplan gesetzlich gebilligt, der die besondere Bedeutung der elektronischen Datenverarbeitung für alle Bereiche des gesellschaftlichen Lebens berücksichtigte[728]. In Ausführung dieses Planes wurde das Projekt „Calcul" konzipiert und ein unmittelbar dem Premierminister unterstellter "dilegué à l'informatique" berufen, der dieses Projekt verwirklichen soll. Es sieht eine Firmen-Konzentrierung in Herstellerbereich, eine Koordinierung der Maschineneinsätze im staatlichen und halbstaatlichen Bereich und die Förderung wissenschaftlicher Bemühungen vor. Der besondere Schwerpunkt liegt dabei auf dem Informationssektor; bereits im ersten Jahr wurde hier ein Etat von 104 Millionen Francs für die industrielle Entwicklung und von 2 Millionen Francs für die Ausbildung von geeigneten Kräften bereitgestellt. Im Rahmen dieser Bemühungen wurde eine "Groupe de Travail d'informatique juridique" gebildet, die inzwischen eine lebhafte Aktivität mit dem Ziel der Schaffung eines "Centre national de recherche et de documentation juridique" entwickelt hat[729].

V. Rechtsfragen

Es ist, wie schon gesagt, nicht das Ziel dieser Arbeit, einzelne Rechtsfragen der „Automation im Recht" zu erörtern. Da aber als sicher gelten kann, daß ein Schwerpunkt der Bemühungen in den nächsten Jahren auf dem Dokumentationssektor liegen wird, ist es vielleicht nützlich, einen kurzen Hinweis auf die hier zu erwartenden Problemstellungn zu geben.

Drei große Fragenkreise zeichnen sich ab.

Der erste betrifft die Frage nach der Rechtsnatur des gewandelten Begriffes der „Information". Dieser Begriff existiert bislang nur in der Informationstheorie; sein juristischer Stellenwert ist noch offen.

---

728 Loi du 30 novembre 1965.

729 Angaben über Zusammensetzung, Aufgaben und Ziele dieser Gruppe finden sich in der Schrift "Pour une organisation nationale de l'information juridique". Dort ist auch eine Bibliographie abgedruckt, die besonders über die Veröffentlichungen im französischen Sprachbereich einen Überblick gibt, ferner eine Bestandsaufnahme aller gegenwärtig in Frankreich laufenden einschlägigen Projekte.

Der zweite umfaßte die Frage nach dem Zugang zur „Information". Information ist Macht, im staatlichen wie im privaten Bereich. Es muß geprüft werden, wie ein einseitiger Machtmißbrauch vermieden werden kann, was beispielsweise durch Normierung eines allgemeinen Rechtes auf Information geschehen kann. Freilich stellt sich dann das Problem der Abgrenzung schutzwürdiger Geheimnisse[730].

Der dritte berührt die sich abzeichnende Wandlung im Gefüge der öffentlichen Gewalten. Welchen Einfluß werden die neuen Informationsmöglichkeiten auf den Gewaltenteilungsgrundsatz haben? Wie werden sie den föderalistischen Aufbau der Bundesrepublik verändern? Das sind wichtige Fragen, deren Beantwortung mit zunehmendem Fortschritt immer dringlicher werden wird[731].

Schließlich zeichnen sich eine Fülle von Spezialproblemen ab. Urheberrechtsschutz, Rechtsprechungsprognosen, Zugriffsverbot, Verbotskontrolle, Intimsphäre, Gleichheitssatz, Wettbewerb, Organisation der rechtsberatenden Berufe, Vertragsmodelle, Haftungsfragen, Kostenfaktor, Staatsaufsicht, manipulierte Information – diese Stichworte signalisieren nur die ersten Anzeichen neuer Probleme, die nach neuen Lösungen verlangen.

Die traditionelle juristische Methode wird also auch im Bereich der automatisierten Informationserschließung ein reiches Arbeitsgebiet vorfinden. Es wird gut sein, wenn angemessene Lösungen vorliegen, ehe die neuen Möglichkeiten sich zu einer Wirklichkeit gefügt haben, die außerhalb des Rechts allein aufgrund des technisch Erreichbaren entstanden ist.

---

730 Einen ersten konkreten Beitrag hierzu stellt in Deutschland der in Abschn. A I erwähnte Entwurf des hessischen Datenschutzgesetzes dar. In den USA, in denen einerseits die technologisch-soziologischen Probleme des Computerzeitalters besonders auftauchten und andererseits das "common law" als normatives Richterrecht den neuen Problemen anpassungsfähig gegenüberstand, gelang es, durch Fortentwicklung des "Right of Privacy" ein Schutzsystem zu entwickeln, mit dem sich die Arbeit von Kamlah 1969 – unter Vergleich mit dem deutschen Recht – ausführlich auseinandersetzt. Hier findet sich eine Behandlung der Frage, welche Rechte an persönlichen Daten bestehen. Sie zeigt, daß ein modernes Persönlichkeitsrecht erforderlich ist und daß in Zukunft „rechtspositivistische Analogien zu allen Rechtsfiguren nicht mehr ausreichen" (S. 88).

731 So weist Simitis 1969, S. 291 auf die Gefahr eines Informationsmonopoles der Exekutive hin, welches die parlamentarische Kontrolle in einer mit einer demokratischen Staatsverfassung unvereinbaren Weise ausschließen kann.

G. SCHLUSSWORT

Am Ende des Überblicks über die zahlreichen Versuche, die neuen Möglichkeiten der Computertechnik auch der juristischen Tätigkeit nutzbar zu machen, soll ein Ausblick auf die Zukunft gewagt werden. So vermessen solches Unterfangen auch ist, so notwendig erscheint es doch im Angesicht einer Entwicklung, die insgesamt noch in den Anfängen begriffen ist, mit der tastend Neuland betreten wurde und bei der sicherlich zahlreiche Wege beschritten wurden, die sich letztlich als Irrwege erweisen werden. Folgende Perspektiven zeichnen sich ab:

1. Die Automation wird zusehends gehobenere geistige Tätigkeiten erfassen. In der Privatwirtschaft werden die Computer mehr und mehr zum Informations- und Entscheidungsinstrument der Unternehmensführung werden. Sie werden Funktionen übernehmen, bei denen heute eine Ersetzung des menschlichen Geistes noch kaum vorstellbar ist.

2. Im Zuge dieser Entwicklung werden zahlreiche Domänen der Erfahrung, der Psychologie und der Intuition „logifiziert" werden.

3. Der jetzt noch bestehende Rest an geistigen Routinearbeiten wird vollkommen auf Computer übertragen werden. Beträchtliche soziale Probleme werden entstehen.

4. Die Entwicklung im Recht wird dem – mit einer gewissen Verzögerung – folgen. Das bedeutet:

a) Zunächst werden juristische Routinevorgänge automatisiert werden. Das Privatrecht wird der schon sichtbaren Entwicklung im öffentlichen Recht folgen. Erscheinungen wie das elektronische Grundbuch sind in naher Zukunft zu erwarten.

b) Sodann werden gehobenere Tätigkeiten erfaßt werden. Die stärksten Impulse werden von wirksamen Dokumentationsverfahren ausgehen. Sie zwingen zu einer problemorientierten Behandlung juristischer Streitfragen. Der Streit um „Meinungen" und „Schulen" wird dem Streit um „sachlich mögliche Lösungen" weichen. Werturteile werden durch Offenlegung ihres Stellenwertes und Kalkulation ihrer Konsequenzen sicht- und meßbar gemacht werden. Originelle Lösungen werden sich scharf von Wiederholungen abheben.

c) In einem „Rückkoppelungseffekt" werden dann die letzten juristischen Routinearbeiten automatisiert werden. Das Recht wird in weiten Bereichen vorhersehbarer werden. Diese Entwicklung wird zahlreiche neue Rechtsfragen aufwerfen.

Am Ende der Entwicklung wird – wenn alles gut geht – eine bessere Beherrschung jenes komplizierten Instrumentes „Recht“ stehen, welches sich die Menschen im Laufe ihrer Geschichte geschaffen haben, um ihr Zusammenleben zu ordnen.

Und wenn es nicht gut geht?

Wir alle sind aufgerufen, daran mitzuwirken, daß die Antwort auf diese Frage niemals gegeben werden muß.

ANHANG I

Vorschlag der „Verlegervereinigung Rechtsinformatik“

Bei dem Bemühen, die Möglichkeiten der elektronischen Datenverarbeitung im Recht künftig weiter zu erforschen, treten zahlreiche Probleme auf. Es müssen die Forschungsgebiete abgesteckt, Prioritäten gesetzt und vor allem Fragen der Organisation und der Finanzierung geklärt werden. Die folgende, im Auftrag der *Verlegervereinigung Rechtsinformatik* erstellte Studie bringt hierzu einen wertvollen Beitrag. Sie mündet in den Vorschlag, ein *Forschungszentrum Rechtsinformatik* zu gründen – ein Vorschlag, der sehr ernsthaft geprüft werden sollte.

Dr. Bernt Bühnemann, Hamburg
RA Eberhard Böckel, Neuwied

Modellstudie eines Organisationsplanes für die Entwicklung von Systemen der Rechtsinformatik, insbesondere mittels elektronischer Datenverarbeitungsanlagen (EDVA)

I. Abschnitt – Vorbemerkung

Diese Modellstudie hat die Aufgabe, einen möglichst umfassenden Überblick über jene Fragenbereiche zu geben, die bei der Verwirklichung künftiger Informationssysteme einer Lösung zugeführt werden müssen.

Der Überblick über die einzelnen Fragenbereiche wird vor allem folgende Schwerpunkte zum Gegenstand haben:

- Entwicklung von Informationssystemen (II. Abschnitt)
  - Feststellung der Informationsbedürfnisse
    - nach qualitativen Merkmalen
    - nach quantitativen Merkmalen
  - Möglichkeiten einer Befriedigung der Informationsbedürfnisse
    - mit den klassischen Informationsmedien
    - durch Einsatz von EDVA
    - Notwendigkeit eines integrierten Informationssystems
- Organisatorische Probleme bei der Schaffung künftiger Informationssysteme (III. Abschnitt)
  - Aufbau einer zentralen Institution
  - zentral gesteuerte, nach Problemkreisen aufgeteilte Durchführung der Arbeiten
- Aufgaben der VR (Verlegervereinigung Rechtsinformatik)
- Finanzierung (IV. Abschnitt)
  - Feststellung der Kostenfaktoren

  Mittelbeschaffung

In der Modellstudie wird versucht, sämtliche Problemkreise, die im Rahmen eines vollständigen, alle Sachbereiche der Rechtsinformatik erfassenden Informationssystems relevant werden können, zu kennzeichnen. Die Verfasser sind sich jedoch der Tatsache bewußt, daß es in Anbetracht der Komplexität und des in der jetzigen Situation schwer kalkulierbaren, erst bei der Durchführung der Arbeiten schrittweise sichtbar werdenden Umfangs der Aufgaben notwendig ist, zunächst in einem begrenzten Rechtsgebiet tätig zu werden; hier käme u.U. das Schadensersatzrecht in Betracht. Das Schadensersatzrecht hätte den Vorzug, gegenüber anderen, im In- und Ausland bereits laufenden Projekten und Forschungen einen größeren, eben nicht nur speziellen Fragenbereich zu erfassen, zum anderen aus der Sicht der juristischen Praxis in besonderem Maße vordringlich zu sein. So sehr das Schadensersatzrecht auch auf andere Bereiche ausstrahlt, so böte es doch die Möglichkeit, schrittweise von den Kernbereichen zu Sonderbereichen vorzudringen. Zu Beginn würde dementsprechend auch die Möglichkeit zu begrenzten Experimenten eröffnet werden.

Ungeachtet der Begrenztheit des in einem Anfangsstadium zu erarbeitenden Teilbereichs muß es das erklärte Ziel dieses Projektes sein, es im Sinne eines offenen Systems zu verwirklichen und die gewonnenen Erfahrungen und Erkenntnisse allgemein nutzbar zu machen.

II. Abschnitt: Entwicklung von Informationssystemen

A. *Feststellung des Informationsbedürfnisses*

Die Feststellung des Informationsbedürfnisses ist der Ausgangspunkt für die Schaffung eines jeden Informationssystems, weil Art und Umfang der Informationsbedürfnisse die grundlegende Prämisse für sämtliche weiteren Schritte zur Realisierung eines effizienten Informationssystems bilden.

I. *Potentielle Bedürfnisträger*

Bei dem Bewertungsfaktor „Bedürfnisträger“ können wohl im wesentlichen drei Gruppen unterschieden werden:

1. *Gruppe der potentiellen Benutzer (außer Gruppe 2 und 3)*

a) Anwälte und Notare
b) sonstige rechtsberatende Berufe
c) Gewerbliche Unternehmen (wie z.B. Banken und Versicherungen)
d) Gerichte
e) Bundes-, Landes- und Kommunalverwaltungseinrichtungen
f) Wissenschaftliche Einrichtungen
g) Verlage

2. *Gruppe der bisherigen Informationsmittler*
(zum Teil Überschneidungen mit Gruppe I)

a) Verlage (z.B. zur rationelleren und erweiternden Aufbereitung des zu publizierenden Materials)
b) Verwaltungseinrichtungen (z.B. Landesjustizverwaltungen als Medium für beschleunigte gegenseitige Unterrichtung)
c) Wissenschaftliche Einrichtungen (z.B. Universitäten als Medium der Kooperation)
d) sonstige Informationsträger

3. *Gruppe der Träger einer EDVA*

Bei dieser Gruppe wären Träger und Benutzer der Datenbank – im Gegensatz zur Gruppe 2 – ganz oder zum Teil identisch. Sie würden sodann die Datenbank als ein internes Medium der Datenerfassung und Wiedergewinnung benutzen. In Betracht kommen hier wohl nur einzelne Verlage oder Zusammenschlüsse von gewerblichen Unternehmungen, die entweder die Informationen für eigene Zwecke nutzen oder aber die mittels der EDVA gewonnenen Informationen in herkömmlicher Weise und/oder mittels neuer Informationsübermittlungssysteme an Dritte weitergeben.

II. *Art des Bedürfnisses*

1. *Differenzierungen*

a) Ausweitung der Sachinformation (die an anderen Stellen bisher nicht vorhanden ist)
b) Beschleunigung der Sachinformation (die bereits an anderen Stellen vorhanden ist)
c) Ausweitung und Beschleunigung der Sachinformation (a) und (b)

2. *Ausweitung der Sachinformation*

a) Ausweitung von Informationen herkömmlicher Art (z.B. Aufnahme einer größeren Zahl von Entscheidungen)
b) Gewinnung neuer Informationen (z.B. systematische Ver- und Bearbeitung von Rechtsquellen und/oder Rechtstatsachen durch EDVA)

3. *Beschleunigung der Sachinformation*

a) über Gesetze
b) über Entscheidungen
c) über juristische Literatur
d) über Rechtstatsachen

4. *Gegenstand der Information*

a) Bereitstellung der vollständigen Texte
b) Bereitstellung von Resümees
c) Bereitstellung von Fundstellenverzeichnissen
d) Bereitstellung von entsprechend a–c abgestuften Informationen

III. *Hindernisse der Informationsgewinnung*

1. *Information*

a) nicht vorhanden
b) nicht auffindbar

2. *Zeitfaktor*

a) Sucharbeit zu zeitraubend
b) Zugang zu Informationsträgern erschwert

3. *Personalfaktor*

4. *Kostenfaktor*

IV. *Kongruenz der Bedürfnisse nach Benutzergruppen*

1. Bereiche, in denen eine Kongruenz gegeben ist
2. Bereiche, in denen Divergenzen bestehen
3. Quantitative und qualitative Merkmale der Kongruenzen und Divergenzen

V. *Möglichkeiten einer Modifizierung der Bedürfnisse*

1. Durch intensivere Information über die Möglichkeiten der EDVA
2. Durch Regulierung des bisherigen Informationsangebotes
   a) durch Fortfall einzelner Informationsmedien
   b) durch Reduzierung der Zahl einzelner Informationsmedien
   c) durch Veränderung einzelner Informationsmedien
3. Durch Entwicklung neuartiger Informationsmedien

VI. *Feststellung der Informationsbedürfnisse*

1. *Gegenstand der Feststellung*

a) Ermittlung des Ist-Zustandes (Ziff. I–IV)
b) Futurologische Untersuchungen (Ziff. V)

2. *Adressaten der Feststellung*

a) Potentielle Benutzer
b) Bisherige Informationsträger

B. *Probleme einer Koordination der juristischen Information*

I. *Abhängigkeit des Ob und Wie von der Art des Bedürfnisses*

1. Befriedigung des Bedürfnisses mit traditionellen Medien
2. Befriedigung des Bedürfnisses durch EDVA

3. *Technische Durchführung der Unterrichtung*

a) Mittel der Unterrichtung
   aa) Fragebogen
   bb) in sonstiger Weise
b) Umfang der Unterrichtung
   aa) repräsentative Umfrage
   bb) umfassende Umfrage

II. *Möglichkeiten einer Koordination*

1. Nebeneinander von EDVA und traditionellen Informationsmedien
   a) Art der Sachbereiche
   b) Art der Medien
   c) mit oder ohne zeitliche Verschiebung
2. Ergänzung von traditionellen Informationsmedien durch EDVA
   a) Sachbereiche
   b) Art und Weise der Ergänzung
      aa) Art der Medien
      bb) Inhalt
3. Trennung von EDVA und traditionellen Informationsmedien
   a) Sachbereiche
   b) Art und Weise der Trennung

III. *Voraussetzungen und Grenzen einer Koordination*

1. Bedürfnis nach einer Koordination
2. Betriebswirtschaftliche Belange der Informationsmittler

C. *Auswahl und Bereitstellung der zu speichernden Daten*

I. *Auswahl der Daten*

1. Abhängigkeit von dem Bedürfnis
2. Abhängigkeit von dem Zugang zu den Daten
   a) in tatsächlicher Hinsicht
   b) in zeitlicher Hinsicht
   c) in rechtlicher Hinsieht

aa) urheber- und verlagsrechtliche Probleme
bb) Schutz der Privatsphäre
3. Wahrung der Objektivität der Daten

II. *Bereitstellung der Daten*

1. Entwicklung eines Übermittlungsnetzes durch Verbindungen zu
a) Verlagen
b) Landesjustizverwaltungen
c) Gerichten
d) Anwaltsvereinen
e) Verwaltungseinrichtungen
f) Wissenschaftlichen Institutionen und Bibliotheken
g) Privaten Institutionen und Personen
2. Rechtliche Fixierung des Übermittlungsnetzes
a) Abschluß von individuellen Verträgen
b) Abschluß von typisierten Verträgen
c) Beteiligung an dem Institut bzw. dem Träger der EDVA

D. *Entwicklung von Wiedergewinnungssystemen für EDVA*

I. *Wahrung der Objektivität der Information*

1. Kontrolle der Datenverarbeitung
a) durch den Menschen
b) durch die Maschine
c) durch beide
2. Kontrolle der Institution
a) durch ein unabhängiges, externes Gremium
b) durch ein unabhängiges Organ der Institution
aa) Zusammensetzung dieses Organs
bb) Kompetenzen dieses Organs

3. Fixierung der Verantwortlichkeiten
a) für die Datenauswahl
b) für die Datenverarbeitung
c) für die Datenweitergabe
d) Hierarchie der Verantwortlichkeiten

II. *Gegenstand der Speicherung*

1. Volltext
2. Abstracts
3. Zitate
4. Mischsystem

III. *Entwicklung von Wiedergewinnungssystemen*

1. *Abhängigkeiten*
   a) von den potentiellen Benutzern
   b) von der betreffenden Materie
   c) von den technischen Gegebenheiten

2. *Abhängigkeiten von den potentiellen Benutzern*
   a) Kongruenz der Bedürfnisse
   b) Qualitative Merkmale der Bedürfnisse

3. *Abhängigkeiten von der betreffenden Materie*
   a) semantische Klassifizierung
   b) statistische Klassifizierung
   c) phaenomelogische Klassifizierung
   d) hierarchische Klassifizierung
   e) Bündelung von Klassifizierungen

4. *Abhängigkeiten von technischen Gegebenheiten*
   a) Art und Volumen der Speichermedien
   b) Programmiersprachen

5. *Kongruenz von Klassifikations- und Suchsystem*
   a) automatische Kongruenz
   b) Kongruenz durch zwischengeschaltete Medien
      aa) durch Thesauri
      bb) in sonstiger Weise

IV. *Technische Realisierung des Systems*

1. *Maschinelle Verarbeitung der Daten*
   a) bei der Klassifizierung
   b) bei der Eingabe der Daten
   c) bei der Ausgabe der Daten

2. *Verarbeitung durch den Menschen*
   a) Stadien des Prozesses
   b) Vermeidung subjektiver Fehlerquellen

3. *Bewältigung des Mengenproblems*
   a) durch große Speicherkapazitäten
   b) durch abgestufte Speichermedien

c) durch Eliminierung von Füllworten
d) durch Klassifizierung der Daten
(Bildung von Schlüsselworten)

E. *Zugriffsprobleme*

I. *Kreis der potentiellen Benutzer*

1. Art der potentiellen Benutzer
2. Anzahl der potentiellen Benutzer
3. Problem der Gleichbehandlung
   a) nach quantitativen Merkmalen
   b) nach qualitativen Merkmalen

II. *Technische Probleme des Zugriffs*

1. Ausgabegeräte
2. Übermittlungsmedien
   a) normaler Postverkehr
   b) Telephon
   c) Fernschreiber
   d) Bildschirmgeräte

F. *Rechtliche Probleme*

I. *Nutzungsberechtigung im Hinblick auf die Erfassung der Daten*

1. Entscheidungen
2. Literatur (Monographien, Zeitschriften, Kommentare)
3. Sonstige Daten

II. *Rechtsprobleme bei Weitergabe der Daten*

III. *Verfassungsrechtliche Probleme der Presse- und Informationsfreiheit*

G. *Auswahl der Hardware*

H. *Institutionalisierung des Projektes*

I. *Notwendigkeit und Zielsetzung einer Institution*

1. Konzentrierte, umfassende Aktion
2. Zentrale Erfassung und Steuerung der nach Sachbereichen aufgeteilten Arbeiten

3. Sammelbecken für private und öffentliche Initiativen in sachlicher und finanzieller Hinsicht
4. Bereitstellung der Arbeitsergebnisse für weiterführende und parallele Projekte
5. Wahrung der Neutralität gegenüber der Gesamtheit der an den Arbeiten und der Institution Beteiligten
6. Keine Schaffung einer institutseigenen Datenbank
   (Die Verfasser sind der Überzeugung, daß *nicht Aufgabe* der Institution sein kann, eine *institutseigene Datenbank* zu errichten. Die Komplexität der Materie bedingt einerseits schon vor Errichtung einer Datenbank umfassende Vorarbeiten, die einen großen Arbeits-, Zeit- und Kostenaufwand erfordern, zum anderen werden diese Arbeiten auch nach Errichtung einer Datenbank fortgeführt werden müssen. Dementsprechend fallen der Institution spezifische Funktionen zu, die zugleich eine eigenständige Einrichtung auch für die Zukunft rechtfertigen. Darüber hinaus muß bedacht werden, daß bei einer Einbeziehung eigenständiger Datenbanken in den Aufgabenbereich der Institution wirtschaftliche, wettbewerbsrechtliche und (verfassungs-)rechtliche Probleme relevant werden würden, welche die notwendigen Vorarbeiten nicht nur nicht fördern, sondern vermutlich behindern würden.

II. *Rechtsform der Institution*

1. kein gewerbliches Unternehmen
2. Rechtsfähiger, u.U. gemeinnütziger Verein

III. *Kreis der Mitglieder*

1. Offener Kreis von Mitgliedern
2. Qualitative Voraussetzungen der Mitgliedschaft
   a) Beteiligung an dem Sachprogramm
   b) Finanzielle Unterstützung

IV. *Organisation des Vereins*

1. Gesetzliche Organe des e.V.
2. Bildung eines neutralen Kontrollorgans

V. *Sitz und Name des Vereins*

III. Abschnitt: Organisatorische Probleme

Hinsichtlich der organisatorischen Maßnahmen sind drei – sich allerdings überschneidende bzw. ergänzende – Bereiche zu unterscheiden:

In einer ersten Stufe sind die organisatorischen Maßnahmen zu behandeln, die zu einer Gründung der unter H genannten Institution führen. Sodann sind die einzelnen organisatorischen Probleme zur Durchführung des Gesamtprojektes zu erörtern. In einer dritten Stufe wird schließlich die Frage behandelt, ob und in welchem Umfange der Verlegervereinigung Rechtsinformatik Aufgaben zufallen können.

I. *Organisationsfragen zur Gründung der Institution*

1. *VR als Initiator des Projektes*

Die heutige Situation ist dadurch gekennzeichnet, daß an verschiedensten Stellen Fragen der Datenverarbeitung in der juristischen Praxis behandelt werden. Bisher liegt allerdings weder eine geschlossene Konzeption zur Verwirklichung der elektronischen Datenverarbeitung vor, noch wurde bisher eine Koordinierung der verschiedensten Bestrebungen erreicht. Die dringend gebotene Koordinierung der Einzelprojekte scheiterte bislang vor allem daran, daß die Zielsetzung der Arbeiten sachlich, personell und institutionell limitiert waren. Hinzu kommt dabei, daß wohl auch die notwendige Neutralität bei den Trägern der einzelnen Projekte im Verhältnis zu anderen Institutionen und potentiellen Interessenten zum Teil nicht in dem notwendigen Umfange gewährleistet war.

Nach der Überzeugung der Verfasser ist darüber hinaus zu bedenken, daß die Entwicklung neuer Informationssysteme, vor allem unter Einbeziehung der elektronischen Datenverarbeitung eine unmittelbare Mitwirkung der Rechts- und Staatswissenschaftlichen Verleger bedingt. Diese Prämisse ergibt sich nicht nur aus der Tatsache, daß vor allem die Verleger die bisherigen – und vermutlich auch die künftigen – Informationsmittler waren bzw. sein werden, sie resultiert zugleich aus der Überlegung, daß das große Potential an Erfahrungen, Kenntnissen und Verfügungsmöglichkeiten über das juristische Datenmaterial, das sich in den Händen der Verleger befindet, für diese Aufgabe nutzbar gemacht werden müßte. Dabei ist sicher nicht zu verkennen, daß theoretisch auch die Möglichkeit besteht, Informationssysteme über EDVA ohne Mitwirkung der Verleger zu schaffen. Derartige Informationssysteme wären allerdings in Anbetracht der Sach- und Rechtslage von vornherein nur in engen sachlichen Grenzen möglich, zum anderen wäre davon auszugehen, daß sich bei einer Nichtbeteiligung der Verleger der Zeit- und Kostenfaktor potenzieren würde.

Schließlich ist in der augenblicklichen Situation davon auszugehen, daß von dritter Seite keine entscheidende Initiative zur Schaffung einer neutralen, sämtliche unmittelbar angesprochenen bzw. interessierten Personen und Kreise erfassende Institution zu erwarten ist. Diese Initiative wird daher von der VR ergriffen, da ohne Zweifel in Anbetracht der Gesamtsituation und der

Fülle der Aufgaben die Zeit außerordentlich drängt, zum anderen die Verleger – wie bereits betont – von der Sache her, aber auch aus eigenem Interesse zu einer maßgeblichen Mitwirkung prädestiniert sind.

2. *Struktur der Institution*

Hinsichtlich der Struktur der zu schaffenden Institution wird auf Punkt H der Modellstudie verwiesen.

3. *Maßnahmen zur Gründung der Institution durch die VR*

a) *Ermächtigung des Vorstandes*

Der Vorstand der VR ist durch die Mitgliederversammlung ermächtigt worden, die notwendigen Schritte zur Gründung der Institution einzuleiten und die Gründung namens der VR mit geeigneten Interessenten nach Möglichkeit zu vollziehen.

b) *Rechtsform, Zielsetzung und institutionelle Ausgestaltung*

Der Vorstand ist gehalten, die in dem Entwurf der Satzung dieser Institution niedergelegten und von der Mitgliederversammlung gebilligten Grundsätze bei der Schaffung dieser Institution zu realisieren. Soweit sich aus der Gesamtsituation, insbesondere aus der Stellung potentieller Mitglieder Änderungen als erforderlich erweisen sollten, ist der Vorstand befugt, diese Änderungen vorzubereiten und sodann der Mitgliederversammlung zur Beschlußfassung vorzulegen. Von dieser Ermächtigung ausgeschlossen sind jedoch Änderungen, die eine Einschränkung der Neutralität oder eine grundsätzliche Beseitigung der satzungsgemäßen Vertretung der VR in den Gremien der Institution herbeiführen würden.

4. *Kosten der Vorgründung*

Die VR wird zunächst die Kosten der Vorgründung übernehmen. Es ist anzustreben, diese Vorgründungskosten später als echte Gründungskosten auf die Institution zu übertragen bzw. mit den gegebenenfalls zu leistenden Beiträgen der VR zu verrechnen.

II. *Organisation des Gesamtprojektes*

1. *Vorbemerkung*

Die zentrale Einrichtung für die Durchführung des Gesamtprojektes wird die zu schaffende Institution bilden. Dabei sollte der Verwaltungsapparat so klein wie möglich gehalten werden. Es wird in Zukunft vor allem erforderlich sein, die bisherigen Erfahrungen des In- und Auslandes für die Sache nutzbar zu machen und eine Koordinierung der Arbeiten innerhalb und außerhalb der Institution herbeizuführen. Die tatsächliche Situation und die Notwendigkeit der Verteilung der Aufgaben auf einzelne spezialisierte Institutionen bzw. Personen führt dabei zu einer Dezentralisierung der einzelnen Arbeitsbereiche. Andererseits ist für eine Koordinierung des Gesamtprojektes Sorge zu tragen. Insgesamt bietet sich daher ein Weg an, der zur Bildung von Ausschüssen, zur Übertragung einzelner Aufgaben auch auf externe Institutionen und Personen und zur Gewinnung nur weniger hochqualifizierter hauptamtlicher Mitarbeiter führt.

2. *Bildung von Ausschüssen der Institution*
(s. Anlage Organisationsschema)

a) *Zentraler Planungsausschuß*

Der Koordinierung sämtlicher Aufgaben dient der zentrale Planungsausschuß, der sich aus Mitgliedern des Vorstandes und der nachfolgenden Ausschüsse zusammensetzt.

b) *Finanzausschuß*

c) *Gleichgeordnete Arbeitsbereichsausschüsse*

aa) Ausschuß zur Feststellung der Informationsbedürfnisse
bb) Ausschuß zur Entwicklung von Informationssystemen
cc) Ausschuß zur Entwicklung von Wiedergewinnungssystemen durch EDVA (hier sind weitere Unterausschüsse zu bilden)
dd) Ausschuß für Rechtsfragen
ee) Ausschuß für Ausbildungsfragen

3. *Hauptamtliche Mitarbeiter der Institution*

a) Geschäftsführer der Institution
b) Referent für die Feststellung des Informationsbedürfnisses und die Entwicklung von Informationssystemen
c) Referent für die Entwicklung von Wiedergewinnungssystemen durch EDVA
d) Büropersonal

4. *Gewinnung externer Mitarbeiter*

Externe Mitarbeiter sollten je nach den Bedürfnissen für Einzelaufgaben gewonnen werden.

5. *Anmietung und Ausstattung von Büroräumen*

III. *Aufgaben der Verlegervereinigung*

1. *Gründung der Institution*
2. *Institutionelle Beteiligung in der Institution*

Es ist dafür Sorge zu tragen, daß die VR in den einzelnen Gremien insbesondere in den Arbeitsausschüssen vertreten ist.

3. *Einzelne Sachbereiche*

Neben anderen Aufgaben fallen der Verlegervereinigung bzw. ihren Mitgliedern vor allem in folgenden Bereichen spezifische Aufgaben zu:

a) Feststellung des Informationsbedürfnisses
b) Entwicklung von Informationssystemen
c) Entwicklung von Wiedergewinnungssystemen durch EDVA
d) Lösung der urheber- und verlagsrechtlichen Probleme

IV. Abschnitt: Finanzierung des Gesamtprojektes

I. *Feststellung des Finanzbedarfs*

Die Feststellung des Finanzbedarfs bereitet zur Zeit außerordentlich große, zum Teil unüberwindliche Schwierigkeiten. Andererseits ergeben sich schon jetzt folgende Kostenfaktoren:

1. *Zeitabhängige Kosten*

a) *Personalkosten*
   aa) Gehälter, Löhne
   bb) Reisekosten
   cc) Aufwandsentschädigungen
   dd) Soziallasten

b) *Sächliche Kosten*
   aa) Büroraumkosten
   bb) Büroeinrichtung
   cc) Materialkosten
   dd) Strom, Licht, Wasser
   ee) Versicherung

2. *Aufgabenabhängige Kosten*

a) Gehälter
b) Aufwandsentschädigung
c) Reisekosten
d) Honorare
e) Entgelte für Dienstleistungen und sonstige Inanspruchnahmen fremder Einrichtungen

3. *Einmalige Kosten*
(Gründungskosten der Institution)

II. *Mittelbeschaffung*

In Anbetracht dieser Größenordnungen ist es undenkbar, daß die Mittel durch normale Beiträge aufgebracht werden können. Es wird vielmehr notwendig sein, Forschungsmittel von staatlichen und gegebenenfalls auch privaten Institutionen (unter Wahrung der Neutralität des Forschungsvorhabens) in Anspruch zu nehmen.

Entwurf eines Organisationsschemas
für das
Forschungszentrum Rechtsinformatik e.V.

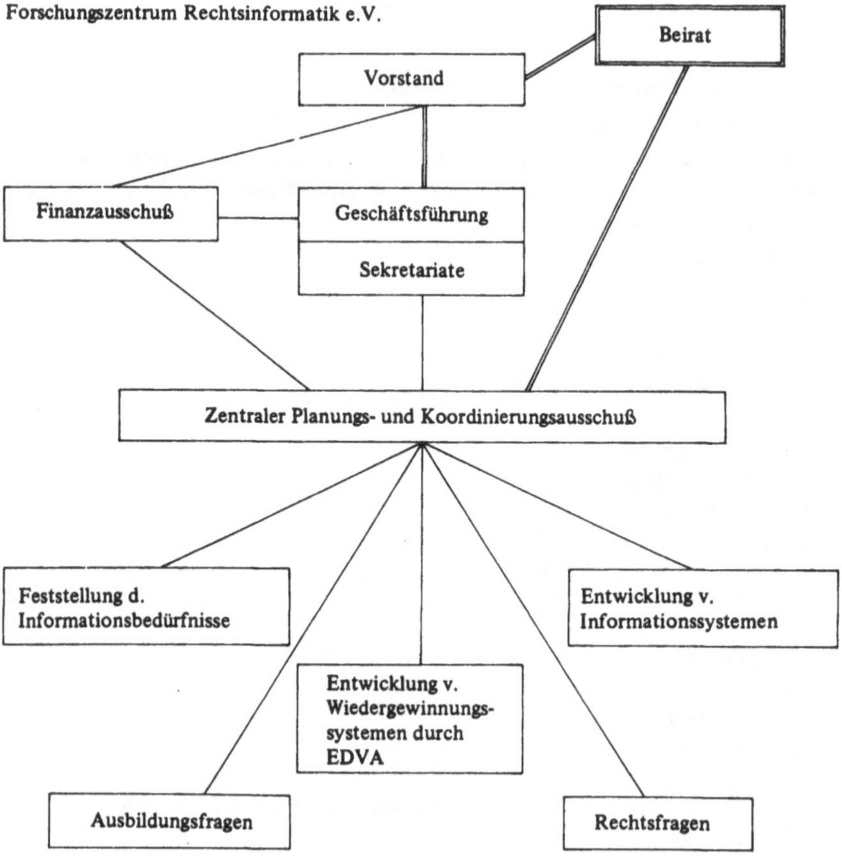

ANHANG II

Kommissionen und Arbeitsgruppen; Hochschulverzeichnis

Kommission für Fragen der Datenverarbeitung des Deutschen Juristentages

Mitglieder:

Professor Dr. Reimer Schmidt, Aachen, Vorsitzender
Wiss. Rat Dr. Bernt Bühnemann, Hamburg, Sekretär
Ministerialrat Karl-Heinz Biederbick, Bonn
Dr. Martin Cremer, Frankfurt
Rechtsanwalt Dr. Jürgen Chemnitz, Hamburg
Privatdozent Dr. Dr. Herbert Fiedler, Bonn
Dr. Werner Jähnig, Köln
Landesarbeitsgerichtspräsident Dr. Hans G. Joachim, Buchschlag
Professor Dr. Ulrich Klug, Köln
Rechtsanwalt Professor Dr. Philipp Möhring, Karlsruhe
Privatdozent Dr. Adalbert Podlech, Heidelberg
Dipl.-Mathematiker Leo Rouette, Wiesbaden
Bundessozialgerichtspräsident a.D. Joseph Schneider, Kassel
Professor Dr. Spiros Simitis, Frankfurt/Main

Verlegervereinigung Rechtsinformatik e.V. (VR), Sitz Darmstadt

Geschäftsstelle 545 Neuwied/Rh., Postfach 1780, Tel. 02631/22177
p.A. Hermann Luchterhand Verlag

Geschäftsstelle 8 München 80, Geibelstraße 8, Tel.: 0811/450782,
p.A. J. Schweitzer Verlag

Vorstand

Rechtsanwalt Eberhard Böckel, Neuwied
Vorsitzender
Dr. Arthur L. Sellier, München
stellvertretender Vorsitzender

Dr. Günter Friedrich, Freiburg
Dr. Christof Müller-Wirth, Karlsruhe
Peter-H. Schenck, Hamburg

Mitglieder
(Stand 22.6.1970)

Aschendorffsche Verlagsbuchhandlung, Münster/Westf.
C.H. Beck'sche Verlagsbuchhandlung, München
R. v. Deckers Verlag, G. Schenck GmbH, Hamburg
Verlag Dokumentation, Pullach b. München
Forkel-Verlag, Stuttgart-Degerloch)
Verlag Ernst u. Werner Gieseking, Bethel-Bielefeld
Rudolf Haufe Verlag, Freiburg/Breisgau
Carl Heymanns Verlag, Köln
Juristischer Fachverlag Till Burger GmbH, München
Verlag Kommentator GmbH, Frankfurt/Main
Hermann Luchterhand Verlag GmbH, Neuwied
Alfred Metzner Verlag, Frankfurt/Main

J.C.B. Mohr (Paul Siebeck), Tübingen
C.F. Müller Verlag, Karlsruhe
Verlag Neue Wirtschaftsbriefe, Herne
Nomos Verlagsgesellschaft, Baden-Baden
Verlagsgesellschaft Recht und Wirtschaft mbH, Heidelberg
Erich Schmidt Verlag, Berlin
Verlag Dr. Otto Schmidt KG, Köln-Marienburg
J. Schweitzer Verlag, Berlin
Wilhelm Stollfuß, Bonn
Verlag Dr. N. Stoytscheff, Darmstadt
Werner-Verlag GmbH, Düsseldorf

Arbeitsgruppe für Datenverarbeitung im Bundesministerium der Justiz

Ministerialrat Karl-Heinz Biederbick
Ministerialrat Dr. Karl Friedrich Deutler
Ministerialrat Dr. Josef Fabry
Amtsgerichtsrat Dr. Karl-Heinz Knauber
Oberregierungsrat Werner Stewen
Landgerichtsrat Hans Josef Streuer
Oberregierungsrat Klaus Wichmann

Hochschulverzeichnis

(Verzeichnis von am Thema „EDV und Recht" interessierten Hochschulangehörigen; ergänzende Hinweise werden erbeten)

Universität Bonn	Professor Dr. Dr. H. Fiedler Professor Dr. P. Raisch
Universität Bochum	Professor Dr. H. Dilcher
Technische Hochschule, Darmstadt	Professor Dr. D. Schulz
Universität Erlangen-Nürnberg	Professor Dr. G. Schwalm
Universität Frankfurt am Main	Professor Dr. S. Simitis Dr. W. Kilian
Universität Freiburg	Professor Dr. H. Engler Doktorand B.M. Prestel
Universität Göttingen	Ass. W. Bischof
Universität Hamburg	Wiss. Rat Dr. B. Bühnemann
Universität Heidelberg	Dr. Adalbert Podlech

Technische Hochschule, Karlsruhe	Professor Dr. H. Schultz
Universität Köln	Professor Dr. U. Klug
Universität Konstanz	Ref. L.R. Reuter
Universität München	Professor Dr. Kaufmann Professor Dr. Lorenz Professor Dr. Steindorff Wiss. Ass. Dr. Dr. Hopt Wiss. Ass. Kolle
Universität Regensburg	Professor Dr. W. Steinmüller Ass. B. Lutterbeck Ass. U. Rothenbücher
Universität Saarbrücken	Professor Dr. Wehrhahn

ANHANG III

Personen und Institutionen, die am Problemkreis „EDV und Recht“ interessiert sind.

(Ergänzende Hinweise werden erbeten)

Anschrift des Verfassers:	Dr. Fritjof Haft, 8 München 23, Wartburgplatz 7
Weitere Anschriften	Dr. Malte von Berg, 8 München 13, Hiltensperger Str. 15 Rechtsanwalt Eberhard Böckel, p.A. Hermann Luchterhand Verlag, 545 Neuwied/Rh., Postfach 1780 Dr. Bernt Bühnemann, 2 Hamburg 73, Jacobshagener Weg 1 Professeur Pierre Catala, 59, Avenue de Saye, 75 Paris VII, William A. Chatterton, 321, South Hamilton Street, Madison, Wisconsin 53701 (USA) Professor Dr. Hermann Dilcher, 463 Bochum-Querenburg, Buscheystraße, Universitätsgebäude IB Professor Dr. Dr. Herbert Fiedler, 53 Bonn, Lessingstr. 24 Professor Aviezri S. Fraenkel, University of California, Department of Mathematics, Los Angeles, California 90024 (USA) Dr. Dr. Klaus Hopt, M.C.J., wiss. Assistent am Institut für Europäisches und Internationales Wirtschaftsrecht der Universität 8 München 13, Franz-Joseph-Str. 10/III Professor Viktor Knapp, Rechtsinstitut der tschechoslowakischen Akademie der Wissenschaften Ustav Státu a Práva, Prag 1, Nové Mêsto tř. 18 Dr. Adalbert Podlech, Universität Heidelberg, 69 Heidelberg Dr. Arthur L. Sellier, J. Schweitzer Verlag Berlin, Verlagsbüro München, 8 München 80, Geibelstr. 8/0 Professor Dr. Spiros Simitis, 6 Frankfurt/Main, Senckenberganlage 31 Professor Dr. W. Steinmüller, Universität Regensburg, Fachbereich Rechtswissenschaft, 84 Regensburg 2, Postfach 397 Dr. Dieter Suhr, 1 Berlin 41, Hähnelstr. 2 Professor Colin F. Tapper, Magdalen College, Oxford, Ox. 1 4 Au, Großbritannien
AHD Arbeitskreis für Hochschuldidaktik, Fachausschuß Rechtswissenschaft	Vorsitzender Prof. Dr. Herbert Jäger, Rechts- und Wirtschaftswissenschaftliche Fakultät der Universität, 63 Gießen, Licher Str. 74

KGSt Kommunale Gemeinschaftsstelle für Verwaltungsvereinfachung	5 Köln-Marienburg, Lindenallee 17
RKW Rationalisierungskuratorium der Deutschen Wirtschaft e.V.	6 Frankfurt/Main, Gutleutstr. 163
GMD Gesellschaft für Mathematik und Datenverarbeitung	5201 St. Augustin, Birlinghoven – Schloß

ANHANG IV

Personen und Institutionen, die auf dem Gebiet der juristischen Dokumentation tätig sind

(Ergänzende Hinweise werden erbeten)

Belgien

CREDOC	Centre de documentation juridique, Ed. Houtart, 156 Rue des Palais, 1030 Bruxelles 3
Compu-Mark	Compu-Mark (formerly Dokumentation Gevers) S.P.R.L. Aalmoezenierstraat 68, B–2000 Antwerpen

BRD

Bundesministerium der Justiz	Min.R Biederbick AGR Dr. Knauber, Dr. Fabry 53 Bonn, Rosenburg
Documenta	Dr. Kreppel C.H. Beck'sche Verlagsbuchhandlung 8 München 23, Wilhelmstr. 9
Forschungsstelle für juristische Dokumentation	Direktor: Professor Dr. Spiros Simitis, 6 Frankfurt/Main, Senckenberganlage 31
Forschungsstelle für Völkerrecht und ausländisches öffentliches Recht der Universität Hamburg	Günter Hoog, 2 Hamburg 13, Mittelweg 186
GOLEM	Siemens AG Zweigniederlassung München, Juristische Bearbeitung: Rechtsanwalt Dr. Hans J. Scharff 8 München 2, Theatinerstr. 7
INFAR 1	Institut für ausländisches und internationales Privat- und Wirtschaftsrecht der Universität Heidelberg 69 Heidelberg 1, Augustinergasse 9
Göttingen	Institut für Völkerrecht der Universität Göttingen 34 Göttingen, Collegium Juridicum, Nikolausberger Weg 9a
ISIS	International Labour Organisation International Labour Office CH–1211 Genf, Schweiz
Juradat	Informationen: Ing. Joachim Wander 1 Berlin 30, Schöneberger Ufer 65

Max-Planck-Institute	Max-Planck-Institut für ausländisches und internationales Patent-, Urheber- und Wettbewerbsrecht, Assistent: Gert Kolle 8 München 80, Siebertstr. 3
	Max-Planck-Institut für ausländisches und internationales Privatrecht, Bibliotheksdirektion: Dr. Hans Peter des Coudres 2 Hamburg 13, Mittelweg 187
	Max-Planck-Institut für ausländisches öffentliches Recht und Völkerrecht, Bibliotheks-Direktor: Otto Steiner, 69 Heidelberg, Berliner Str. 48
Bundespresseamt	Presse- und Informationsamt der Bundesregierung Reg. Direktor Dr. Kohnen, 53 Bonn 1, Welckerstr. 11
ZMD	Zentralstelle für maschinelle Dokumentation 6 Frankfurt/Main-Niederrad, Herriotstraße
Canada	
Queen's University	Queen's University, Faculty of Law, Professor Hugh Lawford Kingston, Ontario
EWG	Kommission der Europäischen Gemeinschaften, Service Juridique, 200, Rue de la Loi, Bruxelles 4, Belgien
Frankreich	
Barreau de Paris	M. Louis Pettiti, 5 Square Arago, Paris
Centre National	Centre National de la Recherche Scientifique, M. Aurel David, 104, Rue de Richelieu, Paris 20
Conseil d'Etat	M. Lucien Mehl oder Monsieur Breton, Bureau Informatique Conseil d'Etat, Place du Palais-Royal, Paris
CRIDON	CRIDON de Lyon, Mlle. Mignot, Secrétaire générale, 58 Boulevard des Belges, 69 Lyon 6e
Groupe de travail pour l'information juridique	Président Bernard de Bigault du Granrut, Avocat à la Cour de Paris, Membre du Conseil de l'Ordre, 20 Avenue Montaigne, 75 Paris 8
Universität Liege	Faculté de Droit, c/o Service de Droit fiscal, 2 Rue Charles Magnette, Liege
Universität Montpellier	Institut de Recherches et d'Etudes pour le Traitement de l'information juridique, Faculté de Droit, Rue de l'Université, 34 Montpellier
Großbritannien	
Verfahren der London School of Economics	Professor Colin F. Tapper, Magdalen College, Oxford, Ox. 1 4 Au

Israel	
Responsa Project	The Weizmann Institut of Science, Department of Applied Mathematics, Rehovot
Italien	
Turin	Centro di Giuscibernetica dell'Universita di Torino, Via S. Ottavio 20, Torino
Verfahren des Corte Suprema di Cassazione	Dr. Renato Borruso, Via della Balduina 277, Roma
Niederlande	
Vredespaleis	Bibliothek van het Vredespaleis, Mr. J.D. Korevaar, Carnegieplein 2, 's-Gravenhage
Treu und Glauben	Mr. J.Th.M. Palstra, p/a Nederlandse economische Hogeschool N.E.H., Burg Oudlaan 50, Rotterdam
Schweden	
Stockholm	Departmentsradet B. Alpsten, Kungl. Justitie departement Fack, Stockholm 2
Schweiz	
Unidata	Unidata AG, Wissenschaftliche Informationssysteme lic. jur. Bernhard Vischer, CH 8032 Zürich, Manessestr. 10
Wolrd Peace Through Law Center	1. 75 Rue de Lyon, Genf (Schweiz) 2. 400 Hill Bldg., Washington, D.C. 20006 (USA)
USA	
ABF–IBM	American Bar Foundation, 1155 East Sixtieth Street Chicago, Illinois 60637
Aspen	Aspen Systems Corporation, The Webster Hall, Pittsburgh, Pennsylvania 152131, (412) 621 – 3254
LEX	United States Department of Justice, Antitrust Division, Washington D.C. 20530
LITE	Department of the Air Force, Headquarters Air Force Accounting and Finance Center, 3800 York Street, Denver, Colorado 80205
Universität Pittsburgh	University of Pittsburgh, Health Law Center, Pittsburgh 13, Pennsylvania
Western Reserve University	Western Reserve University, Professor Robert C. Bensing, School of Law, Cleveland, Ohio

STICHWORTVERZEICHNIS

Die Zahlen bezeichnen die Seiten. Der Zusatz Anm. verweist auf Fußnoten.
Die Abkürzung Anh. bedeutet Anhang.

A

B

C

D

E

F

G

H

I

J

K

L

M

N

O

P

R

S

Z

KERKAU

Automatische Datenverarbeitung (ADV) – Kybernetik in Rechtswissenschaft und Praxis

Eine Einführung von Dr. jur. Hans Joachim Kerkau, Kiel. (Arbeitspapiere Rechtsinformatik, Heft 1.) DIN A 4. IV, 108 Seiten. 1970. Broschiert DM 12,–

Heft 1 ist eine allgemein gehaltene Einführung in den Bereich „ADV und Recht", zahlreiche Probleme werden darin angedeutet, häufig mit kritischen Anmerkungen versehen. Ein Anhang enthält einige Gesetze bzw. Gesetzesentwürfe zu Datenzentralen von Bundesländern.

SUHR

Computer als juristischer Gesprächspartner

Ein Arbeitspapier zu programmierten dialogischen Denkhilfen für die Jurisprudenz. Erarbeitet von Walter Popp und Bernhard Schlink, Hanswalter Schramm und Dieter Suhr, Klaus Hopt, Jan Th. Palstra. Herausgegeben von Dieter Suhr, Berlin. (Arbeitspapiere Rechtsinformatik, Heft 2.) DIN A 4. VI, 178 Seiten (davon 51 Computer-Ausdruck). 1970. Broschiert DM 38,–

Heft 2 ist ein Arbeitspapier für Spezialisten, es setzt Kenntnisse voraus oder den Wunsch, sich durch intensive Beschäftigung mit der Materie entsprechende Kenntnisse zu verschaffen. Es enthält ausführliche Beschreibungen von 2 Programmen mit den zugehörigen Computer-Ausdrucken. Die darin gemachten Vorschläge sollen Anregung für entsprechende Weiterarbeit geben.

EDV und Recht

J. Schweitzer Verlag · Berlin

STEINMÜLLER

EDV und Recht, Einführung in die Rechtsinformatik

von Professor Dr. Wilhelm Steinmüller und der Arbeitsgruppe Rechtsinformatik an der Universität Regensburg: Dr. Malte von Berg, Leonhard Ermer, Hansjürgen Garstka, Beate Harms-Ziegler, Ingeborg Köth, Heidi Lösch, Bernd Lutterbeck, Christoph Mallmann, Ulrich Rothenbücher, Wolfgang Schimmel, Veronika Stenzel. (JA-*Sonderheft 6*). DIN A 4. Ca. 100 Seiten. 1970. Broschiert ca. DM 14,–

Dieses JA-*Sonderheft* ist eine erste lehrbuchmäßige Darstellung der mit dem Bereich Rechtsinformatik zusammenhängenden Probleme. Das besagt jedoch nicht, daß diese Arbeit ausschließlich für die in der Ausbildung befindlichen Juristen geschaffen wurde. Jeder Jurist, der sich mit dieser Materie beschäftigen oder der sich nur darüber informieren will, müßte zu dieser Abhandlung greifen.

FSC
www.fsc.org
MIX
Papier | Fördert gute Waldnutzung
FSC® C083411

Kolibri 360 GmbH
Ferdinand-Jühlke-Straße 7
99095 Erfurt, Deutschland
produktsicherheit@kolibri360.de